LEBEN entdecken

1

Sekundarstufe I

Herausgegeben von Anna Eifert, Stephan Körnig und Klaus Mulzer

Bearbeitet von Anna Eifert, Melanie Heise, Stephan Körnig,
Klaus Mulzer, Hannelore Piehler, Anna Priemer und Monika Rhein

C.C.BUCHNER

Leben entdecken – Sekundarstufe I
Unterrichtswerk für Realschulen und Gesamtschulen
Herausgegeben von Anna Eifert, Stephan Körnig und Klaus Mulzer

Leben entdecken 1
Bearbeitet von Anna Eifert, Melanie Heise, Stephan Körnig, Klaus Mulzer,
Hannelore Piehler, Anna Priemer und Monika Rhein
Für die Jahrgangsstufen 5/6

1. Auflage, 1. Druck 2020
Alle Drucke dieser Auflage sind, weil untereinander unverändert, nebeneinander benutzbar.

Dieses Werk folgt der reformierten Rechtschreibung und Zeichensetzung. Ausnahmen bilden Texte, bei denen künstlerische, philologische oder lizenzrechtliche Gründe einer Änderung entgegenstehen.

An keiner Stelle im Schulbuch dürfen Eintragungen vorgenommen werden.
Auf verschiedenen Seiten dieses Buches finden sich Verweise (Links) auf Internetadressen. Haftungshinweis: Trotz sorgfältiger inhaltlicher Kontrolle wird die Haftung für die Inhalte externer Seiten ausgeschlossen.

Layout und Satz: mgo360 GmbH & Co. KG, Bamberg
Illustrationen: Bettina Kumpe, Braunschweig
Umschlag: mgo360 GmbH & Co. KG, Bamberg
Druck und Bindung: mgo360 GmbH & Co. KG, Bamberg

www.ccbuchner.de

ISBN 978-3-661-**20085**-9

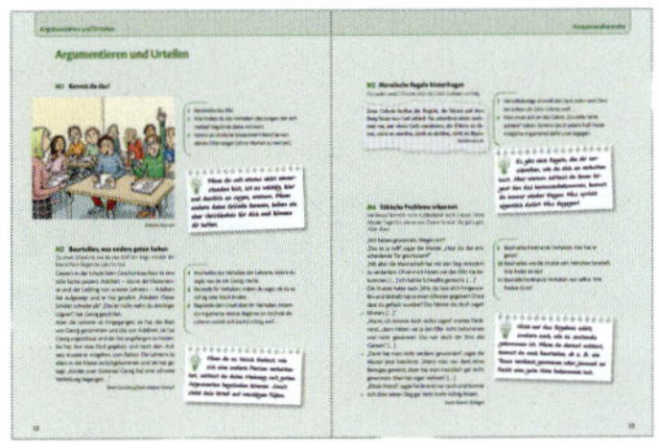

Das **erste Kapitel** beschäftigt sich mit **Kompetenzen**. Das sind besondere **Fähigkeiten**, die du einüben und verbessern kannst. Im Unterricht und mit Hilfe der Aufgaben in diesem Schulbuch kannst du deine Fähigkeit trainieren,

- genauer hinzuschauen und besser verstehen, was du siehst (Wahrnehmen und Deuten),
- Begriffe, Texte oder Bilder gründlich zu untersuchen und Zusammenhänge zu erkennen (Analysieren und Reflektieren),
- bei kniffligen Fragen einen eigenen Standpunkt zu finden und diesen zu begründen (Argumentieren und Urteilen),
- die Gedanken anderer nachzuvollziehen und deine eigenen Gedanken nachvollziehbar darzustellen (Interagieren und Sich-Mitteilen),
- in schwierigen Situationen Lösungen dafür zu finden, wie man handeln soll (Sich-Orientieren und Handeln).

In den folgenden Kapiteln setzt du dich mit Themen auseinander, die für das Leben und das Zusammenleben der Menschen wichtig sind.

Die **Auftaktseite** bereitet dich mit **Fragen** auf das Thema des Kapitels vor. Dort findest du auch eine „**Werkstattaufgabe**" als zusätzliches Angebot. Das ist ein kleines Projekt, das du gemeinsam mit anderen durchführen kannst. Dabei wendest du an, was du bei den Aufgaben des Kapitels gelernt hast.

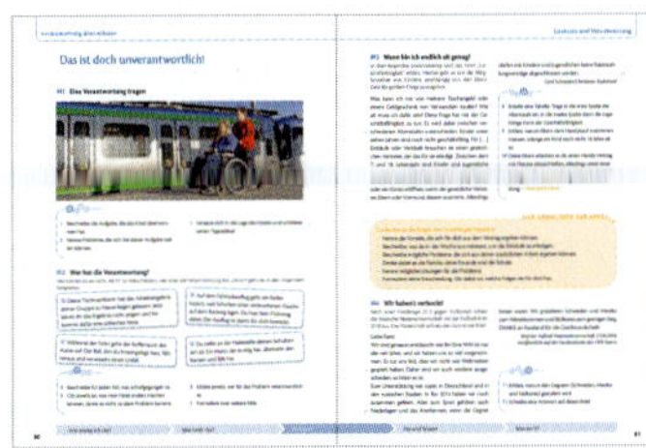

Jedes Kapitelthema (beispielsweise „Mein Ich", „Fair handeln" oder „Natur bewahren") erkundest du mit Hilfe von fünf **Fragestellungen**, die du am unteren Seitenrand findest: Wie erlebe ich das? – Was heißt das? – Ist das so? – Für und Wider! – Was noch?

Jede dieser Fragen untersuchst du auf einer **Doppelseite**. Dabei gehst du **in vier Schritten** vor: Zuerst arbeitest du das Problem heraus, um das es auf der Doppelseite geht (**M1**). Im nächsten Schritt findest du heraus, was deine eigene Sicht zu diesem Problem ist (**M2**). Danach erforschst du, was andere Leute dazu sagen (**M3**). Schließlich kannst du das, was du vorher erarbeitet hast, in Frage stellen, mit anderen Ideen vergleichen oder auf neue Situationen anwenden (**M4**). Die Zahnrädchen bei den Aufgabenstellungen zeigen jeweils an, welchen der vier Schritte du gerade bearbeitest.

Auf jeder Doppelseite gibt es eine besondere **Kompetenz-Aufgabe**, die du am Hinweis **> Kompetenzbox** erkennst. Mit ihrer Hilfe trainierst du eine der fünf Kompetenzen, die oben beschrieben wurden. In der farbigen Kompetenzbox findest du eine Schritt-für-Schritt-Anleitung zur Unterstützung. Die grau gedruckten Aufgaben sind zusätzliche Aufgaben, die nicht alle von euch bearbeiten müssen.

Auf der **Abschlussseite** des Kapitels (**Zeig, was du kannst!**) gibt es Aufgaben für einen **Kompetenz-Check**, mit dem du überprüfen kannst, was du gelernt hast. Außerdem findest du hier eine **Anleitung** zur Durchführung der Werkstattaufgabe.

Kompetenzbereiche

Selbst und Welt

Gewissen und Verantwortung

Recht und Gerechtigkeit

Mensch, Natur und Technik

Natur bewahren

Schwerpunktkompetenz:
Sich-Orientieren und Handeln

Natur gestalten

Schwerpunktkompetenz:
Argumentieren und Urteilen

Freiheit und Würde

Meine Stärken erkennen

Schwerpunktkompetenz:
Sich-Orientieren und Handeln

Auf Bedürfnisse achten

Schwerpunktkompetenz:
Interagieren und Sich-Mitteilen

Religionen, Weltbilder und Kulturen

Feste feiern

Schwerpunktkompetenz:
Wahrnehmen und Deuten

Vom Ursprung der Welt

Schwerpunktkompetenz:
Analysieren und Reflektieren

Wahrheit und Wirklichkeit

Allerlei Unwahrheiten

Schwerpunktkompetenz:
Analysieren und Reflektieren

Die Welt wahrnehmen

Schwerpunktkompetenz:
Wahrnehmen und Deuten

Wahrnehmen und Deuten

M1 Kennst du das Gefühl?

Endlich soll das erste Training im neuen Verein losgehen, auf das sich Ermal so gefreut hat. Er kann es kaum erwarten, er will unbedingt dazu gehören! Und dann das: Kribbeln im Bauch, Kopfschmerzen, weiche Knie, Kloß im Hals, Schweißausbrüche!
„Was ist mit mir bloß los?", fragte er sich. „Ist das die Aufregung oder die Neugier? Habe ich etwa Angst oder stelle ich zu hohe Erwartungen an mich? Oder werde ich am Ende krank?"

1 Was meinst du? Stelle Vermutungen darüber an, woher diese Gefühle bei Ermal kommen könnten.
2 Beschreibe deine Gefühle, die du in ähnlichen ungewohnten Situationen empfunden hast.

Um mit deinen Empfindungen und Stimmungen besser umgehen zu können, hilft es, diese aufmerksam wahrzunehmen. Wenn du beschreiben kannst, wodurch deine Gefühle ausgelöst wurden, kannst du diese besser bewältigen und anderen mitteilen, wie es dir geht.

M2 Den Blickwinkel wechseln

Oft sprechen wir über dieselben Dinge und dennoch reden wir aneinander vorbei.

3 Beschreibe genau, was auf dem Bild zu sehen ist.
4 Schildere die Situation aus der Sicht der jeweiligen Person. Was sieht die eine, was die andere Person? Welche Gedanken könnten den beiden Personen durch den Kopf gehen?
5 Formuliere einen Lösungsvorschlag. Wie könnten sich die beiden Personen besser verständigen?

Wenn du die Dinge auch aus dem Blickwinkel von anderen betrachtest, kannst du ihre Sicht der Dinge eher verstehen und ihr Verhalten besser nachvollziehen.

M3 Die Gefühle anderer nachempfinden

6 Beschreibe das Bild in ausdrucksstarken Worten. Achte auf Körperhaltung, Gesichtsausdruck und Gestik der Personen.
7 Deute, was geschehen ist. Was könnte vorgefallen sein? Wie verhalten sich die beteiligten Personen, was geht wohl in ihnen vor?
8 Stell dir vor, du stehst am Rande des Spielfeldes. Was würdest du der Spielerin im gelben Trikot sagen? Formuliere Sätze.

Du erkennst die Stimmungslage anderer, wenn du ihren Gesichtsausdruck und ihre Körperhaltung genau beobachtest und richtig deutest. Dann kannst du dich in sie besser hineinversetzen und entscheiden, wie du dich verhalten sollst.

M4 Zusammen leben

tuffix

9 Beschreibe die Situation, die das Bild zeigt.
10 Nenne weitere mögliche Gründe, warum sich die beiden Mädchen so misstrauisch begegnen.
11 Schreibe einen Dialog. Wie könnten die beiden Mädchen miteinander ins Gespräch kommen?

Das Zusammenleben von Menschen mit verschiedener Herkunft und Lebensweise kann gelingen, wenn du über diese Bescheid weißt. So kannst du Vorurteile abbauen und anderen mit Respekt begegnen.

Analysieren und Reflektieren

M1 Fragen über Fragen – kennst du das?

In der Entwicklung der Kinder gibt es ein bestimmtes Alter, da stellen sie vor allem Warum-Fragen.

„Warum ist die Blume rot, warum das Gras grün?" „Warum heißt der Tisch ‚Tisch'?" „Warum müssen die Menschen sterben?" Mit solchen Fragen bringen die Kinder ihre Eltern oft zur Verzweiflung, denn die Eltern können die meisten Fragen nicht beantworten. […] „Warum ist das Gras grün?" – Antwort: „Weil es grün ist." Oder: „Weil der Himmel blau ist." Diese Antworten sind nur der äußeren Form nach Antworten, denn sie beginnen mit „weil", aber in Wirklichkeit drücken sie etwas anderes aus: „Lass mich in Ruhe!" Oder: „Ich weiß es nicht." Oder: „Die Welt ist, wie sie ist. Wir wissen nicht, warum sie so ist."

Roland Simon-Schaefer

1 Wollen die Kinder nur spielen oder wollen sie wirklich etwas wissen? Begründe deine Antwort.

2 Formuliere eine Frage, auf die niemand eine sichere Antwort geben kann. Achte darauf, dass es sich um eine sinnvolle Frage handelt, die Menschen wirklich stellen.

Im Leben stellen sich viele Fragen. Um (gute) Antworten zu finden, ist es oft hilfreich, eine große Frage in kleinere Fragen aufzuteilen. Dann kannst du selber Antworten finden, dich mit anderen austauschen oder z. B. in einem Lexikon nachlesen.

M2 Texte gründlich lesen und verstehen

In einer Zeitschrift beantwortete der Schriftsteller und Zeichner Tomi Ungerer regelmäßig Fragen von Kindern. Die folgende Frage stellte Matteo (7 Jahre), Tomi Ungerer antwortete darauf.

Warum stellen wir uns andauernd Fragen?

Um unsere Neugier zu stillen, um Neues zu lernen und Wissenslücken zu schließen. Es gibt zwei Arten von Fragen: die konkreten, bei denen es um Fakten geht. Antworten auf solche Fragen geben uns neues Wissen. Und die abstrakten, die sich um Gefühle, das Gewissen oder den Sinn des Lebens drehen. Hier sind die Antworten nie endgültig, und sie können auf unterschiedliche Weise verstanden werden.

Tomi Ungerer

3 Erläutere, was die Ausdrücke „Neugier stillen" und „Wissenslücke" bedeuten.

4 Was erfährst du über die verschiedenen Arten von Fragen im Text? Notiere die Schlüsselwörter.

5 Erläutere die zwei Arten von Fragen durch passende Beispiele.

6 Formuliere den Text in ein Gespräch zwischen Tomi Ungerer und Matteo um.

Schwierige Texte kannst du Schritt für Schritt erarbeiten: Einen Überblick erhältst du, indem du den Text „überfliegst". Beim genauen Lesen kannst du die wichtigsten Wörter (Schlüsselwörter) herausfinden. Einzelheiten und unbekannte Begriffe kannst du dann besser verstehen.

M3 Eine Frage aus verschiedenen Blickwinkeln untersuchen

Tomi Ungerer macht einen Vorschlag, wie man beim Antworten vorgehen soll.

Egal worum es geht, nur keine Hemmungen: Stellt so viele Fragen wie möglich! Und schaut mal in Lexika und Büchern nach. Das ist immer erhellend. Und wenn euch ein Licht aufgegangen ist, dann könnt ihr es weiter verbreiten. Fragen umschwirren uns manchmal wie Vögel oder wie Flugzeuge. Übrigens, wie können die eigentlich fliegen – das Flugzeug, ohne Federn … und der Vogel, ohne Düsentriebwerk?

Tomi Ungerer

Wenn du Antworten auf eine Frage suchst, wirst du auf unterschiedliche Erklärungen aus verschiedenen Fachgebieten stoßen. Erst wenn du die verschiedenen Sichtweisen kennenlernst und miteinander vergleichst, kannst du genauer herausfinden, wofür du dich interessierst.

7 Wie können die eigentlich fliegen, das Flugzeug und der Vogel? Nenne Möglichkeiten, wie du Antworten auf diese Frage finden könntest.

8 Auf die Frage, wie Flugzeuge fliegen können, kannst du Antworten aus unterschiedlichen Fachgebieten bekommen. Welche Antwort passt zu welchem Fachgebiet? (Biologie – Physik – Technik – Literatur – Geschichte – …) Ordne die Fachgebiete den folgenden Aussagen zu.

a) Durch Überwinden der Schwerkraft.
b) Vor 100 Jahren baute Otto Lilienthal das erste Fluggerät, mit dem er durch die Luft segelte.
c) Die Flügeln und Federn von Vögeln dienen als Vorbild.
d) Sie schweben, flattern, gleiten, segeln.
e) Sie werden von Piloten gesteuert.

M4 Fragen lernen = Denken lernen

„Wir sind in der Schule, um zu lernen", sagte Maria. „Wirklich?", fragte Harry. „Was sollen wir lernen?" „Antworten, nehme ich an." Maria fragte sich, worauf Harry hinauswollte. Dann dachte sie, sie hätte es verstanden. „Nein, ich nehme das zurück. Wir sollen lernen, wie man Probleme löst."

Markus blickte von Maria zu Harry, dann wieder zu Maria. „Sollen wir lernen, wie man Probleme löst", fragte er schließlich verwundert, „oder sollen wir lernen, wie man Fragen stellt?"

Harry dachte, er wüsste die Antwort. „Wir sollen denken lernen", sagte er.

Matthew Lipman

9 Nenne Gründe, warum Fragen für das Lösen von Problemen wichtig sind.

10 Wie kann man denken lernen? Stelle Vermutungen an.

Etwas lernen bedeutet, mit Sachen besser umgehen zu können. Es gibt viele Dinge auf der Welt – und täglich kommen neue hinzu! Es gibt deshalb immer wieder etwas Neues zu lernen und zu erkunden. Wer gewohnt ist, sich mit Fragen auseinanderzusetzen, dem fällt es leichter, Probleme zu lösen.

Argumentieren und Urteilen

M1 Kennst du das?

Bettina Kumpe

1 Beschreibe das Bild.

2 Wie findest du das Verhalten des Jungen, der sich meldet? Begründe deine Antwort.

3 Kennst du ähnliche Situationen? Berichte von deinen Erfahrungen (ohne Namen zu nennen).

Wenn du mit etwas nicht einverstanden bist, ist es wichtig, klar und deutlich zu sagen, warum. Wenn andere deine Gründe kennen, haben sie eher Verständnis für dich und können dir helfen.

M2 Beurteilen, was andere getan haben

Zu einer Situation, wie sie das Bild M1 zeigt, erzählt der kleine Nick folgende Geschichte:

Gestern in der Schule beim Geschichtsaufsatz ist eine tolle Sache passiert. Adalbert – das ist der Klassenerste und der Liebling von unserer Lehrerin – Adalbert hat aufgezeigt und er hat gerufen: „Fräulein! Dieser Schüler schreibt ab!" „Das ist nicht wahr, du dreckiger Lügner!", hat Georg geschrien.

Aber die Lehrerin ist hingegangen, sie hat das Blatt von Georg genommen und das von Adalbert, sie hat Georg angeschaut und der hat angefangen zu heulen. Sie hat ihm eine Fünf gegeben und nach dem Aufsatz musste er mitgehen, zum Rektor. Die Lehrerin ist allein in die Klasse zurückgekommen und sie hat gesagt: „Kinder, euer Kamerad Georg hat eine schwere Verfehlung begangen …"

René Goscinny/Jean-Jaques Sempé

4 Beschreibe das Verhalten der Lehrerin, indem du sagst, was sie mit Georg macht.

5 Beurteile ihr Verhalten, indem du sagst, ob du es richtig oder falsch findest.

6 Begründe dein Urteil über ihr Verhalten, indem du Argumente nennst. Beginne so: *Ich finde die Lehrerin verhält sich (nicht) richtig, weil …*

Wenn du es falsch findest, wie sich eine andere Person verhalten hat, solltest du deine Meinung mit guten Argumenten begründen können. Sonst steht dein Urteil auf wackligen Füßen.

M3 Moralische Regeln hinterfragen

Für Juden und Christen sind die Zehn Gebote wichtig.

Zehn Gebote heißen die Regeln, die Moses auf dem Berg Sinai von Gott erhielt. Sie schreiben unter anderem vor, nur einen Gott anzubeten, die Eltern zu ehren, nicht zu morden, nicht zu stehlen, nicht zu lügen.

kindernetz.de

7 Vervollständige sinnvoll den Satz: *Juden und Christen achten die Zehn Gebote, weil …*

8 Man muss sich an das Gebot „Du sollst nicht stehlen!" halten. Stimmt das in jedem Fall? Finde mögliche Argumente dafür und dagegen.

Es gibt viele Regeln, die dir vorschreiben, wie du dich zu verhalten hast. Aber warum solltest du ihnen folgen? Um das herauszubekommen, kannst du immer wieder fragen: Was spricht eigentlich dafür? Was dagegen?

M4 Ethische Probleme erkennen

Ferdinand kommt vom Fußballspiel nach Hause. Seine Mutter fragt ihn, wie es war. Zuerst fand er das ganz gut. Aber dann …

„Wir haben gewonnen. Wegen mir!"

„Das ist ja toll!", sagte die Mutter. „Hast du das entscheidende Tor geschossen?"

„Nö, aber die Mannschaft hat mir den Sieg trotzdem zu verdanken. Ohne mich hätten wir den Elfer nie bekommen. […] Ich hab'ne Schwalbe gemacht. […]"

Die Mutter hakte nach. „Wie, du hast dich hingeworfen und deshalb hat es einen Elfmeter gegeben? Ohne dass du gefoult wurdest? Das hättest du doch sagen können. […]"

„Mann, ich konnte doch nichts sagen", meinte Ferdinand, „dann hätten wir ja den Elfer nicht bekommen und nicht gewonnen. Das war doch der Sinn des Ganzen." […]

„Dann hat man nicht verdient gewonnen!", sagte die Mutter jetzt bestimmt. „Wenn man nur dank eines Betruges gewinnt, dann hat man moralisch gar nicht gewonnen. Man hat sogar verloren." […]

„Blöde Moral!", sagte Ferdinand nur noch und konnte sich über seinen Sieg gar nicht mehr richtig freuen.

nach Rainer Erlinger

9 Beschreibe Ferdinands Verhalten. Was hat er getan?

10 Beschreibe, wie die Mutter sein Verhalten beurteilt. Wie findet sie das?

11 Beurteile Ferdinands Verhalten nun selbst. Wie findest du es?

Nicht nur das Ergebnis zählt, sondern auch, wie es zustande gekommen ist. Wenn du darauf achtest, kannst du auch beurteilen, ob z. B. ein Team verdient gewonnen oder jemand zu Recht eine gute Note bekommen hat.

Interagieren und Sich-Mitteilen

M1 Kennst du solche Situationen?

1 Beschreibe das Bild.
2 Stelle Vermutungen an, wie es zu dieser Situation gekommen sein könnte.
3 Berichte von ähnlichen Erfahrungen.

Du kommst mit anderen besser aus, wenn du dir in Ruhe anhörst, was sie zu sagen haben, und selbst sagst, was dir wichtig ist.

M2 Nachvollziehbar darstellen, was ich und andere denken!

Das Mädchen Momo wohnt alleine in der Ruine eines sehr alten Theaters. Sie hat eine besondere Gabe.

Was die kleine Momo konnte wie kein anderer, das war Zuhören. Das ist doch nichts Besonderes, wird nun vielleicht mancher Leser sagen, zuhören kann doch jeder. Aber das ist ein Irrtum. Wirklich zuhören können nur ganz wenige Menschen. Und so wie Momo sich aufs Zuhören verstand, war es ganz und gar einmalig. Momo konnte so zuhören, dass dummen Leuten plötzlich sehr gescheite Gedanken kamen. Nicht etwa, weil sie etwas sagte oder fragte, was den anderen auf solche Gedanken brachte, nein, sie saß nur da und hörte einfach zu, mit aller Aufmerksamkeit und aller Anteilnahme. Dabei schaute sie den anderen mit ihren großen, dunklen Augen an, und der Betreffende fühlte, wie in ihm auf einmal Gedanken auftauchten, von denen er nie geahnt hatte, dass sie in ihm steckten. Sie konnte so zuhören, dass ratlose oder unentschlossene Leute auf einmal ganz genau wussten, was sie wollten. [...] Oder dass Unglückliche und Bedrückte zuversichtlich und froh wurden.

Michael Ende

4 Berichte einer Partnerin oder einem Partner, was Momo bei den Menschen bewirkt, wenn sie ihnen zuhört.
5 Beschreibe einer Partnerin oder einem Partner, was es bei dir bewirkt, wenn du dich mit jemandem unterhältst, der gut zuhören kann.

Du verstehst jemanden, wenn du aufmerksam zuhörst. Zeigst du Interesse, fühlt sich die andere Person wahrgenommen. Die anderen werden auch dir zuhören, wenn du überlegst, was du sagen willst, und dich so ausdrückst, dass sie dir folgen können.

M3 Offen sein gegenüber Andersdenkenden

Momo hat ihre eigenen Ansichten darüber, was für sie das Beste ist.

„Hör mal", sagte der Mann, nachdem er sich mit den anderen beraten hatte, „wäre es dir recht, wenn wir der Polizei sagen, dass du hier bist? Dann würdest du in ein Heim kommen, wo du zu essen kriegst und ein Bett hast und wo du rechnen und lesen und schreiben und noch viel mehr lernen kannst. Was hältst du davon, eh?" Momo sah ihn erschrocken an. „Nein", murmelte sie, „da will ich nicht hin. Da war ich schon mal. Andere Kinder waren auch da. Da waren Gitter an den Fenstern, jeden Tag gab's Prügel – aber ganz ungerecht. Da bin ich nachts über die Mauer und weggelaufen. Da will ich nicht wieder hin." „Das kann ich verstehen", sagte ein alter Mann und nickte. Und die anderen Leute konnten es auch verstehen und nickten.

Michael Ende

6 Notiere, warum die Leute ihre Meinung darüber ändern, wo und wie Momo leben sollte. Drücke dich dabei verständlich aus.

7 Vergleiche deine Antwort mit der einer Partnerin oder eines Partners.

Die Entscheidungen anderer verstehst du besser, wenn du dir klar machst, dass Menschen verschieden sind und unterschiedliche Ansichten haben. Unser Miteinander kann gelingen, wenn sich jeder bemüht nachzuvollziehen, welche Gründe andere für ihre Ansichten haben.

M4 Streit beenden

Eines Tages werden zwei Männer zu Momo in die Ruine geschickt: Nino, der Wirt, und Nicola, der Maurer. Beide sind seit langem verfeindet.

Nachdem die Männer lang so gesessen hatten, stand Nicola plötzlich auf und sagte: „Ich geh'. Ich hab' meinen guten Willen gezeigt, indem ich überhaupt gekommen bin. Aber du siehst, Momo, er ist verstockt. Wozu soll ich noch länger warten?" Und er wandte sich tatsächlich zum Gehen. „Ja, mach, dass du wegkommst!", rief Nino ihm nach. „Du hättest erst gar nicht zu kommen brauchen. Ich versöhne mich doch nicht mit einem Verbrecher!" Nicolas Gesicht war rot vor Zorn. „Wer ist hier ein Verbrecher?", fragte er drohend und kam wieder zurück. "Sag das noch mal!" „Sooft du nur willst!", schrie Nino …

nach Michael Ende

8 Was müssten die beiden tun, um den Streit zu schlichten? Mache einen Vorschlag und vergleiche ihn mit dem einer Partnerin oder eines Partners.

Um Feindseligkeiten zu verhindern, solltest du bei Streitereien darauf achten, dass alle Beteiligten gehört werden und niemand beleidigt wird. Dann kann es gelingen, eine Lösung für alle zu finden.

Sich-Orientieren und Handeln

M1 Kennst du das Problem?

Hubert und Jasmin unterhalten sich über das Lügen. Hubert erzählt von einem Problem.

Hubert: Manchmal weiß ich einfach nicht, was ich tun soll. Zum Beispiel das mit dem Lügen. Man soll nicht lügen, das sagen alle. Aber dennoch wird oft gelogen. Und manchmal muss man sogar lügen!

Jasmin: Ach ja, wenn meine Tante mich fragt, ob ihr staubtrockener Kuchen schmeckt … Oder wenn mich einer fragt, wie es mir geht – dann sage ich „gut".

Hubert: Das mache ich auch … aber jetzt habe ich ein richtiges Problem …

Jasmin: Wieso? Worum geht es denn?

1 Beschreibe ähnliche Situationen, in denen jemand nicht die Wahrheit sagen möchte.
2 Setze das Gespräch fort und formuliere dabei ein mögliches Problem, um das es hier gehen könnte.
3 Formuliere eine Antwort auf die Frage, wann es unbedingt notwendig ist, die Wahrheit zu sagen.

Wenn du eine gute Entscheidung treffen willst, finde heraus, was du willst und was andere von dir erwarten. Denke auch daran, dass du mit den anderen später noch zurechtkommen musst.

M2 Die Folgen eigenen Handelns sehen

Es ist wichtig zu erkennen, welche Folgen es hat, wenn ich etwas mache. Was mir jetzt vielleicht hilft, kann später zu einem großen Problem werden. Nimm einmal an, jemand bräuchte ganz dringend Holz für seinen Ofen …

4 Beschreibe die Situation, die auf dem Bild zu sehen ist.
5 Formuliere einen Satz, den du dem Mann zurufen würdest, um ihm zu helfen.
6 Nenne weitere Beispiele, in denen eine unüberlegte Lösung schlimme Folgen haben kann. Beispiel: *Schnell über eine viel befahrene Straße laufen, weil man es eilig hat.*
7 Formuliere eine Regel, die helfen kann, solche Probleme zu vermeiden. Beginne so: *Immer, wenn ich dringend etwas tun muss, sollte ich …*

Wenn du auch bei schwierigen Problemen einen kühlen Kopf bewahrst, kannst du schlimme Fehler vermeiden. Eine Regel, die du für dich formulierst, kann dir helfen, dich zu bremsen, bevor etwas Dummes passiert.

M3 Verantwortung sehen und übernehmen

Du findest von deinen Eltern eine Liste mit Dingen, die gemacht werden sollen. Nimm einmal an, du möchtest möglichst viel davon erledigen:

- Mülltonnen montags rausstellen
- Zimmer saugen
- Wocheneinkauf (mit Getränkekästen) am Samstag
- Geschirr aufräumen
- Zimmertür neu streichen
- Brief an die Großeltern schreiben
- Hund versorgen
- Schulbrote machen
- Keller für Sperrmüll ausräumen
- Samstags früh aufstehen (Waldlauf)

8 Gib an, welche Dinge du tun kannst und welche eher nicht. Begründe deine Auswahl.

9 Gib an, welche Dinge dringend erledigt werden müssen und welche weniger wichtig sind.

10 Wähle eine Sache aus, mit der du am meisten hilfst, und begründe deine Entscheidung.

Wenn du Verantwortung übernehmen willst, solltest du deine Möglichkeiten richtig einschätzen und auf die Dinge achten, die dringend zu tun sind.

M4 Entscheidungsmöglichkeiten erkennen

Jasmin hat im Judo große Fortschritte gemacht. Jetzt kann sie entweder in die fortgeschrittene Gruppe gehen oder in ihrer alten Gruppe bleiben. Wenn sie in die fortgeschrittene Gruppe geht, kann sie sich verbessern und endlich an richtigen Judo-Kämpfen teilnehmen. Sie wird aber am Anfang oft verlieren und sie hat Angst davor, den Spaß am Judo zu verlieren. Wenn sie bei ihrer alten Gruppe bleibt, sieht sie regelmäßig ihre Freundinnen und Freunde. Dort ist sie außerdem von allen die beste Kämpferin. Es gefällt ihr, zu gewinnen und anderen zu zeigen, wie es richtig geht.

11 Nenne die zwei Möglichkeiten, die Jasmin hat.

12 Beschreibe die möglichen positiven und die negativen Folgen, die es bei jeder Entscheidung gibt.

13 Was soll Jasmin tun? Formuliere eine begründete Entscheidung.

Du kannst dich zwischen verschiedenen Möglichkeiten besser entscheiden, wenn du dir klar machst, worin Vorteile und Nachteile bestehen, und auch die Folgen für die Zukunft bedenkst. Dann wirst du mit deiner Entscheidung zufrieden sein.

Kein Name, kein Ich?

Welcher Name passt zu mir?

Wie zeigt sich mein Ich?

Sind wir alle einzigartig?

Worin gleichen wir uns?

Selbst und Welt

> Mein Ich

WERKSTATT

Mein rätselhaftes Ich

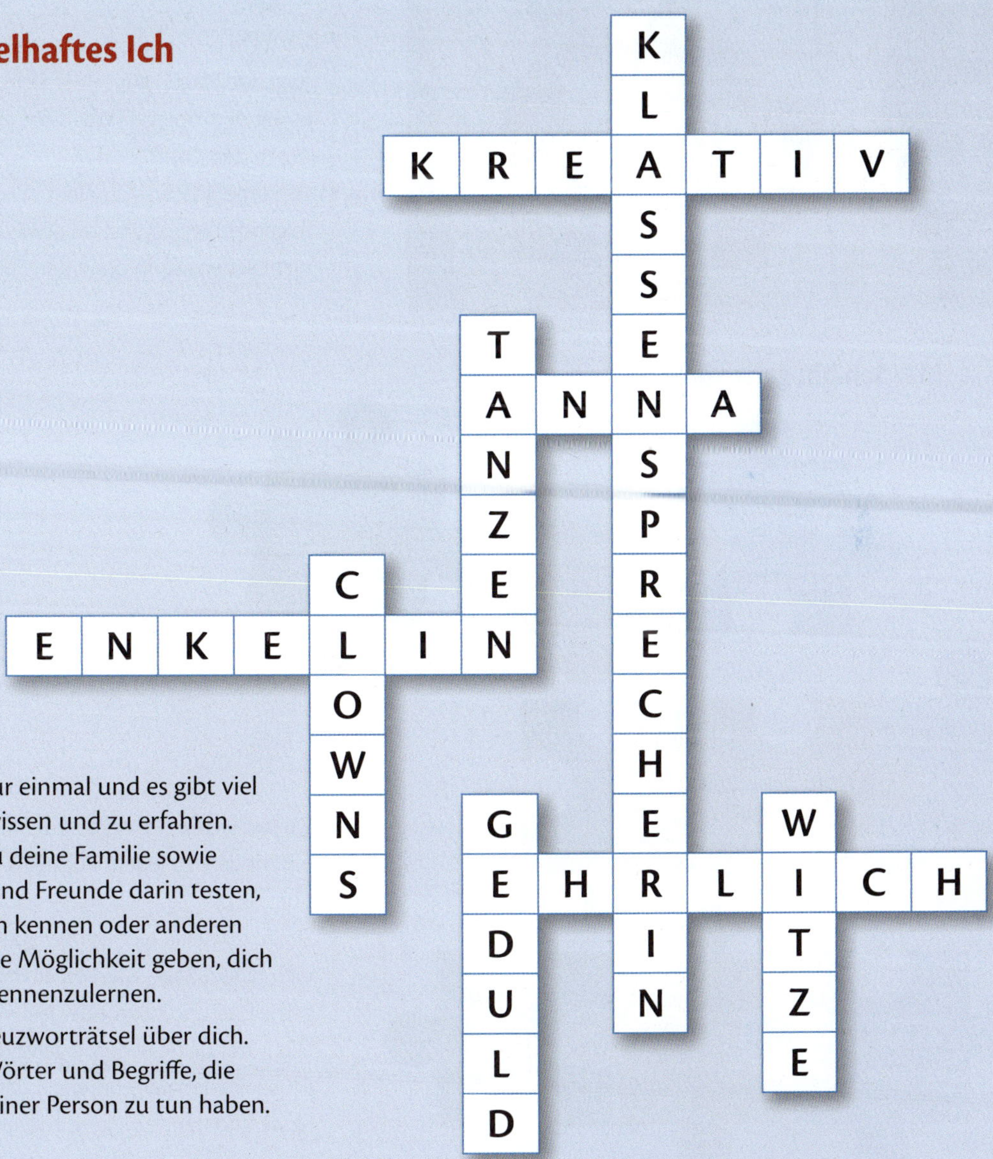

Dich gibt es nur einmal und es gibt viel über dich zu wissen und zu erfahren. Nun kannst du deine Familie sowie Freundinnen und Freunde darin testen, wie gut sie dich kennen oder anderen eine spannende Möglichkeit geben, dich etwas besser kennenzulernen.

Erstelle ein Kreuzworträtsel über dich. Nutze dafür Wörter und Begriffe, die mit dir und deiner Person zu tun haben.

Ich bin ich, das weiß doch jeder!

M1 Ich sehe was, was du nicht siehst

1 Beschreibe möglichst genau, was auf dem Bild passiert.
2 Versetze dich in das Mädchen hinein. Beantworte folgende Fragen aus seiner Sicht: Warum steht es vor dem Spiegel? Was sieht es? Was geht ihm durch den Kopf?
3 „Ich sehe was, was du nicht siehst." Beantworte folgende Frage: Siehst du etwas an dir, was andere nicht sehen, wenn du in den Spiegel schaust?

M2 Ich bin ganz viel!

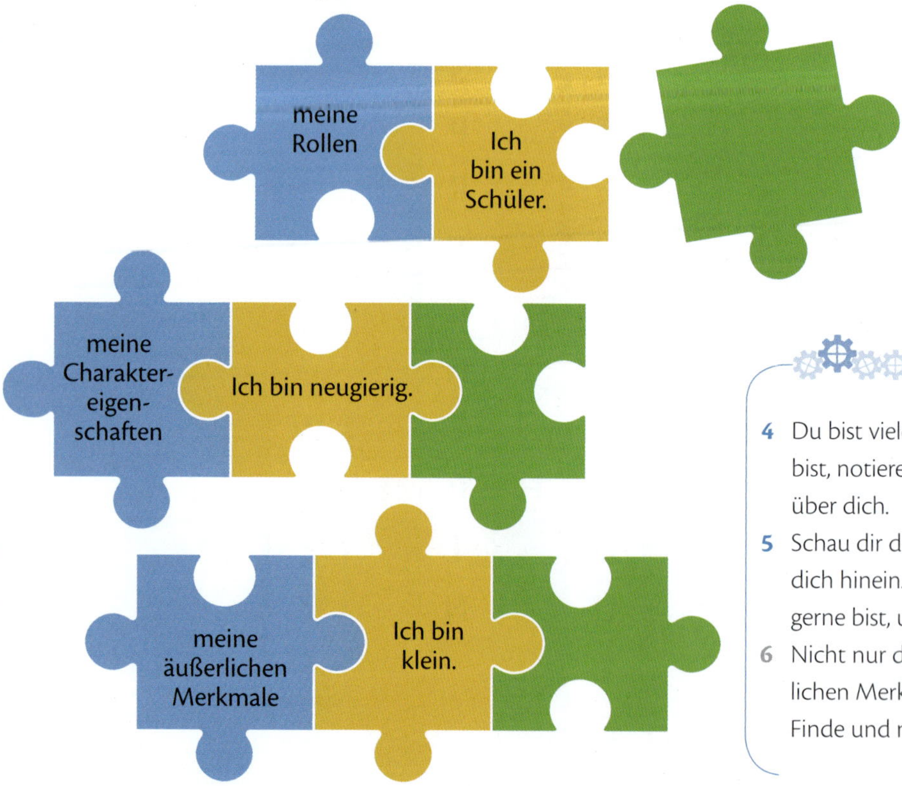

4 Du bist vieles. Um herauszufinden, was du alles bist, notiere zu jedem Puzzleteil Informationen über dich.
5 Schau dir deine Notizen genauer an und fühle in dich hinein. Sage, was von all dem du besonders gerne bist, und begründe dein Ergebnis.
6 Nicht nur deine Rollen, Eigenschaften und äußerlichen Merkmale gehören zu dem, was du bist. Finde und nenne weitere Puzzleteile deines Ichs.

M3 Mein Ich ist ...

Jeder von uns hat und ist es: das Ich. Dabei können wir das Ich ganz unterschiedlich wahrnehmen, etwa wie einen wachsamen Vogel, der uns begleitet. Diese und eine weitere Sichtweise auf das Ich spricht der Text an:

Es ist immer da, begleitet mich auf Schritt und Tritt. Es kennt alle meine Erinnerungen, weiß, was ich fühle, weiß, wo ich bin. Mein Ich. […]
Das Ich. Was ist das eigentlich? Meist nehme ich es als kleinen Steuermann im Cockpit meines Kopfes wahr. Doch es kann sich auch in entfernte Körperwinkel ausdehnen oder in der Vogelperspektive schweben, um mich selbst gleichermaßen von außen wahrzunehmen.

Nora Schultz

7 Wie nimmt das Ich sich wahr? Nenne passende Begriffe aus dem Text.
8 Beschreibe je eine Situation als Beispiel für dein Ich als Steuermann und als Begleitvogel.
> Kompetenzbox
9 Finde weitere Bilder oder Vergleiche dafür, was dein Ich alles sein kann.
10 Im Deutschen gibt es Redensarten wie z. B. „nicht mehr Herr seiner selbst sein" oder „ein Schatten seiner selbst sein". Erkläre, was damit gemeint sein könnte.

WAHRNEHMEN UND DEUTEN

So kannst du bildhafte Sprache deuten

- Liste auf, was Steuermann und Begleitvogel alles tun und können (z. B. Entscheidungen treffen, sagen, was zu tun ist, beobachten, ...).
- Finde Gemeinsamkeiten zwischen einem Steuermann und deinem Ich.
- Finde Gemeinsamkeiten zwischen einem Begleitvogel und deinem Ich.
- Beschreibe je eine Situation.
  Beginne so: *Mein Ich verhält sich wie ein Steuermann/Begleitvogel, wenn ich ...*

M4 Von außen bin ich ...

Bettina Kumpe

11 Beschreibe, wie die Schulfreundin, der Lehrer und die Eltern das Mädchen wahrnehmen.
12 Wie kann es denn sein, dass Schulfreundin, Lehrer und Eltern jeweils jemand anders sehen? Erkläre.
13 Befrage verschiedene Personen danach, welchen Eindruck das Mädchen vor dem Spiegel in M1 macht. Notiere ihre Antworten. Beschreibe, wie sich die Antworten unterscheiden.

Was macht mich so einzigartig?

M1 Gleich?

1 Schau dir die Bilder genau an und beschreibe, was die Zwillingspaare gemeinsam haben und was sie unterscheidet.

2 Jemand sagt über die Zwillingspaare: „Die sind ja total gleich!" Finde Argumente dafur, dass sie nicht gleich sind.

3 Stell dir vor, du hättest einen Zwilling, der so aussieht wie du. Beschreibe, was dir daran (nicht) gefallen würde.

M2 Einzigartig?

Wünsche

…

Erinnerungen

Gefühle

Erlebnisse

Gedanken

Sorgen
krankes Kaninchen, …

Geschmack
Lieblingsfarbe Blau, …

Talente
guter Fußballer, ...

Fähigkeiten

Träume

…

4 Hinter all diesen Begriffen verbergen sich konkrete Merkmale, die dich zu der Person machen, die du bist. Finde solche Merkmale, die dich einzigartig machen (z. B. Wunschberuf Tänzerin, eine wunderschöne Singstimme, …)

5 Es sind Felder frei. Ergänze fehlende Bereiche.

6 Vergleiche dich nun mit jemandem, den du gut kennst. Beschreibe, worin ihr euch in den verschiedenen Bereichen unterscheidet. > Kompetenzbox

7 Manche Bereiche deines Ichs sind vielleicht wichtiger für deine Einzigartigkeit als andere. Entscheide dich für die drei wichtigsten Bereiche und begründe deine Meinung.

WAHRNEHMEN UND DEUTEN

So kannst du Unterschiede wahrnehmen und beschreiben

- Wähle mindestens zwei Bereiche aus.
- Finde für diese Bereiche Beispiele von dir selbst (siehe Aufgabe 4) und Beispiele für deine Vergleichsperson.
- Beschreibe die Unterschiede zwischen euch.

M3 Einzigartig!

Das, was dich von anderen unterscheidet, macht dich einzigartig und speziell. Denn was wäre die Welt, wenn wir nur Klone [Kopien] voneinander wären, mit geklonten, gleichen Gedanken, Gefühlen und Handlungen? Was für eine Gesellschaft wäre das? […]
Schon dein Äußeres ist von Geburt an einzigartig. Kein Gesicht gleicht dem anderen, du hast mehr oder weniger Leberflecken, lange oder kurze Beine, eine große oder kleine Nase, dünne oder dicke Finger, dunkle oder helle Haare. […]
Was, wenn wir alle gleich wären? Wie könnten wir dann bei anderen Personen einen bleibenden Eindruck hinterlassen, Fußspuren in deren Herzen und Erinnerungen? Wie könnte es dann Gefühle wie Liebe und Hass geben, wenn doch alle gleich sind?

Besser Gesund Leben

8 Schreibe aus dem Text Merkmale heraus, die uns einzigartig machen.

9 Stellt der Text Einzigartigkeit als etwas Gutes oder Schlechtes dar? Begründe deine Antwort.

10 Stell dir vor, wie es wäre, wenn wir alle gleich wären. Beschreibe, was sich dadurch z. B. in der Schule ändern würde.

11 „Wie könnte es Gefühle wie Liebe und Hass geben, wenn doch alle gleich sind?", fragt der Text. Beschreibe, was Gefühle mit Einzigartigkeit zu tun haben.

M4 Besonders!

Ein junger Mann wurde gefragt, was ihn eigentlich so besonders macht. Daraufhin antwortete er Folgendes:

Was mich besonders macht? Das ist einfach: Ich kann richtig gut Personen und Dialekte nachahmen! Ich muss einen Dialekt nur einmal hören, dann kann ich schon loslegen. Plattdeutsch, Bayerisch, Hessisch oder auch Sächsisch. Wobei: Hessisch ist mir am liebsten. Oft mache ich auch die Sprache von Franzosen, Indern oder Briten nach oder rede wie jemand, der aus Russland kommt.

12 Schreibe deine Antwort auf die Frage „Was macht dich eigentlich so besonders?".

13 Wähle eine Person, die du richtig gerne magst, und schreibe einen kleinen Text zum Thema „Warum du für mich so besonders bist" oder „Was dich so einzigartig macht".

14 Stell dir vor, eine Forscherin hat eine neue Art von Lebewesen entdeckt. Sie möchte dieses aufregende Wesen natürlich erforschen und beobachtet es genau: Wie verhält sich das Wesen? Wie bewegt es sich? Usw. Anschließend beschreibt sie ihre Beobachtungen. Stell dir nun vor, die Entdeckung der Forscherin bist du. Was würde sie berichten?

Ein Name ist mehr als nur ein Wort

M1 Wenn du deinen Namen aussuchen dürftest ...

1 Stell dir vor, du dürftest selbst entscheiden, welchen Vornamen du trägst: Zeichne ein Namensschild in dein Heft und trage dort deinen Wunschvornamen ein. Begründe deine Wahl.

2 Stell dir nun vor, du könntest den Namen deiner besten Freundin oder deines besten Freundes ändern. Ändere den Vornamen und begründe deine Wahl.

M2 Wenn Namen gegeben werden ...

Für den Vornamen des eigenen Kindes entscheidet man sich in der Regel nicht schnell, schnell. Da werden Vornamenbücher gewälzt, Smartphone-Apps geschüttelt, Diskussionen geführt, Entscheidungen gefällt und wieder über Bord geworfen. Spätestens nach der Geburt steht dann endgültig fest, wie Tochter oder Sohn heißen sollen. Der Name soll bedeutungsvoll sein, sich nicht mit dem Nachnamen beißen, möglichst wenig Angriffsfläche für kindische oder fiese Veränderungen bieten und natürlich schön klingen.

Dabei sollte man immer daran denken, dass das Kind seinen Namen ein Leben lang tragen wird – als Jugendlicher, Teenager, Erwachsener und auch als Oma oder Opa.

nach Radio SRF 1

3 Beschreibe mit Hilfe des Textes, warum es für Eltern so schwierig ist, einen guten Vornamen für ihr Kind zu finden.

4 Überprüfe, ob wichtige Dinge fehlen, auf die man achten sollte, und notiere diese.

5 Erstelle eine Checkliste für Vornamen. Nutze hierfür die Ergebnisse aus Aufgabe 3. Überprüfe mit Hilfe der Checkliste deinen eigenen Vornamen oder den einer Person deiner Wahl.

6 Schreibe einen Brief an deinen Namen und teile ihm mit, was du von ihm hältst. Ein möglicher Anfang könnte lauten: *Mein lieber Name ..., jetzt kenne ich dich schon so lange ...*

M3 Wenn der Geburtstag den Namen gibt ...

Bei den amerikanischen Ureinwohnern erfolgt die Namensgebung anders als bei uns.

Nach dem Glauben der Indianer besitzt der Name eines Menschen magische Kraft und hat eine große Bedeutung. Mutige Taten, Eigenschaften eines Tieres, einer Pflanze, die Jahreszeiten und die Stellung der Himmelskörper am Tag der Geburt gaben dem Namen Ausdruck und sollten ihrem Träger Kraft und Energie verleihen. Bald nach der Geburt erhielten die Jungen und Mädchen ihre indianischen Namen. Er wurde meistens von den Verwandten, dem Medizinmann oder den Stammesältesten ausgesucht. Das war sozusagen das Geschenk an das Neugeborene. Im Laufe ihres Lebens konnten Indianer den Namen aber mehrfach wechseln, vor allem dann, wenn ein besonderes Ereignis eingetreten war und sich dadurch ihre Stellung innerhalb des Stammes veränderte. [...]
Crazy Horse oder Tashunka Witko, so sein indianischer Name, war ein bekannter Kriegshäuptling [...]. Aus dem Englischen übersetzt würde Crazy Horse „verrücktes Pferd" heißen. In der Übersetzung im indianischen Sinn bedeutet der Name jedoch „der, der ein durchgehendes Pferd gesehen hat". Am Tag seiner Geburt galoppierte ein Pferd, das seinem Besitzer durchgegangen war, durch das Indianerdorf und verursachte eine große Aufregung. Als Jugendlicher wurde Crazy Horse „Curly" genannt, weil er lockiges Haar hatte.

Claudia Buchzcik

7 Beschreibe die Unterschiede zwischen unserer und der indianischen Namensgebung.
> Kompetenzbox

8 Stell dir vor, unsere Namensgebung wäre wie die der Indianer. Erkläre, welchen Namen du hättest.

9 Überprüfe, ob die indianische Namensgebung die Ansprüche an einen (guten) Vornamen aus M2 erfüllt.

WAHRNEHMEN UND DEUTEN

So kannst du Unterschiede wahrnehmen und beschreiben

- Notiere die Informationen zur indianischen Namensgebung in Stichpunkten.
- Vergleiche die Stichpunkte mit deiner Checkliste aus Aufgabe 5.
- Beschreibe die Unterschiede.

M4 Wenn Namen nicht erlaubt werden ...

Die Vornamen auf der Liste wurden in den letzten Jahren von deutschen Standesämtern und Gerichten verboten, und die Eltern mussten sich neue Vornamen für ihre Kinder überlegen.

- Atomfried
- Bierstübl
- Grammophon
- Judas
- McDonald
- Pillula
- Satan
- Schnucki
- Störenfried

10 Wähle einen der Namen und finde Argumente, die dafür sprechen, dass dieser verboten wurde.

11 Vergleiche die Vornamen miteinander: Empfindest du alle als gleich „schlimm"? Begründe deine Antwort.

12 Bilde dir eine Meinung dazu, ob Standesämter oder Gerichte Vornamen verbieten sollten.

Einzigartig und doch gleich?

M1 Ganz anders und doch gleich!

1 Das Bild zeigt fünf einzigartige Kinder. Wähle eines der Kinder aus und beschreibe, was es auf diesem Bild einzigartig macht.

2 Nun betrachte alle fünf Kinder und suche nach Gemeinsamkeiten. Beschreibe, worin die Kinder gleich sind.

M2 Wo und wann sind wir wie gleich?

In bestimmten Situationen sind wir teilweise gleich. Nehmen wir einmal an, ihr seid auf eine Geburtstagsfeier einer Klassenkameradin eingeladen: Inwiefern seid ihr in dieser Situation gleich?
Von euch *allen* wird zunächst erwartet, dass ihr zu- oder absagt. Ihr *alle* sollt zu einer bestimmten Zeit am angegebenen Ort sein. Sicherlich bringt ihr auch *alle* ein Geschenk mit. Natürlich soll *niemand* von euch das Geburtstagskind ärgern und nichts kaputt machen …

in der Schule

im Straßenverkehr

in einer Mannschaft

in deiner Familie

3 Finde weitere Merkmale, worin ihr als Geburtstagsgäste gleich seid.

4 Wähle eine der Situationen aus und beschreibe, worin Personen in dieser Situation gleich sind.

5 Finde weitere Situationen, in denen wir auf eine Art gleich sind.

6 Finde Gründe dafür, warum es gut und wichtig ist, dass wir auf eine Art gleich sind.

M3 Wie gleich wollen wir sein?

In vielen Ländern müssen Schülerinnen und Schüler eine Schuluniform oder Schulkleidung tragen. In Deutschland dürfen die meisten in der Schule anziehen, was sie möchten. […] Eine allgemein vorgeschriebene Schuluniform gibt es nicht. Es wird zwar immer wieder über die Einführung einer Schuluniform diskutiert. Bisher wird diese aber mehrheitlich abgelehnt. […] Bei einer Schuluniform ist alles ganz genau vorgeschrieben: Farbe, Schnitt, Material und Trageweise.

Andrea Gehwolf

7 Betrachte die uniformierten Kinder und lass ihre Erscheinung auf dich wirken: Sehen die Kinder noch einzigartig genug aus? Beschreibe deinen Eindruck.

8 Stell dir vor, du müsstest eine Schuluniform tragen. Beschreibe, was sich für dich ändern würde.
> Kompetenzbox

9 Schreibe einen Brief an die Schulleitung oder den Elternbeirat, in dem du dich *für* Schuluniformen an deiner Schule aussprichst.

WAHRNEHMEN UND DEUTEN

So kannst du etwas aus einer anderen Sicht betrachten

- Denke über folgende Stationen deines Schultages nach: sich Anziehen, Weg zur Schule, Unterricht, Pausen, Ausflüge.
- Stell dir alle Stationen in Schuluniform vor. (Das heißt, dass auch die anderen Kinder Schuluniform tragen.)
- Vergleiche diese Vorstellungen damit, wie es ohne Schuluniform ist, und notiere die Unterschiede.
- Beschreibe diese Unterschiede in einem zusammenhängenden Text.

M4 Wir lächeln alle in der gleichen Sprache

Es regnet auf alle Dächer.

Musik ist die Sprache, die wir alle verstehen.

Wir pinkeln alle dieselbe Farbe.

Einer Mücke ist egal, ob sie einen König oder einen Bettler sticht.

Wir lächeln alle in der gleichen Sprache.

10 Formuliere die Redensarten in deinen eigenen Worten um.

11 Diese Redensarten haben eine gemeinsame Aussage. Gib sie in einem Satz wieder.

12 Auch wenn die Redensarten alle um das gleiche Thema kreisen, sind sie alle unterschiedlich. Wähle die Redensart aus, die dir am besten gefällt, und erkläre warum.

13 Stelle eine der Redensarten in einem Bild dar.

Ich heiße, also bin ich

M1 Wenn der Name fehlt ...

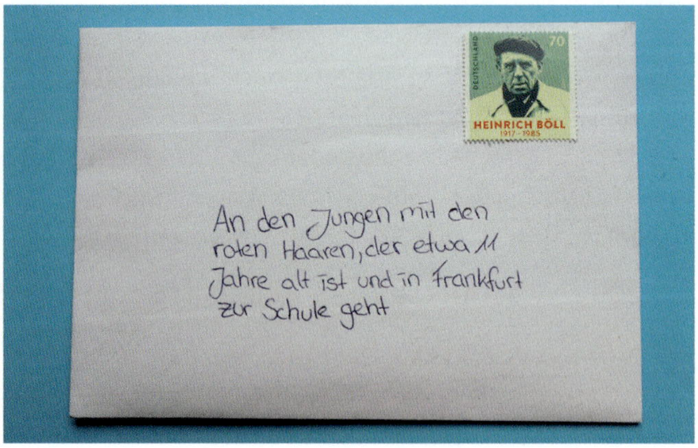

1 Betrachte den Brief und beschreibe, was dir daran komisch vorkommt.

2 Erkläre, was getan werden müsste, damit dieser Brief beim richtigen Empfänger ankommt.

M2 Weshalb jeder einen Namen braucht ...

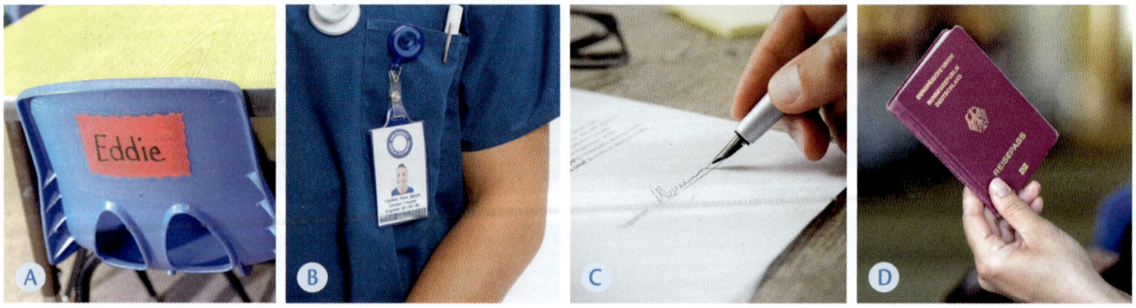

3 Betrachte die vier Bilder und beschreibe, warum und wofür wir unsere Namen brauchen.

4 Finde weitere Situationen und/oder Beispiele, warum und wofür wir unsere Namen brauchen.

5 Stell dir vor, niemand hätte einen Namen. Beschreibe, was anders wäre und welche Probleme entstehen könnten. > Kompetenzbox

WAHRNEHMEN UND DEUTEN

So kannst du etwas aus einer anderen Sicht betrachten

- Denke über folgende Situationen deines Alltags nach: Unterricht, Ausflüge und Reisen, Arztbesuche, Gespräche und Chats etc.
- Stell dir alle Situationen so vor, als hättest du keinen Namen. (Das heißt, dass niemand einen Namen hat.)
- Vergleiche diese Vorstellungen damit, wie die Situationen jetzt (also mit einem Namen) ablaufen, und notiere die Unterschiede.
- Beschreibe diese Unterschiede in einem zusammenhängenden Text.

M3 Wenn dein Name zu deinem Recht wird ...

In der UN-Kinderrechtskonvention wird das Recht auf einen Namen festgelegt. Die Autorin erklärt warum dieses Recht so wichtig ist.

> **Artikel 7**
>
> (1) Das Kind ist unverzüglich nach seiner Geburt in ein Register einzutragen und hat das Recht auf einen Namen von Geburt an, das Recht, eine Staatsangehörigkeit zu erwerben, und soweit möglich das Recht, seine Eltern zu kennen und von ihnen betreut zu werden.
>
> *UN-Kinderrechtskonvention*

Mit deiner Geburt bist du da, hast das Recht auf Leben und alle anderen Rechte ganz genauso. Aber was passiert, wenn niemand von deiner Existenz erfährt? Stell dir vor, du verlierst dein Gedächtnis. Du weißt nicht mehr, was es mit dir auf sich hat [...]. Nun gehst du irgendwo hin, sagen wir zur Polizei, um zu erfahren, was hier los ist. Dann schauen die Polizisten nach. Aber sie haben keine Chance, dich irgendwie zu identifizieren, zu erkennen. Du hast keinen Namen und keinen Ausweis, auf dem steht, dass du aus diesem oder jenem Land kommst. Außerdem stehst du in keinem Register. Die werden denken, dass du sie verschaukelst, weil es dich offiziell nicht gibt. Aber das Wichtigste daran ist: Nur wenn es dich sozusagen offiziell gibt, kannst du auch nachweisen, dass du ein Kind bist, ein Recht auf deine Rechte hast! Und zwar hier und jetzt. Und darum müssen die Regierungen auch darauf achten, dass du deine Identität behältst oder dass sie wieder hergestellt wird, falls du sie verlieren solltest, z. B. deinen Ausweis. *Julia Wolk*

6 Erkläre anhand der Informationen aus dem Text, warum es wichtig ist, dass jeder Mensch einen Namen hat.

7 Dich gibt es „offiziell". Beschreibe, woran du das festmachen kannst.

8 Es gibt viele Dinge, die wichtig sind, aber nicht auf alle hat man ein Recht. Beurteile, ob dein Name so wichtig ist, dass du ein Recht darauf haben solltest.

M4 Was tun, wenn der Name fehlt?

In Deutschland leben nach Schätzungen von Flüchtlingsräten Hunderte Kinder ohne Namen. Die Existenz auf dem Papier wird dem Nachwuchs von Flüchtlingen häufig verweigert [...]. Allein in der Hauptstadt [...] sind es weit mehr als 150. Viele von ihnen leben [...] seit Jahren ohne Identität. Ohne Registrierung gibt es auch keine Anmeldung beim Einwohnermeldeamt, kein Kindergeld, kein Erziehungsgeld und in einigen Fällen auch keine Sozialhilfe. Auch eine Krankenversicherung kann ohne Geburtsurkunde nicht abgeschlossen werden. Und ohne Kinderausweis können die Kinder auch das Land nicht verlassen. Sie sind faktisch staatenlos und sitzen in der Bundesrepublik fest. *Barbara Hans*

9 Beschreibe die Probleme, die entstehen, wenn ein Kind nicht namentlich registriert ist.

10 Stell dir vor, du bist ein Kind, das offiziell nicht existiert, weil deine Eltern auf der Flucht sind und weil dein Name in keinem Einwohnermeldeamt eingetragen wurde. Schreibe einen Tagebucheintrag darüber, wie du dich fühlst.

11 Erkläre die Überschrift „Ich heiße, also bin ich" mit Hilfe der Informationen dieser Doppelseite.

Zeig, was du kannst!

Das Wichtigste in Kürze

Ich – Wahrnehmung – Namensgebung – Besonderheiten – Einzigartigkeit – Gemeinsamkeiten – Rollen – Merkmale – Recht auf Namen

Das Ich

Dein Ich setzt sich aus vielen verschiedenen Bestandteilen zusammen. Vereinfacht kann man sagen, dein Ich ist die Summe deiner verschiedenen typischen Merkmale. Dazu gehören sowohl Äußerlichkeiten (wie deine Größe, Haarfarbe oder Stimme) als auch das, was du nur manchmal zeigst (wie deine Talente und Fähigkeiten), und auch das, was du gerne für dich behältst (wie deine Träume, Wünsche und Sorgen). Daher bist du auch das, was du noch nicht bist – weil du dir etwas vornehmen und Pläne für deine Zukunft haben kannst. Auch dein Name gehört zu dir: Er unterscheidet dich ganz offiziell von anderen und hat oft eine Bedeutung. Aber nicht nur, was du selbst mitbringst, ist Teil der Summe, sondern auch deine Umgebung, die Menschen darin und die Beziehungen, die du zu ihnen hast. Selbst wenn du in vielen Situationen mit anderen gleich zu sein scheinst, so ist dein Ich etwas sehr Einzigartiges.

Kompetenz-Check

M Das alles bin ich!

WAHRNEHMEN UND DEUTEN

1 Beschreibe Unterschiede und Gemeinsamkeiten von deinem Ich und dem einer anderen Person deiner Wahl.
2 Erkläre, was sich alles hinter einem (Vor-)Namen verbergen kann und warum wir unsere Namen brauchen.
3 Beschreibe, wie unterschiedlich der Teenager in den vier Situationen auf dem Bild wirkt.
4 Stell dir vor, du bist der Junge auf dem Bild. Beschreibe, was sich für dich ändert, wenn du von einer Rolle in die nächste wechselst. Was wird von dir jedes Mal erwartet?

Werkstatt

Mein rätselhaftes Ich

Dein Ich setzt sich aus unglaublich vielen Puzzleteilen zusammen, die alle zusammen dafür sorgen, dass es dich so nur einmal gibt. Einige davon benötigst du, um das Rätsel zu deinem Ich zu erstellen.

Merkmale auflisten

Notiere möglichst viele (mindestens zehn) Merkmale über dich und dein Ich. Je mehr du auflistest, umso größer ist später deine Auswahl für dein Kreuzworträtsel. Hierbei helfen dir die Ergebnisse zu den Aufgaben dieses Kapitels.

Rätselfragen formulieren

Formuliere die Fragen deines Kreuzworträtsels: Finde zu den Merkmalen und Informationen in deiner Liste passende Umschreibungen oder Sätze und schreibe sie auf. Die Formulierungen dafür können unterschiedlich sein. Hier sind ein paar Beispiele passend zum ausgefüllten Rätsel auf Seite 19 dieses Kapitels:

- Ich bin die ? meiner Großeltern. (➔ Enkelin)
- Ich kann unglaublich lustige ? erzählen. (➔ Witze)
- Ich lüge nicht gerne, denn ? zu sein, ist mir sehr wichtig. (➔ ehrlich)
- Seit ich klein bin, habe ich Angst vor ? (➔ Clowns)
- Mein Vorname lautet ? (➔ Anna)
- …

Du wirst feststellen, dass es für manche Dinge leichter ist, Hinweise und Sätze zu formulieren, als für andere. Deswegen ist es gut, wenn du eine lange Liste von Eigenschaften zur Auswahl hast. Dann kannst du die Dinge weglassen, für die es schwer fällt, Hinweise oder Sätze zu formulieren.

Kreuzworträtsel erstellen

Erstelle dann dein Kreuzworträtsel, indem du die Wörter aus deiner Liste, für die du gute Beschreibungen hast, miteinander „verkreuzt". Das kannst du entweder per Hand auf einem Karoblatt tun oder aber du benutzt dafür kostenlose Apps. Arbeite am besten zunächst einen Bleistift, damit du leicht radieren kannst, wenn du etwas ändern möchtest.

Achte darauf, dass sowohl dein Rätsel als auch die Fragesätze verständlich und gut leserlich sind.

Worauf es ankommt

- ☑ Rechtschreibung beachten
- ☑ sauber und ordentlich zeichnen und schreiben
- ☑ Hinweise nicht zu schwer formulieren

Isabelle Göntgen

Welche Familienformen gibt es?

Brauchen Familien Regeln?

Warum ist es wichtig, Zeit mit der Familie zu verbringen?

Wie prägt die Kultur die Familie?

Was macht eine Familie aus?

Selbst und Welt

> Meine Familie

WERKSTATT

Mein Familien-Stammbaum

Eine Familie kann wie ein Baum dargestellt werden. Mit jeder Generation gibt es neue Abzweigungen: die Zweige und Äste. Und jeder Ast ist unterschiedlich: Manchmal gibt es viele Nachkommen, manchmal weniger.

Gestalte den Stammbaum deiner Familie, der dir einen Überblick darüber gibt, wer alles zu deiner Familie gehört und in welchem Verwandtschaftsverhältnis die einzelnen Familienmitglieder zueinander stehen.

Das alles ist Familie!

M1 Aus dem Familienalbum

A

B

C

1 Beschreibe die Bilder. Welche Familien werden gezeigt?
2 Gib jedem Bild einen Titel, der die Familienform beschreibt (zum Beispiel: Mutter mit Kind).
3 Ergänze das Familienalbum um weitere Formen von Familie. Denke dabei an Familien, die du kennst.

M2 Unterschiedliche Familien

Neben meinen Eltern und meinen zwei Geschwistern leben auch meine Oma und mein Opa in unserem Haus.

Ich lebe mit meiner Mutter, meinem Vater und meinem Bruder zusammen.

Seit sich meine Eltern getrennt haben, lebe ich mit meiner Mama und meiner Schwester zusammen.

Ich lebe mit meinen zwei Mamas zusammen.

Vor zwei Jahren hat meine Mama noch einmal geheiratet. Jetzt leben wir zu sechst: meine zwei Brüder, meine Mama, ich und dann noch mein Stiefvater Tom und unsere Halbschwester Sophie. Das heißt Sophies Mama ist auch unsere Mama, aber Tom ist ihr Vater.

***Wortspeicher* Familienformen**
Kernfamilie – Patchworkfamilie – Ein-Eltern-Familie (auch Alleinerziehende) – Großfamilie – gleichgeschlechtliche Paare

4 Ordne den Sprechblasen die verschiedenen Familienformen zu.
5 Erläutere, was den verschiedenen Familienformen gemeinsam ist. Was darf bei einer Familie nicht fehlen, sonst ist es keine mehr?
6 Ordne die Familienformen den Bildern aus M1 zu. Vergleiche mit deinen eigenen Bildtiteln.
7 Ordne deine Familie einer der Familienformen zu und begründe deine Zuordnung.

M3 „Das Bild der Familie ist bunter geworden"

Soziologen sind Wissenschaftler, die sich mit dem Zusammenleben der Menschen beschäftigen, also auch mit dem Thema Familie:

„Familie ist da, wo Kinder sind", sagt der Soziologe Harald Rost. Ganz gleich, ob die Eltern nun verheiratet sind oder nicht oder ob alleinerziehende Mütter oder Väter den Familienalltag stemmen. „Das Bild der Familie ist bunter geworden" […]. Die Art und Weise, wie Familien zusammenleben, hat sich im Laufe der Geschichte immer wieder verändert. Verschiedene Familienformen bestehen nach- und nebeneinander, die eine „richtige" Form gibt es nicht. Ob Kinder glücklich aufwachsen, hängt letztendlich auch nicht von der Familien-Variante ab. Was zählt, sind Liebe, Fürsorge und Vertrauen.

Elisabeth Schwiontek

8 Lass dir von einem Partner oder einer Partnerin darstellen, was Familienexperte Harald Rost über die Veränderung der Familienformen sagt. Gib dann das Gehörte wieder. > Kompetenzbox

9 Sammle Dinge, die für jedes Kind wichtig sind, damit es sich in seiner Familie wohlfühlt.

INTERAGIEREN UND SICH-MITTEILEN

So kannst du Gehörtes wiedergeben

- Schau deinen Partner an, wenn er mit dir spricht.
- Falle ihm nicht ins Wort und zeige Interesse (z. B. durch Nicken).
- Frage nach, wenn du etwas nicht verstanden hast. Beispiel: *Wie meinst du das?*
- Notiere dir wichtige Stichwörter.
- Lies die Notizen noch einmal durch und formuliere daraus Sätze in der dritten Person.
  Beispiel: *Laut Harald Rost ist Familie immer da, wo … Er meint auch, dass …*

M4 Die kleinste Familie der Welt

Bernadette ist alleinerziehend und lebt zusammen mit ihrer Tochter Noëmi. Julia Schaaf von der „Frankfurter Allgemeinen Sonntagszeitung" hat sich mit ihnen unterhalten:

Wer ist deine Familie, Noëmi?

Noëmi: Auf jeden Fall meine Mutter. Und Moni und Dschonnie und Martin.

Wer ist das?

Noëmi: Moni und Dschonnie sind Freunde, die mich begleiten, seit ich zwei Jahre alt bin. Und Martin ist der Exfreund von meiner Mama, mit dem wir immer noch eine sehr enge Beziehung haben.

Und für Sie, Frau C.?

Bernadette: Ich habe da ein Bild von umeinander liegenden Kreisen. Der innere Kern sind wir beide, die kleinste Familie der Welt. Im nächsten Kreis sind ein paar andere Menschen, die über all die Jahre unbedingt verlässlich waren.

Aber es heißt doch immer: Ein Kind braucht Vater und Mutter.

Noëmi: Knallhart gesagt: Ich finde, dass es weder Vater noch Mutter braucht. Und wenn die Großmutter das Kind großzieht – na und? Es braucht wenigstens einen Menschen, der wirklich da ist. Am besten sogar mehrere.

Julia Schaaf

10 Stelle Noëmis Familie kurz vor. Zeichne dazu die Kreise und trage die Personen darin ein.

11 Zeichne einen eigenen Familienkreis für deine Familie und benenne, wer zu welchem Kreis gehört.

12 Beurteile die Aussage von Noëmi, dass es weder Vater noch Mutter braucht, sondern einfach „einen Menschen, der wirklich da ist".

Für und Wider! | Was noch?

Meine Familie und ich

M1 Familienbäume

Bettina Kumpe

1 Liste auf, wer alles auf den Familienbäumen sitzt.
2 Erläutere, wer deiner Meinung nach alles zu einer Familie gehört und warum.
3 Zeichne einen Familienbaum für deine eigene Familie und benenne die einzelnen Familienmitglieder.

M2 Familie ist ...

Familie ist da, wo Kinder sind.

Familienforscher Harald Rost

Familie ist dort, wo du den Kühlschrank aufmachen kannst, ohne zu fragen.

www.kindersache.de

Und mir ist klar geworden, dass Familie nicht immer die Leute sind, bei denen man geboren wird, sondern die Menschen […], die man auf seinem Weg trifft.

Grace, 9 Jahre (im Roman „Wenn das Leben wie Schokolade schmeckt“)

In einer Familie kann man sich aufeinander verlassen!

Hannes, 10 Jahre

INTERAGIEREN UND SICH-MITTEILEN

So kannst du einen eigenen Gedanken formulieren

- Schreibe in Stichworten auf, was dir zu der Frage alles einfällt.
- Lies dir deine Stichworte durch und überlege, welcher deiner Gedanken dir am wichtigsten erscheint.
- Wähle dieses Stichwort aus und formuliere es in einem ganzen Satz. Beginne zum Beispiel so: *Familie ist für mich …*

4 Gib in eigenen Worten wieder, was die Sprechblasen über das Wesentliche an einer Familie aussagen.
5 Diskutiere die Aussagen mit einem Partner oder einer Partnerin. Wo stimmst du zu, wo nicht? Begründe deine Meinung.
6 Schreibe eine eigene Sprechblase zu der Frage, was (d)eine Familie ausmacht. > Kompetenzbox

M3 Was macht eine Familie aus?

Das eindeutigste Kennzeichen für eine Familie ist das Zusammenleben von mindestens zwei Generationen, also den Eltern und den Kindern in einem Haushalt. Aber Familie bedeutet natürlich noch viel mehr: In einer Familie kümmert man sich umeinander. Die Eltern kümmern sich um ihre Kinder und unterstützen sie in ihrer Entwicklung. Aber auch alte und kranke Familienmitglieder werden versorgt und gepflegt. Da kann es sein, dass sich plötzlich nicht mehr die Eltern um die Kinder kümmern, sondern umgekehrt, die Kinder, die jetzt schon erwachsen sind, ihre Eltern versorgen. In einer Familie lernt man auch ganz viel voneinander! Die Eltern erziehen die Kinder und vermitteln dadurch Werte. Auch wenn du mit deinen Eltern nicht immer der gleichen Meinung bist, aber du lernst zum Beispiel, was richtig und was falsch ist und wie man miteinander umgehen soll […].
Die Familie hat aber auch eine rechtliche Funktion: Die einzelnen Familienmitglieder stehen zueinander in einer Verbindung, aus der sich bestimmte Rechte und Pflichten ergeben […]. Und schließlich ist die Familie natürlich auch dazu da, gemeinsam die Freizeit zu verbringen, sich zu erholen und miteinander Spaß zu haben.

www.demokratiewebstatt.at

7 Fasse die wichtigsten Aussagen des Textes kurz zusammen: Was macht eine Familie alles aus?

8 Erläutere, was eine Familie besonders macht im Vergleich zu anderen Gemeinschaften wie z. B. der Klassengemeinschaft.

9 Eltern vermitteln Werte, heißt es im Text. Werte sind Dinge, die den Eltern sehr wichtig sind, zum Beispiel Ehrlichkeit oder Pünktlichkeit. Nenne weitere Beispiele.

10 Tausche dich in der Gruppe darüber aus, was eine Familie (noch) ausmacht. Sammle weitere Merkmale, die nicht im Text stehen.

M4 Familie Ente

11 Auch im Tierreich finden sich Formen des Zusammenlebens, die einer menschlichen Familie ähnlich sind, wie hier bei der Entenfamilie. Finde weitere Beispiele.

12 Sind Tierfamilien mit menschlichen Familien zu vergleichen? Nenne Gemeinsamkeiten und Unterschiede.

13 Beurteile, ob auch ein Tier Familienmitglied sein kann und begründe deine Meinung.

Für und Wider! Was noch?

Wie leben Familien in anderen Kulturen?

M1 Alleine auf den Spielplatz?

Jack ist von den USA nach Deutschland gezogen. Hier staunt er über die Unterschiede im Familienleben.

Neulich habe ich mit meinen Eltern die Familie meines neuen Freundes David besucht. Meine Eltern waren geschockt! Davids vierjährige Schwester durfte beim Essen selbst das Messer benutzen. Das hätten meine Eltern mir und meinem Bruder nie erlaubt! Und David geht jede Woche alleine auf den Spielplatz. Ich würde natürlich gerne mitkommen. Aber meine Eltern möchten nicht, dass wir Kinder alleine rausgehen. In Amerika war das bei allen Familien, die wir kannten, so. David lacht aber nur darüber, er meint, das habe er ja noch nie gehört. In der 5. Klasse sei man doch kein Baby mehr …

1 Nenne die Unterschiede, die Jack bei der Familie in Deutschland feststellt.

2 Finde eine Erklärung dafür, was hinter den Unterschieden stecken könnte: Warum sind die Dinge, die Davids Eltern ihren Kindern erlauben, für Jacks amerikanische Eltern schockierend?

3 Tausche dich in der Gruppe über weitere Unterschiede in Familien aus unterschiedlichen Ländern und Kulturen aus. Sammle die Ergebnisse und stelle sie vor.

M2 Bei den Fayu im Dschungel

Sabine Kuegler hat viele Jahre in ihrer Kindheit im Dschungel auf einer Insel im pazifischen Ozean verbracht. Dort lebte sie mit ihren Eltern, zwei Sprachforschern aus Deutschland, und ihren beiden Geschwistern Judith und Christian beim Stamm der Fayu. Sie erzählt:

Zu Beginn unseres Aufenthalts bei den Fayu spielten wir ausschließlich mit Jungen. Die Fayu-Mädchen waren sehr schüchtern und beteiligten sich nicht an den wilden Spielen, die wir so liebten. Ich kann mich nicht erinnern, dass sie jemals mit uns im Wasser Krokodile nachgeahmt oder mit Pfeil und Bogen Insekten gejagt hätten. Sie beobachteten uns nur, oft ganz aus der Nähe. Der Grund dafür lag in ihrer Kultur, in der die Aufgaben der Frauen und Männer von Kindheit an völlig verschieden und klar getrennt waren.

Sabine Kuegler

4 Vergleiche das Verhalten der Fayu-Mädchen mit dem Verhalten von Sabine und ihren Geschwistern.

5 „Der Grund dafür lag in ihrer Kultur", heißt es im Text. Erkläre die Verhaltensweisen: Warum spielen die Fayu-Mädchen nicht mit? Warum ist es dagegen für Sabine kein Problem, mit den Jungen zu spielen?

6 Kulturelle Unterschiede haben mit der unterschiedlichen Herkunft der Menschen zu tun. Beschreibe, welche kulturellen Unterschiede es zwischen Familien in Deutschland gibt.

M3 Familienleben in anderen Kulturen

Die Großfamilie in Afrika

Gerade in ländlichen Regionen Afrikas gibt es noch viele Großfamilien. Acht Kinder oder mehr zu haben, ist ganz normal. Nicht nur die Eltern und ihre Kinder leben oft unter einem Dach, sondern auch die Tanten und Onkel, Cousins und Cousinen und die Großeltern. Die Kinder gehen in der Regel nicht in den Kindergarten. Sie werden von allen Mitgliedern der Großfamilie aufgezogen.

Fürsorge ist also die oberste Regel in vielen afrikanischen Großfamilien. Die älteren Mitglieder der Familie werden deshalb auch von den jüngeren betreut und gepflegt. Die Großeltern und Urgroßeltern gelten als besonders weise und werden oft um Rat gefragt. Sie haben ein hohes Ansehen in der Familie. Weil jeder jedem hilft, entsteht ein großes Gemeinschaftsgefühl im Familienverband. Es gilt: Je größer die Familie ist, umso stolzer ist man darauf und umso sicherer fühlt man sich.

Südamerika – Alle kümmern sich ums Baby

In Südamerika ist es ähnlich. Dort gibt es zum Beispiel die sogenannte „cuarenta". Dieses Wort umschreibt eine Zeitspanne von bis zu sechs Wochen nach der Geburt, in der sich alle Familienmitglieder so gut es geht um die Mutter und das Baby kümmern. Auch in Ländern Südamerikas gibt es viele Großfamilien. Alle Mitglieder sind bei der weiteren Betreuung und Erziehung des Kindes in den ersten Lebensjahren gefragt. Großeltern, Tanten, Onkel und auch die Geschwister kümmern sich um das Kleinkind. Vor allem Großeltern spielen bei der Erziehung eine große Rolle. Sie geben ihre Werte und Erfahrungen an die Kleinsten weiter. Sie erzählen Geschichten und halten so die Traditionen am Leben. Darauf wird viel Wert gelegt.

www.kindersache.de

7 Lass dir von einem Partner oder einer Partnerin darstellen, wie die Familien in Afrika und Südamerika leben. Gib dann das Gehörte wieder.
> Kompetenzbox

8 Vergleiche die Gewohnheiten anderer Kulturen mit deiner eigenen Familie. Welche Dinge sind dir vertraut? Welche erscheinen dir fremd?

INTERAGIEREN UND SICH-MITTEILEN

So kannst du Gehörtes wiedergeben

- Schau deine Partnerin an, wenn sie mit dir spricht.
- Falle ihr nicht ins Wort und zeige Interesse (z. B. durch Nicken).
- Frage nach, wenn du etwas nicht verstanden hast. Beispiel: *Wie meinst du das?*
- Notiere dir wichtige Stichwörter.
- Lies die Notizen noch einmal durch und formuliere daraus Sätze in der dritten Person. Beispiel: *Sie sagt, in Afrika …*

M4 Fürsorge in afrikanischen Familien

Fürsorge ist die oberste Regel in afrikanischen Familien. Die Familie zieht verwaiste Kinder aus der Verwandtschaft groß, kümmert sich um geschiedene Mitglieder und um verarmte oder arbeitslose Angehörige. Wenn die Großeltern alt und gebrechlich sind, kümmern sich die Kinder um sie. Deshalb gibt es fast keine Altenheime in afrikanischen Ländern.

Angelika Hacker

9 Erkläre in eigenen Worten, warum es fast keine Altenheime in afrikanischen Ländern gibt.

10 Nenne eine wichtige Regel für Familien in Deutschland und erläutere ihre Folgen.

Brauchen Familien auch Regeln?

M1 Frei erzogen

In der Geschichte „Papas Geheimnis“ wollen die Kinder Rebekka, Luisa und Botho Frau Helmbrecht, Bothos Mutter, beim Mittagessen einen Streich spielen:

Rebekka blickte zu ihrer Schwester hinüber, nickte ihr zu, nahm den Teller in die Hand und legte die Füße auf den Tisch, während sie weiteraß.
Luisa zögerte einen Moment. Das schien ihr doch ziemlich übertrieben zu sein. Dann sah sie, wie auch Botho ihr heimlich zunickte. Also legte auch sie die Füße auf den Tisch.
„Nein, das geht jetzt wirklich zu weit!“, rief Frau Helmbrecht. „An meinem Tisch werden die Füße nicht auf den Tisch gelegt, bitte schön!“
„Warum nicht?“ Rebekka tat überrascht und nahm die Füße wieder herunter. „Zu Hause dürfen wir das doch auch.“
„Du wirst mir doch nicht im Ernst erzählen wollen, dass ihr zu Hause mit den Füßen auf dem Tisch esst!“
„Doch, natürlich“, bestätigte Luisa. „Tun das nicht alle?“
„Entweder ihr wollt mich veralbern oder ihr seid sehr, sehr schlecht erzogen!“ Frau Helmbrecht war jetzt ziemlich wütend. „Das kann doch nicht euer Ernst sein.“
„Wir sind eben sehr frei erzogen“, antwortete Rebekka.
„Sehr frei verzogen“, korrigierte Botho grinsend.

Paul Maar

1 Warum ist Frau Helmbrecht über das Benehmen der Kinder so entsetzt? Nenne die Regel, gegen die die Kinder beim Mittagessen verstoßen.
2 Erkläre, was Rebekka mit dem Satz „Wir sind eben sehr frei erzogen“ meint.
3 Schreibe zwei Regeln auf, die du aus deiner Familie oder aus den Familien deiner Freunde kennst.

M2 Eine Familie ohne Regeln

Eine Fernsehsendung in England zeigte drei Familien, die ihre Kinder ohne die üblichen Regeln erziehen und ihnen fast alle Freiheiten lassen. Eine davon ist Familie Rawnsley:

Keine Schule, keine Verbote – die sieben Kinder der Familie Rawnsley […] dürfen tun und lassen, was sie wollen: mit gefährlichen Sachen spielen, sich die Haare färben, fluchen, das Haus anmalen, sich piercen lassen, ewig wach bleiben und alles essen, was sie gerade mögen. Feste Regeln gibt es hier nicht. Und das ganz mit Absicht. Denn die Eltern Gemma (35) und Lewis (31) wollen, dass ihre Kids eigene Entscheidungen treffen. Und sind überzeugt: das ist der bessere Weg. Aber geht so etwas wirklich? Oder früher oder später schief?

Isabell Wohlfarth

4 Beschreibe das Leben der Familie Rawnsley. Was dürfen die Kinder alles?
5 Die Sendung wurde in England viel diskutiert: Sind Kinder ohne Regeln gesünder und glücklicher? Oder wachsen sie im Chaos auf? Diskutiere in der Gruppe Vor- und Nachteile des Lebens in einer solchen Familie ohne Regeln.
6 Entscheide dich, ob du in dieser Familie leben möchtest. Begründe auch, warum bzw. warum nicht.

M3 Über Sinn und Unsinn von Regeln in der Familie

Inzwischen kennt die Familie Rawnsley (M2) in England fast jeder. In einem Interview mit einer Zeitung erklärt die Mutter ihren Erziehungsstil:

Das Ganze wirke nur auf den ersten Blick „wild", sagt Mutter Gemma […], „wir machen uns genau Gedanken, wie wir die Kinder groß werden lassen." Dazu gehöre in erster Linie auch, dass Skye (13), Finlay (12), Phoenix (9), Pearl (8), Hunter (5), Zephyr (3) und Woolf (1) nicht zur Schule müssen. Die Eltern unterrichten sie zuhause – das ist in England erlaubt. Die Kinder, so die Mutter, sollten selbst entscheiden, was sie interessiert. Bis vor kurzem habe ihr 9-jähriger Sohn keinen Sinn darin gesehen, schreiben zu lernen. Bis er merkte, dass er das können muss, um mit seinen Kumpels auf der Xbox zu chatten. *Isabell Wohlfarth*

In einem Eltern-Magazin betont ein Journalist dagegen die Bedeutung von Regeln für Familien:

Ohne Regeln geht es nicht. Sie erleichtern das Miteinander, geben Orientierung, setzen Grenzen. Mehr noch: Regeln schaffen Verlässlichkeit und Vertrauen, verringern Unsicherheiten und so manchen Streit. Auch und gerade Kinder brauchen Regeln, da sind sich die Fachleute einig. […] Regeln sollen keine Käfige sein, sondern Wegweiser durch den Alltag. Nach diesem Grundsatz entscheidet jede Familie am besten selbst, welche Regeln ihr wichtig sind. Manche beten zum Beispiel vor dem Essen, andere finden das nicht so wichtig. *Sebastian Bröder*

7 Schreibe die Argumente für und gegen Regeln aus den Texten heraus.

8 Wann werden Regeln (doch) zu Käfigen? Nenne Beispiele aus dem Alltag.

9 Entwickle einen Dialog (Gespräch) zwischen dem Journalisten und Mutter Gemma, in dem sich beide über ihre Standpunkte zur Erziehung und ihre Gründe austauschen. > Kompetenzbox

10 Erstelle eine Liste von Regeln, die du für wichtig für das Zusammenleben in einer Familie hältst. Die Ergebnisse aus Aufgabe 3 können dir dabei helfen.

INTERAGIEREN UND SICH-MITTEILEN

So kannst du einen Dialog entwickeln

- Nenne die beiden Standpunkte und ordne ihnen Argumente zu.
- Formuliere ein Argument aus der Sicht einer Person. Beispiel: *Ich finde, …*
- Antworte darauf mit einem Argument der anderen Person. Beispiel: *Das mag sein, aber …*
- Wiederhole die beiden vorherigen Schritte.
- Formuliere einen Satz zum Abschluss des Gesprächs.

M4 Die drei Grundsätze der Familie Rawnsley

Wenn man ganz genau hinsieht, lebt auch Familie Rawnsley nicht völlig ohne Regeln. In dem Artikel über sie heißt es weiter:

Komplett regellos laufe es aber dann doch nicht ab im Familienverbund. Im Zusammenleben würden bei ihnen drei große Grundsätze gelten: **nicht lügen**, **niemanden verletzen** und **den anderen respektieren**. *Isabell Wohlfarth*

11 Begründe, warum die Familie sich doch Grundsätze gegeben hat. Wie würde das Familienleben aussehen, wenn diese Grundsätze nicht gelten würden?

12 Nenne einen weiteren Grundsatz, ohne den das Zusammenleben in der Familie (oder auch einer anderen Gemeinschaft) nicht möglich wäre. Begründe deine Meinung.

Zeit für das Familienleben

M1 Eine Familienfeier

Helene Mitter, 2017

1 Beschreibe das Bild. Welche Familienmitglieder sind zu sehen? Was wird wohl gefeiert?

2 Erzähle von eigenen Familienfeiern. Bei welchen Gelegenheiten feiert deine Familie zusammen? Wie laufen die Feiern ab?

M2 David, sein Großvater und der Schuppen

David verbringt seine Zeit am liebsten mit seinem Großvater im Schuppen.

Großvaters Schuppen ist der Ort, an dem ich mich auf der Welt am glücklichsten fühle. Obwohl es nichts Großartiges ist. Ein Schuppen ganz hinten im Garten, aus Brettern mit gewellter Dachpappe, worin es im Winter zu kalt und im Sommer zu heiß ist. Sooft ich kann, bin ich dort. Um zu basteln, um Werkzeuge oder Holzteile auszuleihen, um meinem Opa Léon bei der Arbeit zuzusehen (zurzeit zimmert er ein Möbel nach Maß für ein Restaurant), um ihn um Rat zu fragen oder ganz einfach nur so.

David

Anna Gavalda

3 Beschreibe, wie David seine Zeit mit dem Großvater verbringt. Was machen sie zusammen?

4 Berichte, wie du deine Zeit mit deiner Familie verbringst. Was macht ihr alles zusammen? Was machst du mit einzelnen Familienmitgliedern?

5 David verbringt gerne auch „einfach nur so" Zeit im Schuppen bei seinem Großvater. Erkläre, was er damit meint.

6 Schreibe eine eigene Sprechblase zu der Frage, ob bzw. warum es wichtig ist, dass man in der Familie Zeit miteinander verbringt. > Kompetenzbox

INTERAGIEREN UND SICH-MITTEILEN

So kannst du einen eigenen Gedanken formulieren
- Schreibe in Stichworten auf, was dir zu der Frage alles einfällt.
- Lies dir deine Stichworte durch und überlege, welcher deiner Gedanken dir am wichtigsten erscheint.
- Wähle dieses Stichwort aus und formuliere es in einem ganzen Satz. Beginne zum Beispiel so: *Es ist wichtig, dass ...*

M3 Familienzeit und Familienleben

Experten betonen immer wieder, dass Familienzeit ganz wichtig für ein glückliches Familienleben ist. Wissenschaftliche Untersuchungen bestätigen das:

Insgesamt schätzten die Familien, die sich viel Zeit füreinander nahmen, den Familienzusammenhalt besser ein, fühlten sich geborgener in der Familie [...]. Angesichts dessen ist es nicht verwunderlich, dass sich neun von zehn Eltern vor allem mehr Zeit für ihre Kinder wünschen. [...] Bei der Familienzeit zählt nicht nur die Quantität, sondern vor allem die Qualität der gemeinsam verbrachten Zeit. Jeden Morgen eine Viertelstunde gemeinsam zu frühstücken kann wertvoller sein als zwei Stunden zusammen vor dem Fernseher zu sitzen. Bei der Familienzeit geht es um Zuhören und Aufeinandereingehen, oder einfach darum, gemeinsam Spaß zu haben und Neues zu erleben.

JAKO-O Online-Magazin

7 Vergleiche die Meinung der Experten zur Familienzeit mit deiner eigenen Antwort aus Aufgabe 6.

8 Begründe, warum die Art (Qualität) der gemeinsam verbrachten Zeit auch wichtig ist – und nicht nur die Länge (Quantität).

M4 Moderne Familien

Renate Alf

9 Beschreibe den Cartoon und gib wieder, was er über das Leben in dieser Familie aussagt.

10 Beschreibe, welche Rolle moderne Medien in deiner Familie spielen.

Zeig, was du kannst!

Das Wichtigste in Kürze

Kernfamilie – Patchworkfamilie – Alleinerziehende – Großfamilie – Zusammenleben – Generationen – Orientierung – Erziehungsstil – Regeln in der Familie – Liebe – Fürsorge – Geborgenheit – Familienzeit

Die Familie

Es gibt verschiedene Formen von Familien: Familien können groß und klein sein, aus nur zwei oder ganz vielen Personen bestehen. Aber es gehören immer Kinder zu einer Familie, egal ob die Eltern nun verheiratet sind oder nicht, zusammen leben oder nicht, das gleiche Geschlecht haben oder nicht. Die Art, wie Familien zusammen leben, hat sich im Laufe der Zeit immer wieder geändert und unterscheidet sich auch von Kultur zu Kultur. Es gibt dabei nicht die „richtige" Familienform. Wichtig für eine Familie ist vielmehr, dass man füreinander da ist.

Die Eltern vermitteln den Kindern durch die Art ihrer Erziehung jeweils, was (ihnen) wichtig ist im Leben und wie man miteinander umgehen soll. Regeln spielen dabei meistens eine wichtige Rolle, denn ganz ohne Grundsätze klappt das Zusammenleben nicht.

Kompetenz-Check

M Hugos Familie

Der absolut schlimmste Samstag meines Lebens fängt an wie ein ganz normaler Samstag. Einer von diesen Tagen, an denen Mama und Papa lange schlafen und Bertha und ich uns um die Fernbedienung streiten. Bertha will Mädchen-Fernsehen gucken, deshalb schnappe ich ihr die Fernbedienung aus der Hand. Und schalte um.

„Gib sie mir zurück!" Sie schreit und stürzt sich auf mich. Das bringt nur nichts. Ich bin acht Zentimeter größer als sie und habe jede Menge Muskeln. Dafür hat Bertha etwas anderes. Ihre Stimme. Sie kann so laut kreischen, dass es sich anfühlt, als würde einem jemand Nägel in die Ohren hämmern.

„Hallo? Was ist da los, Hugo?", schimpft eine verschlafene Stimme aus dem Zimmer meiner Eltern.

„Okay, okay, du Baby. Da hast du sie." Ich werfe ihr die Fernbedienung rüber und verschwinde. Die Treppe hoch, zu Opa, der im ersten Stock in unserem Haus wohnt. Er hat eine eigene Wohnung.

Ida-Marie Rendtorff/Daniel Zimakoff

1 Beschreibe in einem Satz, was wichtig ist in einer Familie.

2 Beschreibe, wer alles zu Hugos Familie gehört, und benenne die Familienform.

INTERAGIEREN UND SICH-MITTEILEN

3 Schreibe eine Sprechblase zu der Frage, warum Hugo zu seinem Opa geht bzw. was er von seinem Opa erwarten könnte.

4 Entwickle einen Dialog zwischen Hugo und seinen Eltern, in dem es darum geht, wie die Familien-Samstage künftig anders geregelt werden sollen.

Werkstatt

Mein Familien-Stammbaum

Dein Familien-Stammbaum gibt einen Überblick darüber, wer alles zu deiner Familie gehört und in welchem Verhältnis die einzelnen Familienmitglieder zueinander stehen.

Worauf es ankommt

- ☑ Familienmitglieder vollständig auflisten und benennen
- ☑ Bilder und Symbole sammeln
- ☑ die Liste mit den Verwandten im Stammbaum anordnen
- ☑ zuerst eine Skizze machen
- ☑ dann den „Baum" schön gestalten

Familienliste erstellen

Wer gehört für dich alles zu deiner Familie? Sammle alle Familienmitglieder und Angehörigen, die dir einfallen, und notiere, ob und wie sie mit dir verwandt sind. Frage eventuell auch deine Eltern oder Großeltern nach deinen Vorfahren und vergiss nicht Verwandte, die du vielleicht nicht so gut kennst bzw. weniger oft siehst.

Sammle außerdem Bilder zu den einzelnen Personen deiner engeren Familie, zeichne sie selbst oder denk dir ein Symbol (Zeichen) aus, das zu der Person passt.

Stammbaum zeichnen

Nun kommt es darauf an, die Liste zu ordnen: Hier kann dir eine „Baumstruktur" helfen, in die du jede Person einträgst und mit Verbindungslinien die Beziehungen zwischen den verschiedenen Personen darstellst. Erstelle zunächst eine Skizze, in der du auch alle Familienmitglieder benennst (Onkel, Tante, Urgroßmutter, ...). Oft wird der „Baum" auch umgedreht gezeichnet wie in folgendem Beispiel:

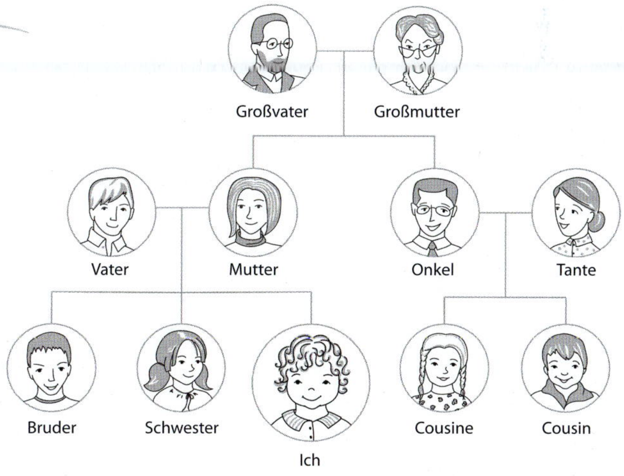

Familienbaum

Mit Bildern und Farben gestalten

Überprüfe deinen Entwurf. Hast du jemanden vergessen? Musst du einen Ast anders anordnen? Verbessere die Skizze und übertrage sie dann auf ein großes Blatt. Nun kannst du den Stammbaum individuell gestalten. Klebe hierfür die Bilder der Personen auf den richtigen Platz, beschrifte sie, umrande z. B. die Bilder und gestalte die Äste schön.

Wie kann man verstehen, was andere fühlen?

Sind fremde Menschen oder Orte spannend oder unheimlich?

Wie findest du neugierige Menschen?

Warum ist Neues manchmal unangenehm?

Was macht eine Gruppe zu einer Gemeinschaft?

Selbst und Welt

> Neue Wege gehen

WERKSTATT

Eine Reise zu einem unbekannten Ort

Viele fremde Orte machen uns neugierig, weil wir davon gehört, gelesen oder einen Film darüber gesehen haben. Manche Menschen haben sogar einen Sehnsuchtsort, den sie noch nie besucht haben, aber unbedingt einmal kennenlernen wollen. Das kann eine aufregende Stadt, ein fernes Land oder eine bezaubernde Landschaft sein. In früheren Zeiten schilderten einige berühmte Schriftsteller in allen Einzelheiten Reisen in andere Länder, die sie selbst nie gesehen hatten. Erzähle auch du von einer faszinierenden Reise, die du bisher nur in deiner Fantasie gemacht hast.

Neu und unbekannt

M1 Esther kommt in die fünfte Klasse

Esther ist ein elfjähriges Mädchen aus Paris. Die neue Schule bereitet ihr allerlei Sorgen.

Riad Sattouf

1 Gib wieder, welche Sorgen Esther hat.
2 Wie hast du dich gefühlt, bevor du an die neue Schule kamst? Berichte von deinen Erfahrungen.
3 Beschreibe, wie Esthers erster Schultag verlaufen sein könnte.

M2 Die neue Schule ist zum „Maulen"

Maulina (eigentlich Paulina) Schmitt ist eine Meisterin des Maulens, also des Meckerns und Rumstänkerns. Gerade muss sie die Trennung ihrer Eltern verdauen und mit dem Umzug in einen anderen Teil der Stadt zurechtkommen. Zu allem Überfluss soll sie dort auch noch auf eine neue Schule gehen. Deswegen mault Maulina.

In der Pause stehe ich auf dem Hof, der wirklich noch hässlicher ist als der Hof meiner alten Schule, und wenn ich mich so umsehe, dann rollen hier echt nur die letzten Wurstbuden rum, die interessieren mich alle weniger als gar nicht, wenn überhaupt. Allein schon, wie die glotzen, als hätte ich 'nen Schnurrbart oder als würden mir Blumen auf dem Kopf wachsen, wahrscheinlich kommt hier nie jemand Neues her, wahrscheinlich hauen hier immer nur alle ab, ich könnt's verstehen.
Was ich nicht verstehe: Warum Eltern alles entscheiden dürfen. Ich habe ewig und drei Tage mit Mama gestritten, weil ich mit dem Fahrrad zu meiner alten Schule fahren wollte.
Ja, ich hätte früh um halb sechs losfahren müssen, um rechtzeitig da zu sein, und natürlich wäre der Rückweg auch nicht kürzer gewesen, aber, hej, das ist doch meine Entscheidung.
Ich wäre wenigstens nicht hier gewesen, auf dieser Schule der Wichte und Nasen, der Eulen und Maden. Fahrradfahren hält frisch und außerdem mag ich es, meinen Knien zuzusehen, dieses Auf und Ab und Auf, rund und schön und gleichmäßig.

Finn-Ole Heinrich

4 Beschreibe, was Maulina an der neuen Schule und an der Entscheidung ihrer Mutter nicht passt.
5 Arbeite aus der Einleitung und dem Text die wahren Gründe dafür heraus, dass Maulina sich an der neuen Schule nicht wohl fühlt.
6 Erzähle von deinen ersten Tagen an der neuen Schule. Gab es besondere Momente? War dir eher zum „Maulen" zumute oder warst du zufrieden? Schreibe eine kleine Geschichte darüber oder male dazu ein Bild.

M3 Angst vor Neuem ist ganz natürlich

Wenn wir auf eine Gruppe Menschen treffen, die wir noch nicht kennen oder in eine Situation geraten, die wir so vorher noch nicht erlebt haben, ruft das meist Unsicherheit und Unwohlsein hervor. […] Dieses Verhalten ist ganz natürlich. Genau genommen, ist uns Menschen dieses Verhalten sogar in die Wiege gelegt. Die Angst vor Unbekanntem hat nämlich ihren Sinn. Das hat die Natur so vorgesehen. Eine gewisse Anspannung macht uns etwa aufmerksamer und leistungsstärker. […] Vor vielen Jahrtausenden als die Menschen auch in unseren Breiten noch viel enger mit wilden Tieren oder bewaffneten Feinden zusammengelebt haben, war es wichtig, dass sie mit einer gewissen Furcht und Aufmerksamkeit fremde Wälder durchstreiften oder andere Ortschaften erkundeten. Die Angst vor dem Neuen ließ sie vorsichtig sein und im schlimmsten Fall schnell flüchten.

Heute müssen wir zumindest in Deutschland normalerweise nicht mehr so häufig vor wilden Tieren flüchten, aber die Situation, sich vor einer neuen Klasse oder einer anderen fremden Gruppe präsentieren zu müssen, ruft dieselben Reaktionen in uns hervor. […] Wir wollen zwar dann heute nicht mehr unbedingt möglichst schnell wegrennen (wobei auch dieses Gefühl mal aufkommen kann), sondern wir wollen ein gutes Bild von uns abgeben, die beste Leistung bringen, uns nicht blamieren, schnell Kontakte knüpfen oder Freunde finden. Wenn wir nicht wenigstens ein bisschen angespannt wären, sondern uns alles egal wäre, würden wir vielleicht die Situation nicht so gut meistern […].

nach Lucia Schmidt

7 Richte Fragen an den Text und finde passende Antworten. > Kompetenzbox

8 Erkläre mit Hilfe des Textes, warum die Angst vor Neuem manchmal hilfreich sein kann.

9 Nenne Beispiele für Situationen, in denen dir ein wenig Anspannung und Nervosität helfen können.

10 Formuliere Ratschläge für eine Freundin oder einen Freund, die in eine neue Klasse kommen.

ANALYSIEREN UND REFLEKTIEREN

So kannst du Fragen an einen Text richten

- Lies die Überschrift und überfliege den Text. „Überfliegen" heißt: schnell den Blick über die Zeilen schweifen lassen, ohne Satz für Satz zu lesen.
- Notiere dann einige Wörter, die häufig vorkommen und dir wichtig erscheinen.
  Tipp: Beachte besonders die Nomen!
- Formuliere mit Hilfe dieser Wörter Fragen, die der Text vielleicht beantworten kann.
- Lies den Text jetzt aufmerksam und genau.
- Suche Antworten im Text und notiere sie.

M4 Neu anfangen

aufbrechen – loslegen – einsetzen – in Gang kommen – entstehen lassen

11 Beschreibe für jedes Verb, welche Vorstellungen oder Gefühle bei dir entstehen. Beginne so:
Wenn ich „aufbrechen" höre, denke ich an …

12 Beschreibe Situationen, bei denen ein Neuanfang mit einem Abschied verbunden ist. Beginne so:
Ein Neuanfang ist auch ein Abschied, wenn …

Gemeinsam

M1 Zusammen und gemeinsam

Bettina Kumpe

1 Vergleiche die fünf kleinen Gruppen mit der großen Gruppe rechts. Nenne Gemeinsamkeiten und Unterschiede.

2 Zu welcher Gruppe passt am besten die Bezeichnung „Gemeinschaft"? Begründe deine Antwort.

3 Nenne Beispiele a) für Gemeinschaften und b) für Gruppen, die keine Gemeinschaft sind.

M2 Eine Gemeinschaft bilden

G	ute Beziehungen zwischen Mädchen und Jungen
E	?
M	?
E	ntscheidungen zusammen treffen
I	?
N	?
S	?
A	?
M	?

4 Was ist wichtig für eine gute Klassengemeinschaft? Finde für jeden Buchstaben des Wortes „gemeinsam" mindestens einen passenden Begriff.

5 Erkläre die Begriffe „Gemeinschaft" und „gemeinsam". Verwende dazu Gegenbegriffe. > Kompetenzbox

6 Nenne weitere Arten von Gemeinschaft. Prüfe dann, ob deine Begriffe aus Aufgabe 4 auch auf diese Arten von Gemeinschaft passen.

ANALYSIEREN UND REFLEKTIEREN

So kannst du Begriffe durch Gegenbegriffe erklären

- Finde unterschiedliche Sätze, in denen das Wort vorkommt, das du erklären willst. Beispiele: *Marie lebt in einer Gemeinschaft. – Die Aufgabe erledigen wir gemeinsam.* Usw.
- Sammle Begriffe, die das Gegenteil ausdrücken (z. B. einzeln, Uneinigkeit).
- Formuliere Erklärungen. Beispiele: *Das Gegenteil von Gemeinschaft ist … – Wenn man etwas nicht gemeinsam macht, dann macht man es …*

M3 Spielregeln der Gemeinschaft

Menschen tun sich zu Gemeinschaften zusammen: Sie bilden Staaten. Ein Staat ist eine Gemeinschaft von Menschen, die dieselben Gesetze befolgen und auf einem bestimmten Gebiet zusammenwohnen. Sie ziehen Grenzen, die zeigen, wo ihr eigener Staat aufhört und der Nachbarstaat anfängt.
Brettspiele wie Mensch-ärgere-dich-nicht oder Monopoly nennt man Gesellschaftsspiele. Bei diesen Spielen gibt es immer mehrere Mitspieler. Und es gibt genaue Regeln, die alle Spieler vor Spielbeginn kennen und mit denen sie sich einverstanden erklären müssen. Andernfalls kann man nicht spielen. Wenn jemand schummelt oder die Regeln missachtet, wird er ausgeschlossen, oder das Spiel ist zu Ende.
Mit dem „Wir-leben-in-einer-Gemeinschaft"-Spiel verhält es sich genauso. Wer mit anderen zusammenlebt, muss die Regeln dieser Gemeinschaft kennen und beachten. Andernfalls ist kein Zusammenleben möglich. Manchmal sind es tausende oder gar Millionen Menschen, die eine Gemeinschaft bilden. Und indem sie einwilligen, denselben Gesetzen zu gehorchen, schaffen die Menschen Frieden. *Brigitte Labbé/Michel Puech*

7 Erläutere mit Hilfe des Bildes einige wichtige Spielregeln von Mensch-ärgere-dich-nicht.

8 Finde im Text Dinge, die das Mensch-ärgere-dich-nicht-Spiel und das „Wir-leben-in-einer-Gemeinschaft"-Spiel gemeinsam haben. Notiere sie.

9 Welche Spielregeln der Gemeinschaft müssen wir beachten, um in Frieden miteinander leben zu können? Nenne mindestens drei solche Regeln. Sie beginnen häufig mit „Jeder soll ..." oder „Keiner darf ...".

10 Nenne Spielregeln eines Gesellschaftsspiels, die man auch in anderen Lebenssituationen beachten muss (z. B. Familie, Freunde, Schule, Sport).

M4 Einsam oder gemeinsam?

Jeder Mensch braucht andere Menschen. Trotzdem wollen die meisten von uns hin und wieder mal alleine sein.

11 Beschreibe Situationen, in denen du gerne alleine bist. Erkläre auch, warum.

12 Nenne Gründe, warum Alleinsein gut für die Seele sein kann.

13 Beschreibe Aufgaben, bei denen wir gemeinsam stärker sind. Erkläre auch, warum.

Andere verstehen

M1 Gegenstände mit Gefühl

1 Beschreibe die Bilder.

2 Erläutere, was die Bilder mit der Überschrift zu tun haben.

M2 Christopher und die Gesichter

Christopher ist ein Junge aus England. Er hat viele außergewöhnliche Fähigkeiten, und er hat das Asperger-Syndrom. Sein Gehirn kann bestimmte Informationen nicht so gut verarbeiten. Deshalb fällt es ihm schwer, die Gefühle anderer Menschen einzuschätzen. Dabei helfen ihm die Bilder, die ihm seine Lehrerin Siobhan (sprich: Schiwan) gegeben hat.

Ich heiße Christopher John Francis Boone. Ich kenne alle Länder der Welt und ihre Hauptstädte und sämtliche Primzahlen bis 7.507.
Vor einigen Jahren, als ich Siobhan kennenlernte, zeigte sie mir dieses Bild

und ich wusste, es bedeutete „traurig"; genauso fühlte ich mich, als ich den toten Hund fand.
Dann zeigte sie mir dieses Bild

und ich wusste, es bedeutete „glücklich"; so fühle ich mich zum Beispiel, wenn ich etwas über die Apollo Weltraum-Missionen lese oder wenn ich um 3 oder 4 Uhr morgens noch wach bin und die Straße auf und ab gehen und so tun kann, als sei ich der einzige Mensch auf der ganzen Welt. Dann malte sie noch ein paar andere Bilder,

aber ich konnte nicht sagen, was sie bedeuteten.

Mark Haddon

3 Beschreibe, was Christopher gut kann und womit er Probleme hat.
4 Hilf Christopher, indem du erklärst, was die „Smileys" am Ende des Textes bedeuten. Beschreibe sie von links nach rechts. Beginne so: *Der erste Smiley sieht aus wie jemand, der …*
5 Liste auf, was dir dabei hilft, die Gefühle anderer zu erkennen. Beginne so: *Wenn ich wissen will, wie sich jemand fühlt, achte ich besonders auf …*
6 Wenn man wie Christopher unsicher ist einzuschätzen, wie sich andere gerade fühlen, kann man Probleme im Alltag bekommen. Nenne Beispiele für solche Probleme.

M3 Wie meinst du das?

Ted und seine Schwester Kat sind auf der Suche nach ihrem Cousin, „dem Jungen, der sich in Luft auflöste“. Der Detektiv Sherlock Holmes und sein Freund Dr. Watson sind dabei ihre Vorbilder. Die Geschichte beginnt mit einem Brief von Tante Gloria.

Tante Gloria ist die Schwester meiner Mutter. Mum nennt sie Glo und Kat nennt sie Tante Glo. Dad nennt sie Hurrikan Gloria, weil sie, wie er sagt, immer eine Spur der Verwüstung hinterlässt. Ich habe ihn gefragt, wie er das meint. Ob es bedeuten soll, dass sie so tollpatschig ist wie ich? Er meinte, dass sie nicht so sehr Dinge durcheinanderbrächte, was ja nicht so schlimm wäre, sondern eher Menschen und Gefühle. „Soll das heißen, dass sie böse ist?“, fragte ich. Dad sagte, sie täte es ja nicht absichtlich, also wäre sie nicht böse, sondern einfach nur eine Plage. Ich fragte ihn, was eine Plage bedeutet, und er sagte, es würde bedeuten, den Rahmen zu sprengen. Und als ich die Bedeutung von „den Rahmen zu sprengen“ wissen wollte, legte er mir eine Hand auf die Schulter und sagte: „Jetzt nicht, Ted.“

Siobhan Dowd

7 Richte Fragen an den Text und finde passende Antworten. > **Kompetenzbox**

8 Oft machen andere einen Spaß oder sie meinen nicht ernst, was sie sagen. So wie Teds Vater. Zähle auf, was dir dabei hilft zu erkennen, ob jemand etwas ernst meint oder nicht.

9 Erkläre, warum es wichtig ist zu verstehen, was andere fühlen oder denken.

10 Berichte von Situationen, bei denen du andere gar nicht oder nicht richtig verstanden hast.

ANALYSIEREN UND REFLEKTIEREN

So kannst du Fragen an einen Text richten

- Lies die Überschrift und überfliege den Text. „Überfliegen“ heißt: schnell den Blick über die Zeilen schweifen lassen, ohne Satz für Satz zu lesen.
- Notiere dann einige Wörter, die häufig vorkommen und dir wichtig erscheinen. *Tipp:* Beachte besonders die Nomen!
- Formuliere mit Hilfe dieser Wörter Fragen, die der Text vielleicht beantworten kann.
- Lies den Text jetzt aufmerksam und genau.
- Suche Antworten im Text und notiere sie.

M4 Smileys

11 Auch bei diesem Bild hat Christopher, der Junge aus dem Text M2, Schwierigkeiten, es zu verstehen. Erkläre seine Bedeutung.

12 Recherchiere die Geschichte der Smileys (auch „Emojis“ oder „Emoticons“ genannt). Seit wann gibt es sie? Wozu wurden sie erfunden?

13 Mache eigene Fotos von Gegenständen mit Gesichtern (ähnlich wie die von M1) und zeige sie im Kurs.

Fremd sein

M1 Fremden begegnen

1 Beschreibe das Bild.
2 Erläutere, was das Bild mit der Überschrift zu tun hat.
3 Formuliere Gedankenblasen für die Tiere. Was könnten sie gerade denken?

M2 In der Fremde

Der folgende Dialog stammt vom Komiker Karl Valentin (1882 – 1948). Valentins Familie lebte in München. Aber seine Eltern kamen aus anderen Teilen Deutschlands als „Fremde" in die Stadt.

Professor: Und was ist ein „Fremder"?

Valentin: Fleisch – Gemüse – Mehlspeisen – Obst usw.

Professor: Nein! – Nein! – Nicht was er isst, sondern was er tut.

Valentin: Er reist ab.

Professor: Sehr richtig! – Er kommt aber auch an – und ist dann ein Fremder. – Bleibt er dann für immer ein Fremder?

Valentin: Nein! – Ein Fremder bleibt nicht immer ein Fremder.

Professor: Wieso?

Valentin: Fremd ist der Fremde nur in der Fremde.

Professor: Das ist nicht unrichtig. – Und warum fühlt sich ein Fremder nur in der Fremde fremd?

Valentin: Weil jeder Fremde, der sich fremd fühlt, ein Fremder ist, und zwar solange, bis er sich nicht mehr fremd fühlt – dann ist er kein Fremder mehr.

Karl Valentin

4 Gib wieder, wie Valentin dem Professor erklärt, was ein Fremder ist.
5 Beschreibe, was an seiner Erklärung komisch ist.
6 Erkläre nun selbst die Begriffe „fremd" und „Fremder". Verwende dazu Gegenbegriffe.
> Kompetenzbox
7 Wann hast du dich schon einmal fremd gefühlt? Vielleicht in einem fremden Land, in einer anderen Stadt, als du in einen Verein eingetreten bist oder an einer Ferienveranstaltung mit anderen Kindern teilgenommen hast? Berichte von deinen Erfahrungen. Wann und wo war das? Wer war dabei?
8 Beurteile, ob es eher Vorteile oder Nachteile hat, fremde Menschen kennenzulernen oder ungewohnte Situationen zu erleben.

ANALYSIEREN UND REFLEKTIEREN

So kannst du Begriffe durch Gegenbegriffe erklären

- Finde unterschiedliche Sätze, in denen das Wort vorkommt, das du erklären willst.
  Beispiele: *Anton war in der Stadt ein Fremder. – Berta fühlte sich fremd.* Usw.
- Sammle Begriffe, die das Gegenteil ausdrücken (z. B. vertraut, bekannt).
- Formuliere Erklärungen. Beispiele: *Das Gegenteil eines Fremden ist … –*
  Wenn man sich nicht fremd fühlt, dann fühlt man sich … – Wenn etwas nicht fremd ist, dann …

M3 Heimweh

Wenn ich starkes Heimweh habe, dann schmerzt mir der Bauch. Mein Magen zieht sich zusammen, und es fühlt sich an, als würde ihn jemand an beiden Enden festhalten und auswringen. Nichts macht mir so richtig Freude. Ich bin weit weg von zu Hause und will heim. Weil das nicht geht, tut es weh. Dieses Gefühl kennen vermutlich die meisten von euch. Ihr seid auf Klassenfahrt, wollt aber lieber zurück. Ihr seid in den Ferien mit den Eltern, alles könnte so schön sein, aber euch ist schwer ums Herz. Wirklich schlimm fühlt es sich an, wenn ihr in eine andere Stadt ziehen müsst, die Schule wechseln und die Freunde zurücklassen. […] Und nun seid ihr in der Fremde und fühlt euch verloren.

Das Wort Heimweh klingt so harmlos, wie ein Wehwehchen: Habt euch nicht so, ihr seid doch keine Kleinkinder. Reißt euch zusammen! Aber Heimweh ist nicht harmlos. Vor einigen Jahrhunderten haben manche Forscher sogar gedacht, dass Heimweh eine Krankheit ist, an der man sterben kann. Sie glaubten, dass es nur ein Gegenmittel gibt: die Heimkehr. Natürlich stirbt niemand am Heimweh. Aber dass es früher erwachsene Menschen für möglich hielten, zeigt, wie stark dieses Gefühl sein kann. […]

Heimkehr ist für mich übrigens kein Heilmittel: Immer wenn ich zurückkomme, klopft mein Herz für zwei Tage. Ich fühle mich wohl. Daheim. Aber nach fünf Tagen möchte ich wieder in die Fremde, weil Daheim ganz schön langweilig sein kann. Und weil die Fremde mir mittlerweile vertraut ist. Heimweh ist für mich heute wie ein seltsamer Freund, den ich schon seit vielen, vielen Jahre kenne. Er ist ein bisschen anstrengend, trotzdem freue ich mich über ihn. Denn im Magen zieht es ja nur, weil ich etwas habe, das ich vermissen kann. Ein schönes Zuhause, tolle Freunde. Oft erkennen wir erst, wie gut etwas ist, wenn es nicht mehr da ist. Das Gefühl ist nicht schön, das stimmt. Und doch ist Heimweh wie ein leuchtender Merkzettel, der uns daran erinnert, dass wir ganz schön viel Glück haben im Leben.

Alice Bota

9 Die Autorin ist der Meinung, dass Heimkehr kein Heilmittel gegen Heimweh ist. Nenne ihre Gründe.
10 Beurteile, ob die Autorin recht hat. Was spricht für ihre Meinung, was dagegen?
11 Formuliere Tipps, um besser mit Heimweh zurechtzukommen. Was hilft gegen Heimweh zum Beispiel während einer Klassenfahrt?

M4 Heimisch werden

„Heimisch werden" bedeutet: sich an eine neue Umgebung gewöhnen, sich einleben, sich wie zu Hause fühlen.

12 Beschreibe, was dir selbst hilft, um in der neuen Klasse heimisch zu werden.
13 Nenne Dinge, die du für andere tun kannst, damit sie schneller an der neuen Schule heimisch werden.

Sei (nicht so) neugierig!

M1 Was gibt's denn da zu gucken?

1 Beschreibe, was du auf dem Bild siehst.
2 Beschreibe, welche Gedanken und Gefühle das Bild in dir weckt.
3 Erzähle eine Geschichte zu dem Bild.

M2 Schnüffler oder Entdecker?

a Neugierige müssen überall ihre Nase reinstecken.

b Neugier = Wissensdurst

c Neugier = die Gier nach unnützen Neuigkeiten

d Wer nicht neugierig ist, lernt nichts.

e Neugierige interessieren sich vor allem für das, was sie nichts angeht.

f Feuer machen, Bücher drucken, Elektrizität erzeugen, Krankheiten durch Impfstoffe bekämpfen: Viele Erfindungen, die die Welt veränderten, sind aus Neugier entstanden.

g Neugierige Menschen wollen mit ihrem Wissen nur angeben.

h Neugierige Menschen sind mutig und offen für neue Erfahrungen.

4 Wähle die Sprüche aus, die deiner Meinung nach am besten beschreiben, wie neugierige Menschen sind. Begründe deine Auswahl.
5 Worauf bist du neugierig? Nenne verschiedene Dinge, die du unbedingt wissen möchtest.
6 Neugier hat zwei Seiten. Beschreibe diese, indem du die Sätze vervollständigst: *Neugier ist nützlich, wenn … Neugier ist schädlich, wenn …*
7 Beschreibe durch Beispiele, wann sich Neugierige eher wie Schnüffler oder wie Entdecker verhalten. Beginne so: *Neugierige sind wie Schnüffler, wenn … Neugierige sind wie Entdecker, wenn …*

M3 Warum Menschen nach Antworten suchen

Warum ist die Banane krumm? Damit sie in die Schale passt! Mit diesem Spruch werden „dumme Fragen" abgetan. Dabei ist die Frage gar nicht dumm. Denn die Krümmung der Banane lässt sich erklären. Und was sich erklären lässt, hat auch einen Sinn. Bananen-Blüten hängen in einer dicken Traube nach unten. Um zu reifen, müssen sich die Früchte nach oben, also der Sonne entgegenbiegen. Ziemlich raffiniert!

Doch wer oder was hat sich das ausgedacht? Das mit der Krümmung können die Pflanzenforscher erklären. Mit dem „Wer oder was" wird es schon schwieriger. Mit der Frage nach dem Sinn, der sich in der Natur verbirgt, und der Idee, die dahintersteckt, fängt das Philosophieren an. „Wer war das, wer ist für das alles verantwortlich?", haben sich die Menschen schon immer gefragt. Der Mensch erträgt es nur schwer, wenn er auf eine Frage keine Antwort finden kann.

Das sieht man schon an kleinen Kindern. Deren bewusstes Leben fängt mit Fragen an. Es gibt nichts, was sie nicht *infrage stellen*, und ein Ende ist oft nicht abzusehen: „Was ist das?", „Wozu ist das gut?", „Warum muss das so sein?", „Was wäre, wenn es das nicht gäbe?" Auch du hast früher die Großen mit deiner Fragerei manches Mal fast um den Verstand gebracht. Du konntest nicht anders. Sonst wärst du dumm geblieben. Wenn die Großen „Das ist halt so!" sagen, sind sie nur zu bequem zum Selber-Denken oder haben das Staunen verlernt. Das ist ziemlich schade!

nach Christine Schulz-Reiss

8 Richte Fragen an den Text und finde passende Antworten. > Kompetenzbox

9 Ist es gut, wenn Kinder neugierig sind? Arbeite heraus, welche Meinung die Autorin zu dieser Frage hat.

10 Berichte von einer Situation, die dich ins Staunen versetzt hat. Wo, wann, was war das?

ANALYSIEREN UND REFLEKTIEREN

So kannst du Fragen an einen Text richten

- Lies die Überschrift und überfliege den Text. „Überfliegen" heißt: schnell den Blick über die Zeilen schweifen lassen, ohne Satz für Satz zu lesen.
- Notiere dann einige Wörter, die häufig vorkommen und dir wichtig erscheinen.
  Tipp: Beachte besonders die Nomen!
- Formuliere mit Hilfe dieser Wörter Fragen, die der Text vielleicht beantworten kann.
- Lies den Text jetzt aufmerksam und genau.
- Suche Antworten aus dem Text und notiere sie.

M4 Wie geht Philosophieren?

Du fragst: Warum? Warum soll ich lernen? Warum verliebt man sich? Warum muss der Mensch sterben? Was kommt nach dem Tod? Warum tut der Gedanke daran weh? Warum bin ich manchmal unglücklich? Und was ist Glück? [...] Wer so versucht, den Dingen auf den Grund zu gehen, ist mittendrin im Philosophieren.

Christine Schulz-Reiss

11 Erkläre, was Philosophieren mit Neugier zu tun hat. Beginne so: *Neugier hängt mit Philosophie zusammen, weil …*

12 Welche Fragen aus M4 wecken deine Neugier? Wähle zwei aus und beantworte sie, so gut du kannst.

13 Formuliere eigene philosophische Fragen, die andere neugierig machen.

Zeig, was du kannst!

Das Wichtigste in Kürze

Angst vor Neuem – Spielregeln der Gemeinschaft – Gefühle verstehen – wissen, ob etwas ernst gemeint war – sich fremd fühlen – heimisch werden – neugierig sein – Fragen stellen

Neue Wege gehen

Die meisten Menschen haben zumindest ein bisschen Angst, wenn sie irgendwo neu sind, zum Beispiel auf einer neuen Schule. Die Angst vergeht, wenn wir uns in der neuen Gemeinschaft aufgenommen fühlen. Eine Gemeinschaft ist mehr als einfach eine Gruppe von Menschen. Sie zeichnet sich durch Zusammenhalt, gegenseitige Unterstützung und die Beachtung gemeinsamer Regeln aus. In einer Gemeinschaft ist es wichtig, andere richtig zu verstehen. Dazu muss man die Gefühle und Gedanken der Menschen richtig deuten können, was manchmal nicht leichtfällt.

Vielen Menschen geht es nicht gut, wenn sie in der Fremde sind. Sie haben dann Heimweh und vermissen ihr Zuhause. Das ist nicht nur bei Kindern so. Gegen Heimweh hilft die Neugier auf neue Orte und Menschen. Neugier ist die Lust, Neues zu erfahren. Neugierige Menschen können auf die Nerven gehen, besonders wenn sie Fragen stellen, die sie nichts angehen. In den Warum-Fragen kleiner Kinder drückt sich eine andere Neugier aus. Sie wird oft dadurch ausgelöst, dass eine Sache die Kinder ins Staunen versetzt und sie mehr über die Welt lernen wollen.

Kompetenz-Check

M Kann man ein Zuhause mitnehmen?

Phil und Sophie wohnen in der gleichen Straße und denken gerne über philosophische Fragen nach. Bald wird Phil mit seinen Eltern umziehen, weswegen die beiden sich darüber Gedanken machen, was ein Zuhause ist.

Ein Zuhause ist ein Ort, an dem es einem gut geht. Aber auch Menschen können uns ein Gefühl von Zuhause geben. Phil und Sophie fragen sich, ob man das „Zuhause-Gefühl" mitnehmen kann – wenn man umzieht zum Beispiel. Mit ein bisschen Glück hat man am Ende vielleicht an verschiedenen Orten der Welt ein Zuhause. Und trotzdem bleibt der Ort, an dem alles angefangen hat, immer etwas ganz Besonderes …

Ina Schmidt

ANALYSIEREN UND REFLEKTIEREN

1 Vergleiche das Spielen eines Gesellschaftsspiels (wie Mensch-ärgere-dich-nicht) mit dem Leben in einer Gemeinschaft. Welche Gemeinsamkeiten gibt es?

2 Nenne Dinge, auf die du besonders achten solltest, wenn du verstehen willst, was andere Menschen fühlen und denken.

3 Richte Fragen an den Text und finde passende Antworten.

4 Erkläre selbst den Begriff „Zuhause". Verwende dazu Gegenbegriffe.

Werkstatt

Eine Reise zu einem unbekannten Ort

Erzähle eine Geschichte über den fremden Ort, den du gerne einmal besuchen möchtest. Dieser Ort muss keine große Stadt mit vielen Menschen und berühmten Sehenswürdigkeiten sein. Es könnte auch ein kleines Dorf auf einem Berg oder ein Strand an einer einsamen Bucht sein. Wichtig ist, dass dieser Ort dir noch unbekannt ist und dich fasziniert.

Worauf es ankommt

- ☑ einen faszinierenden Ort aussuchen
- ☑ wichtige Informationen über den Ort sammeln
- ☑ die Geschichte mit Hilfe von Fragen gliedern
- ☑ auf den Ort neugierig machen
- ☑ deine Reisegeschichte anderen vorstellen

Informationen beschaffen

Wenn du interessant erzählen willst, musst du dich zuerst gut informieren. Du willst ja so tun, als ob du den Ort richtig gut kennst, und bei anderen mit deiner Geschichte Neugier wecken. In einem Reiseführer oder im Internet findest du Antworten auf Fragen wie: Wo genau liegt mein Ort auf der Erdkugel? Wie ist das Klima dort? Welche Sprache sprechen die Bewohnerinnen und Bewohner des Landes? Welche Sehenswürdigkeiten gibt es zu bewundern? Ist es gefährlich dort zu reisen? Und so weiter. Mach dir Notizen.

Die Geschichte gliedern

Auch beim Aufbau deiner erfundenen Reisegeschichte können dir Fragen weiterhelfen. Hier sind einige Vorschläge:

- Wie war deine Anreise: angenehm oder schwierig?
- Was hat dich in Staunen versetzt?
- Waren die Einheimischen dort freundlich oder eher verschlossen?
- Welche Verhaltensweisen der Menschen waren interessant? Welche befremdlich?
- Konntest du dich mit den Menschen verständigen? Wie begrüßt man sich?
- Welche Sehenswürdigkeiten haben dich beeindruckt?
- Gab es gefährliche Situationen auf der Reise?
- Wem würdest du empfehlen, dorthin zu reisen?

Entscheide selbst, in welcher Reihenfolge du vorgehst. Wenn du deine Geschichte fertiggeschrieben und überarbeitet hast, liest du sie vor oder gibst sie anderen zum Lesen.

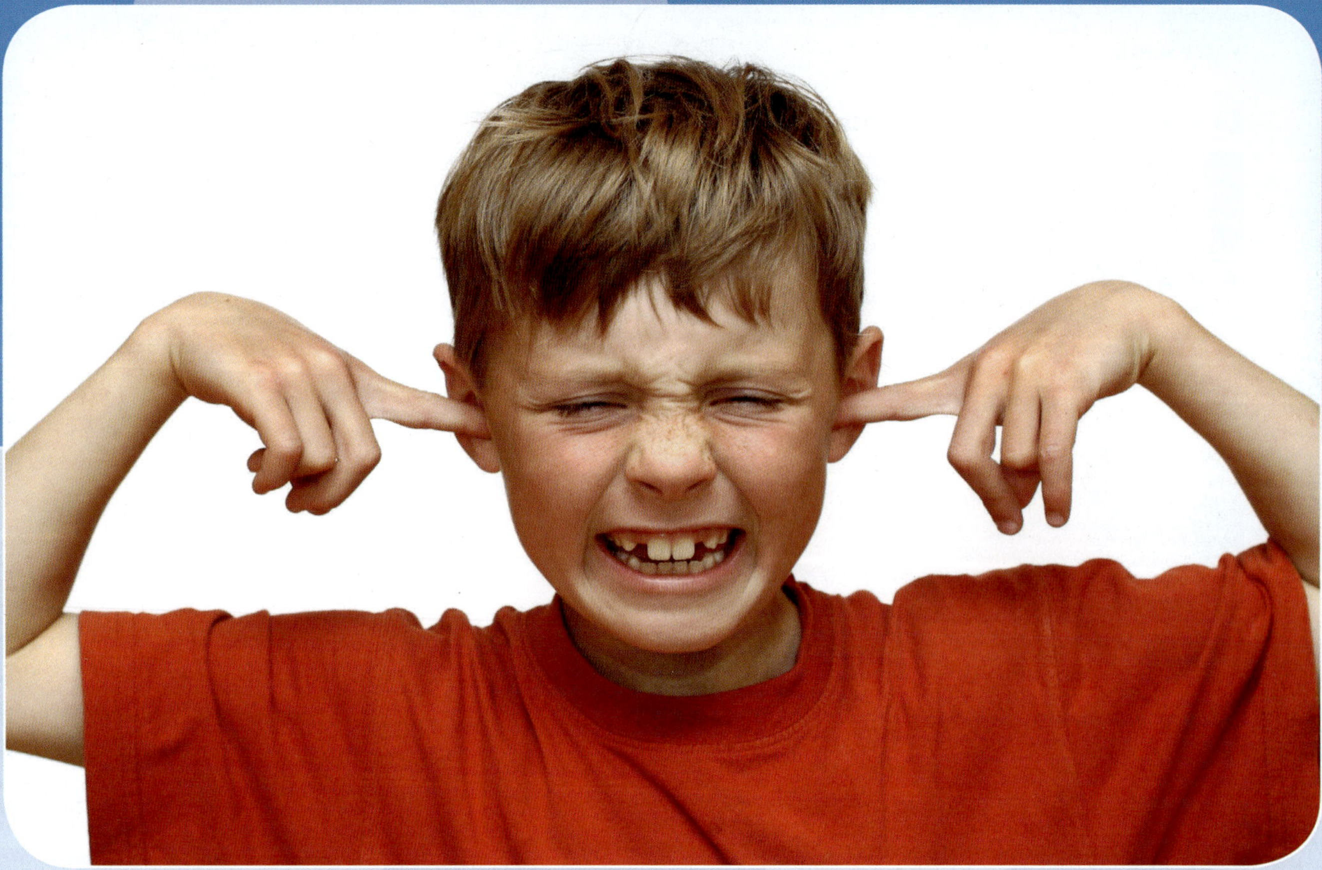

Was ist
böses Handeln?

Wie zeigt sich
das Gewissen?

Wann spricht wirklich
das Gewissen?

Woher kommt das
Schlechte?

Ist gut schön –
und böse hässlich?

Gewissen und Verantwortung

> Das Gewissen spricht

WERKSTATT

Geheimnisse über das Gewissen

Es gibt Dinge, die nicht alle wissen sollen. Geheimschriften wurden entwickelt, um Informationen zu schützen. Besonders begehrt unter allen Spioninnen und Spionen ist das geheime Wissen über das Gewissen. Es verbirgt sich in der folgenden Botschaft, die in einer Geheimschrift verfasst wurde:

§♂→□→□ ≥→↔/□□→♥ ∓→▶▶©◇→♥ ≤/→ ©■≥→♥

Deine Mithilfe wird benötigt, um die Botschaft zu entschlüsseln. Knacke zunächst den Code der Geheimschrift und übersetze die Botschaft. Schreibe dann einen Bericht an die Vereinigung der Spione, in der du den Spionen mitteilst, was in dieser Botschaft über das Gewissen geschrieben wurde und warum dieses Wissen wichtig ist.

Wie zeigt sich ein schlechtes Gewissen?

M1 Mutprobe

„Du musst es tun", drängelt Peter. Ralfs Hände stecken unentschlossen in den Hosentaschen. „Wenn du zu uns gehören willst, musst du es tun", bestätigt auch Bernd.

Ralf schaut auf seine Schuhspitzen. „Ich habe noch nie etwas gestohlen", murmelt er.

„Einmal ist immer das erste Mal. Und Mutprobe ist Mutprobe."

„Du brauchst keine Angst zu haben", ermutigt ihn Bernd. „Es ist ganz einfach. Wir lenken den alten Grandel ab und du lässt die Schokolade in der Innentasche deiner Jacke verschwinden. So einfach ist das!"

Ralf lehnt an der Mauer. „Einem alten Mann eine Tafel Schokolade zu stehlen, das ist doch keine Mutprobe."

„Willst du nun zu uns gehören oder nicht?"

„Bist du feige?" fragt Peter herausfordernd.

„Ich bin nicht feige", erwidert Ralf und steuert „Grandels Kleines Lädchen" an. Ein helles Glöckchen bimmelt, als die drei Jungen das Geschäft betreten. Der alte Grandel schielt über seine Brille und begrüßt die Jungen mit einem Kopfnicken.

Heribert Haberhausen

1 Erkläre, was Ralf tun soll, um die Mutprobe zu bestehen.

2 Was soll diese Mutprobe beweisen? Gib an, was im Text dazu steht.

3 Nenne andere Beispiele für Situationen, in denen man Mut braucht.

M2 Mutig sein

Peter und Bernd schlendern lässig durch die schmalen Gänge, Ralf folgt ihnen vorsichtig. Peter zieht ein Schulheft aus dem Regal. Ralf bückt sich schnell. Die Schokolade ist in seiner Jacke verschwunden.

An der Kasse bezahlt Peter das Schreibheft. Herr Grandel schenkt den Dreien einen Kaugummi. Das macht er immer, wenn Kinder zu ihm kommen. Das Glöckchen bimmelt beim Hinausgehen.

„Gut gemacht!", lobt Peter.

„Vollmilchschokolade mit Nüssen hat er erwischt", freut sich Bernd, der die Beute gerecht verteilt. Ralf kaut die Schokolade, sie schmeckt bitter.

„Jetzt gehörst du zu uns", bestätigt Bernd und reicht Ralf die Hand nach Indianerart, Arm und Handfläche gleichzeitig.

„Ich muss heim", murmelt Ralf und rennt davon. Zu Hause brütet er stundenlang über seinem Rechenheft.

Heribert Haberhausen

4 Beschreibe den Ablauf der Handlung in eigenen Worten.

5 Beschreibe für jeden Abschnitt die Gefühle, die Ralf haben könnte.

6 Erstelle eine Schilderung der Ereignisse aus der Sicht von Herrn Grandel.

M3 Mutprobe bestanden

Am nächsten Morgen klopft Ralfs Herz, als er an „Grandels Kleines Lädchen" vorbeikommt. Nach der Schule bleibt er einige Minuten davor stehen. Dann tritt er ein. Das Glöckchen bimmelt wie eh und je und Herr Grandel schielt wie immer über seine Brille. Ralf legt ein Geldstück auf den Kassentisch.

„Was möchtest du, Ralf?", fragt Herr Grandel.

„Ich", stottert Ralf, „ich möchte eine Tafel Schokolade bezahlen."

„Du musst dir erst eine nehmen", erklärt freundlich Herr Grandel.

„Ich habe sie mir schon genommen, gestern."

Herr Grandel schaut Ralf an.

„Es war eine Mutprobe", erklärt Ralf.

Herr Grandel öffnet die Kasse und legt das Geldstück hinein. Er reicht Ralf wie immer einen Kaugummi. Dann nickt er anerkennend. „Die Mutprobe hast du heute bestanden."

Heribert Haberhausen

7 Ralf hat ein schlechtes Gewissen. Erkläre mit Hilfe des Textes, woran sich das zeigt.

8 Nenne Textstellen aus M1 oder M2, in denen sich Ralfs Gewissen möglicherweise schon gezeigt hat.

9 Erkläre, warum Herr Grandel sagt, Ralf habe die Mutprobe bestanden.

10 Herr Grandel hätte auf Ralfs Geständnis auch ganz anders reagieren können. Nenne andere Möglichkeiten.

11 War es richtig, Herrn Grandel den Diebstahl zu gestehen? Begründe deine Meinung. Berücksichtige dabei mögliche Einwände. > Kompetenzbox

ARGUMENTIEREN UND URTEILEN

So kannst du deine Meinung verteidigen

- Formuliere deine Meinung. Beginne so: *Ich finde ...*
- Nenne wenigstens ein gutes Argument, das gegen deine Meinung spricht. Beispiel: *Man könnte zwar sagen ...*
- Antworte darauf mit einem überzeugenden Argument. Beginne so: *Aber darauf antworte ich ...*

M4 Engel oder Teufel?

Wenn wir überlegen, ob wir Gutes oder Schlechtes tun, dann kann man das als Streitgespräch zwischen einem kleinen „Engel" und einem „Teufel" darstellen.

12 Erkläre, was die Figuren auf dem Bild mit dem schlechten Gewissen zu tun haben.

13 Schreibe für Ralfs Entscheidung ein Gespräch zwischen Engel und Teufel auf.

Das Gewissen entscheidet

M1 Was sagt das Gewissen?

Auf jedem dieser Bilder ist etwas Schlechtes passiert:

A

B

C

D

1 Beschreibe, was auf den Bildern jeweils passiert ist. Erkläre, ob jemand deshalb ein schlechtes Gewissen haben sollte.

2 Stell dir zu jedem Bild vor, du wärst dabei gewesen, als das Bild aufgenommen wurde. Hättest du dann selbst ein schlechtes Gewissen? Begründe deine Antwort.

3 Wähle ein Bild aus und erzähle eine Geschichte, wie es zu der Situation auf dem Bild gekommen ist.

M2 Das Gegenteil von „gut"

Das Wort „gut" hat zwei Gegensätze:.

schlecht ← **gut** → **böse**

Beispiele:

Ein schlechter Schüler ist ein Schüler, der nicht lernt, schlechte Noten schreibt usw.

Ein schlechter Fußballspieler verschießt einen Elfmeter.

Beispiele:

Ein böser Schüler ist ein Schüler, der die anderen quält, belügt, hintergeht usw.

Ein böser Fußballspieler foult absichtlich den Gegenspieler.

4 Finde weitere Beispiele für die beiden Gegensätze von „gut".

5 Erkläre an einem Beispiel, was „schlecht" von „böse" unterscheidet.

M3 Die böse Absicht entscheidet

In den zwei Geschichten wird festgestellt, wer mit böser Absicht handelt und wer nicht.

Billy Bösewicht ist gerade bei einem Banküberfall geschnappt worden. Zuvor hatte Billy, quasi zum Spaß, einen der Bankangestellten in den Rücken geschossen. Natürlich verabscheuen wir Menschen wie Billy Bösewicht. Wir werfen ihnen ihre Unehrlichkeit, ihren rücksichtslosen Eigennutz und ihre Kaltblütigkeit vor. Und wir sind davon überzeugt, dass sie bestraft werden müssen. Billy wird für Jahre ins Kittchen wandern. Ich nehme an, du denkst jetzt: „Geschieht ihm ganz recht. Er hat es wahrlich verdient." Verbrecher, die rauben und morden, müssen für ihre Untaten bestraft werden. […]

Angenommen, **Herr Schwarz** wird rückwärts aus einem Fenster gestoßen und landet auf dem armen Herrn Braun. Herr Schwarz hat den Sturz heil überlebt.
Doch leider hat er bei seiner Landung auf Herrn Braun dessen Arm gebrochen. Ist das die Schuld von Herrn Schwarz? Sollte er dafür bestraft werden?

nach Stephen Law

6 Schreibe aus dem Text die Wörter heraus, mit denen das Verhalten von Billy Bösewicht beschrieben wird.

7 Formuliere Sätze, die die Absichten von Billy Bösewicht beschreiben. Verwende dabei die Wörter „weil", „um" oder „damit". Beispiel: *Billy Bösewicht überfällt die Bank, damit er …*

8 Angenommen Herr Braun, dem Herr Schwarz den Arm gebrochen hat, würde verlangen, dass Herr Schwarz dafür bestraft wird. Beurteile, ob Herr Schwarz ein schlechtes Gewissen haben sollte, weil er Herrn Braun verletzt hat. > Kompetenzbox

ARGUMENTIEREN UND URTEILEN

So kannst du erkennen, ob man ein schlechtes Gewissen haben muss

- Formuliere aus Sicht von Herrn Braun eine Begründung für eine Strafe.
- Schildere aus Sicht von Herrn Schwarz, wie es zum Unfall gekommen ist.
- Prüfe, ob der Beschuldigte mit Absicht gehandelt hat.
- Formuliere deine Entscheidung. Füge eine kurze Begründung hinzu.

M4 Sprichwörter

Ein gutes Gewissen ist ein sanftes Ruhekissen.

Auch das Gewissen kann Hornhaut bekommen.

9 Erkläre die beiden Sprichwörter, indem du sie jeweils mit „denn …" fortsetzt.

10 Finde weitere Sprichwörter über das Gewissen und erkläre sie.

Wann muss ich ein schlechtes Gewissen haben?

M1 Ein mieser Tag

1 Erkläre, was auf dem Bild dargestellt wird.
2 Was geht dem Jungen jetzt wohl durch den Kopf? Formuliere Sätze, die der Junge sagen könnte.
3 Beantworte die Frage, ob der Junge ein schlechtes Gewissen haben muss.

M2 Keiner will verlieren ...

A

B

C

D

4 Erkläre zu jedem Bild, wer (etwas) verliert und wodurch er verliert.
5 Welches Verlieren ist am schlimmsten? Begründe deine Auswahl.
6 Selbst schuld? Wähle eine Situation aus, in der man etwas hätte besser machen können, und beschreibe, wie man dabei hätte vorgehen müssen.
7 Beurteile, ob die Gewinnerin auf Bild A ein schlechtes Gewissen haben sollte.
> Kompetenzbox

ARGUMENTIEREN UND URTEILEN

So kannst du erkennen, ob man ein schlechtes Gewissen haben muss

- Beschreibe das Handeln, das zu der Situation geführt hat.
- Beschreibe die Absicht, aus der heraus so gehandelt wurde.
- Beurteile anhand dieser Absicht, ob das Gewissen dagegen spricht.

M3 Ein unparteiischer Beobachter

Adam Smith lebte bis von 1723 bis 1790. Er war ein Philosoph und hat das Gewissen als einen „unparteiischen Beobachter" bezeichnet. Das Gewissen kann man demnach mit einem Schiedsrichter vergleichen, der beständig beobachtet, was geschieht. Dieser Beobachter sind wir selbst, wenn sich das Gewissen meldet. Wir bewerten das, was wir tun oder getan haben, von außen. Durch unser Gewissen wissen wir, was böse ist und dass wir das Böse nicht tun sollten.

Es ist aber immer bequemer, das zu tun, was uns gefällt. Deshalb meldet sich das Gewissen als das unangenehme Gefühl, etwas falsch gemacht zu haben. Das Gewissen will gehört werden – dann entscheiden wir, ob wir ihm folgen.

8 Erkläre, was ein Schiedsrichter zu tun hat.
9 Erkläre mit Hilfe des Textes, warum das Gewissen als ein „unparteiischer Beobachter" bezeichnet wird.
10 Erkläre mit Hilfe des Textes, warum sich das Gewissen oft als ein „schlechtes Gefühl" zeigt.
11 Stell dir vor, du hast jemanden mit Absicht beleidigt. Formuliere in ganzen Sätzen, was dir das Gewissen als „unparteiischer Beobachter" dazu sagt.
12 Formuliere Sätze als „unparteiischer Beobachter", die sich an den Jungen aus M1 richten.

M4 Eine Welt ohne Gefühle

Stell dir Folgendes vor:

Durch einen Unfall ist bei Tim im Gehirn das Zentrum für Gefühle verletzt worden. Seitdem kennt er keine Gefühle mehr, hat aber ansonsten keinerlei Beeinträchtigungen. Überlege dir: Ist Tim noch ein Mensch oder eher ein Roboter?

Wodurch unterscheidet sich Tim von deinen Mitschülerinnen und Mitschülern? Möchtest du neben ihm sitzen, im Schullandheim ein Zimmer mit ihm teilen, mit ihm befreundet sein, mit ihm Sport treiben, ins Kino gehen, Musik hören, in den Urlaub fahren usw.?

13 Stell dir Tim vor und beschreibe, was sich durch den Unfall für ihn verbessert und was sich verschlechtert hat.
14 Beschreibe, was dir an Tim außer den Gefühlen noch fehlen würde.
15 Beurteile, ob Tim ein Gewissen hat.

Schön und gut, hässlich und böse – stimmt das?

M1 Gesichter des Bösen?

1 Beschreibe kurz die Bilder und vergleiche sie.
2 Erkläre, weshalb man erkennt, dass es sich um böse Wesen handelt.
3 Nenne Symbole und Merkmale für das Böse, die du im Bild erkennst, und versuche kurz zu erklären, was sie bedeuten.

M2 Merkmale von Gut und Böse

Woran kann man eigentlich einen guten oder einen bösen Menschen erkennen? Gibt es Merkmale, die man ganz sicher zuordnen kann?

Wortspeicher

freundlich – gemein – betrügerisch – höflich – sportlich – gewissenhaft – gutmütig – dumm – frech – hilfsbereit – schön – hässlich

gut	gut oder böse	böse
ehrlich	klug	hinterlistig
?	?	?
?	?	?

4 Erstelle eine Tabelle wie in M2 und ordne die Begriffe aus dem Wortspeicher ein. Begründe deine Einordnung.
5 Ergänze die Tabelle mit eigenen Begriffen in den Spalten für „gut" und „böse".
6 Beschreibe erst einen dummen guten Menschen. Beschreibe dann einen klugen bösen Menschen.
7 Erzähle eine kurze Geschichte, in der ein dummer guter Mensch einen bösen klugen Menschen trifft.

M3 Schön wie ein Engel

Wenn sie von ihrem Baby sprechen, sagen alle Väter und Mütter der Welt: „Es ist schön wie ein Engel!" Und wer verliebt ist, sagt von dem geliebten Menschen, er oder sie sei schön wie ein Gott oder eine Göttin.

Doch wer weiß schon, wie Engel oder Götter aussehen? Davon haben die wenigsten Menschen eine genaue Vorstellung. Trotzdem wird nicht lange diskutiert: Gott oder die Engel müssen – sofern es sie überhaupt gibt – bildschön sein! Götter, die Glupschaugen, ein zahnloses Lächeln, eine Triefnase oder grünliche Haut haben, sind zwangsläufig keine Götter mehr, sondern Teufel. Und folglich Bösewichte. Die bösen Hexen in den Märchen sind nie schön, und wenn sie sich schön machen, dann nur, um den anderen vorzugaukeln, sie seien gut. Es ist einfach jemanden zu zeichnen, der böse ist: man braucht ihn nur hässlich zu zeichnen.

Dabei wissen wir alle ganz genau, dass Schönheit nichts mit Gutsein zu tun hat – ebenso wenig wie hässlich automatisch böse bedeutet. Aber warum sagt man dann, wenn jemand etwas Gutes getan hat, es sei eine schöne Tat gewesen? Und wenn jemand etwas Böses tut, warum sagt man dann, er tue etwas Hässliches, etwas Scheußliches – ja, er selbst sei scheußlich? *Brigitt Labbé/Michel Puech*

8 Schreibe die Wörter aus dem Text heraus, die a) für Schönheit und b) für Hässliches stehen.

9 Erstelle aus diesen Wörtern eine Liste für das Schöne und eine Liste für das Hässliche. Ergänze diese Listen jeweils um eigene Begriffe.

10 Beschreibe, wie du jemanden zeichnen würdest, der hässlich sein soll.

11 Zeichne eine Person – einmal schön und einmal hässlich.

12 Formuliere jeweils eine Antwort auf die zwei Fragen am Ende des Textes. > Kompetenzbox

ARGUMENTIEREN UND URTEILEN

So kannst du gute Antworten finden

- Formuliere die Frage des Textes in eine Behauptung um.
  Beispiel: *Wenn jemand etwas Gutes getan hat, sagt man …*
- Überlege dir Beispiele, die zu dieser Aussage passen.
- Finde das Gemeinsame an den Beispielen heraus.
- Fasse das, was du herausgefunden hast, in ganzen Sätzen zusammen.
  Beginne so: *Eine gute Tat nennt man schön, weil … – Eine böse Tat findet man hässlich, weil …*

M4 Schön = erfolgreich?

Haben gut aussehende Menschen Vorteile? Werden sie besser behandelt als weniger gut aussehende? Um dies zu überprüfen, legten Forscher der Universität Regensburg Versuchspersonen unterschiedliche Gesichter vor und baten sie, die Eigenschaften der gezeigten Personen zu beurteilen. Das Ergebnis: Je attraktiver die gezeigten Gesichter waren, desto sympathischer, fleißiger, intelligenter und erfolgreicher werden die Personen eingeschätzt. Für unattraktive Gesichter gilt das Gegenteil. *nach Martin Gründl*

13 Nimm Stellung zu dem im Text beschriebenen Vorurteil.

14 Stell dir vor, in deiner Klasse wird jemand besser behandelt als du, weil er (oder sie) schöner ist. Formuliere dazu deine Meinung.

Wie kommt das Schlechte in die Welt?

M1 Böse Falle?

Die Venusfliegenfalle ist eine fleischfressende Pflanze, die mit ihrem Geruch Insekten anlockt und sie dann einfängt.

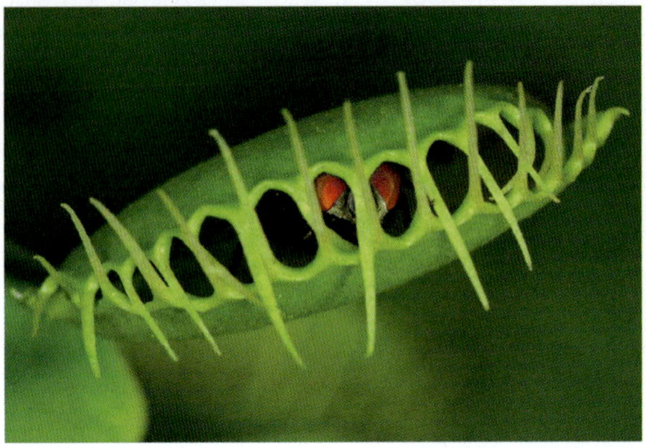

1 Beschreibe das Aussehen der Pflanze und erkläre anhand der Bilder, wie sie Insekten fängt.
2 Eine Falle zu stellen, finden wir oft gemein. Formuliere deine Ansicht zu der Frage, ob die Pflanze böse handelt.
3 Wäre die Pflanze viel größer und könnte Menschen einfangen – würden wir sie dann als böse ansehen? Formuliere einen Standpunkt und begründe ihn.

M2 Die Büchse der Pandora

Während ihr kleiner Bruder weiter spielt, nimmt sie gedankenverloren eine Hand voll Sand und schmeißt ihn wahllos um sich. Als ihre Oma das sieht, entfährt ihr: „Lily, jetzt öffne doch nicht die Büchse der Pandora vor deinem Bruder! Er ist doch so ein lieber Junge!" Lily hat keine Ahnung, wovon die Oma redet. Bei sich denkt sie: „Was für eine Büchse meint Oma? Soll das etwa ein anderes Wort für ‚Sandkasten' sein?"

„Die Büchse der Pandora", von der Lilys Oma spricht, stammt aus der griechischen Mythologie. Nach dieser ist Pandora die erste Frau, die es auf der Welt gab. Zeus, der höchste Gott in der griechischen Mythologie, gab ihr eines Tages eine Büchse. Die sollte Pandora an alle Menschen weitergeben, aber ihnen verbieten, sie zu öffnen.

Nach kurzer Zeit öffnete jedoch Pandora selbst die Büchse. Was in ihr war? Alles Schlechte! So breiteten sich Krankheiten, Tod und Übel über die Menschheit aus. Aus diesem Mythos ist die Redewendung „Die Büchse der Pandora öffnen" entstanden. Damit will man ausdrücken, dass jemand Unheil oder Schaden anrichtet.

Laura Kingston

4 Erkläre, was die „Büchse der Pandora" ist.
5 Erkläre, worum Lilys Oma sich Sorgen macht.
6 Ist es schlimm, wenn Lily mit Sand um sich wirft? Begründe deine Meinung. Berücksichtige dabei mögliche Einwände. > Kompetenzbox
7 Erläutere, was sich Zeus dabei gedacht haben könnte, als er Pandora die Büchse gegeben hat.

ARGUMENTIEREN UND URTEILEN

So kannst du deine Meinung verteidigen

- Formuliere deine Meinung. Beginne so: *Ich finde ...*
- Nenne wenigstens ein gutes Argument, das gegen deine Meinung spricht. Beispiel: *Man könnte zwar sagen ...*
- Antworte darauf mit einem überzeugenden Argument. Beginne so: *Aber darauf antworte ich ...*

M3 Die Lehre von Yin und Yang

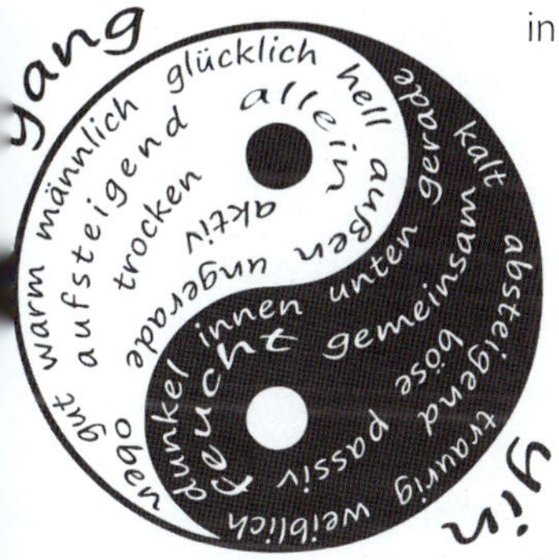

Yin und Yang sind wichtige Begriffe in der chinesischen Philosophie. Sie stehen für die Gegensätze, die man überall in unserer Welt finden kann. Ist Yin das Dunkle und die Nacht, so ist Yang das Helle und der Tag. Steht Yin für Wasser, so steht Yang für Feuer. Die ganze Welt wird auf diese Weise beschrieben: Dinge und Naturerscheinungen (Sommer – Winter) ebenso wie Gedanken (gut – böse) und Gefühle (glücklich – traurig). Sie alle können Gegensatzpaare bilden. Ob etwas dem Yin oder dem Yang zugehört, steht aber nicht von vornherein fest. Yin und Yang stehen sich nicht starr gegenüber. Der Übergang zwischen ihnen ist fließend wie der Wechsel vom Tag zur Nacht. Manchmal gehört etwas eine Zeitlang zum Yin und dann wieder zum Yang. Das Licht einer Kerze beispielsweise ist verglichen mit dem Lichtschein des Mondes hell – und gehört so zum Yang. Gegenüber dem Licht der Sonne ist es dunkel – und gehört dann zum Yin.

Haben alle Eigenschaften des Yin ein Gegenüber im Yang, herrscht vollkommene Harmonie. Das wird auch in dem Yin-Yang-Symbol deutlich. Es bildet sich aus zwei gleichen Hälften und wo das Eine aufhört, fängt das Andere an.

8 Sammle aus dem Text zuerst alle Wörter, die Yang beschreiben, und dann alle Wörter, die Yin beschreiben. Erstelle jeweils eine Liste.

9 Finde die Gegensatzpaare zu Yin und Yang im Bild.

10 Entscheide für jeden der folgenden Begriffe, ob er eher zu Yin oder zu Yang gehört: Krankheit – Liebe – Unfall – Zufriedenheit – Wärme – Kälte – Schlafen – Geburt – Jugend – Alter. Begründe jeweils deine Entscheidung.

11 Ob etwas zu Yin oder Yang gehört, ist nicht immer ganz eindeutig. Stell dir vor, du lässt jemanden bei dir abschreiben. Erkläre, weshalb das Yin und weshalb es auch Yang sein kann.

M4 Sprüche über das Gute und das Schlechte in der Welt

Wo Licht ist, ist auch Schatten.

Es gibt nichts Schlechtes, was nicht auch sein Gutes hat.

12 Erkläre diese Sprichwörter jeweils an einem Beispiel.

13 Erfinde einen eigenen Spruch über das Gute und das Schlechte.

Zeig, was du kannst!

Das Wichtigste in Kürze

Absicht – Mutprobe – Beobachter – Yin und Yang – schlechtes Gewissen – böse oder schlecht – Gefühle – Büchse der Pandora – hässlich handeln

Das Gewissen und der Unterschied zwischen „gut" und „böse"

Wir haben ein Gewissen, weil wir wissen, dass man Gutes tun und Böses nicht tun sollte. Damit ist nicht gesagt, dass wir deshalb auch immer gut handeln. Wir können auch gegen das Gewissen handeln. Das ist dann der Fall, wenn wir mit Absicht etwas tun, das wir nicht tun sollten. So zu handeln nennt man böse.

Es ist allerdings nicht immer leicht zu erkennen, was wir tun sollten. Wenn etwas Schlechtes (z. B. ein Unfall) passiert, dann muss das nicht böse sein. Umgekehrt kann auch, was auf den ersten Blick gut erscheint, gegen das Gewissen sein (z. B. jemandem etwas schenken, damit andere neidisch auf ihn sind). Das Gewissen hilft uns, den Unterschied zu erkennen.

Das Gewissen ist wie ein guter Schiedsrichter, der unparteiisch entscheidet, ob ein Foul passiert ist, egal ob das den anderen gefällt oder nicht. Dem Gewissen ist es egal, ob uns gefällt, was es uns sagt. Wenn es sich meldet, will es, dass wir hören, was es uns zu sagen hat.

Kompetenz-Check

M Beispiele für gutes und für schlechtes Handeln

1. Deine Oma hat gekocht. Da sie schon recht alt und auch etwas vergesslich ist, hat sie das Essen versalzen, merkt es aber nicht. Als sie dich fragt, ob es geschmeckt hat, sagst du, dass alles gut geschmeckt hat. Du willst deine Oma nicht verletzen.
2. Ein Freund ist verletzt. Dein Onkel will ihn möglichst schnell ins Krankenhaus fahren und fährt dabei über eine rote Ampel. Es kommt zu einem Unfall.
3. Liz hat die Jacke ihrer Freundin dabei. Sie sieht eine kleine Katze, die auf einem Baum sitzt und sich nicht mehr herunter traut. Liz klettert hinauf und rettet die Katze, dabei geht aber die Jacke kaputt.

ARGUMENTIEREN UND URTEILEN

1 Entscheide, welche der folgenden Aussagen richtig ist:
a) Man sollte immer ein schlechtes Gewissen haben.
b) Alles Schlechte ist böse.
c) Gut zu handeln ist nicht schlecht.
d) Mutig zu sein ist gut.

2 Beurteile, bei welchen der Beispiele Menschen gegen das Gewissen handeln.

3 Beurteile, in welchen Beispielen Menschen ein schlechtes Gewissen haben sollten.

Werkstatt

Geheimnisse über das Gewissen

Es gibt viele Arten von Geheimschriften, zum Beispiel: Geheimtinte, die nur unter Hitze lesbar wird, Spiegelschriften, Schriften mit vertauschten Buchstaben oder auch Schriften, die ganz andere Zeichen und Buchstaben verwenden als das uns bekannte Alphabet – und die erst einmal entschlüsselt werden müssen. Im Internet kannst du einiges mehr über Geheimschriften erfahren.

Worauf es ankommt

- ☑ das Sprichwort entschlüsseln
- ☑ einen eigenen Text mit dem Geheimcode erstellen
- ☑ im Bericht Wissen aus diesem Kapitel verwenden

Der Geheimcode

Bei der Botschaft über das Gewissen wurde eine Geheimschrift verwendet, die andere Zeichen für die Buchstaben benutzt – ein „Code“. Um sie lesen zu können, muss man die Buchstaben einzeln ersetzen. Mit Hilfe der Tabelle kannst du die geheime Botschaft lesen oder eine eigene Botschaft erstellen, die für andere nicht lesbar ist. Der Code benutzt dabei nur Großbuchstaben und die Umlaute Ä, Ü und Ö wurden zu AE, UE und OE. Das „ß“ wurde als SS geschrieben.

Der Satz „Das süße Kätzchen schläft“ würde also „DAS SUESSE KAETZCHEN SCHLAEFT“ geschrieben.

Benutze die Tabelle, um die Buchstaben zu ersetzen. Die Tabelle bestimmt, durch welches Zeichen ein Großbuchstabe ersetzt wird.

Großbuchstabe	Code
A	©
B	§
C	€
D	≤
E	→
F	←
G	≥
H	Δ
I	/
J	=
K	?
L	☼
M	♀
N	♥
O	♂
P	●
Q	◄
R	►
S	□
T	◇
U	■
V	∓
W	⇔
X	⇕
Y	Π
Z	☯

Einen Bericht schreiben

Nach einer Einleitung (z. B. „Liebe Mitspieler und Mitspielerinnen, wie ihr wisst …“) solltest du den Text wiedergeben. Dann erklärst du in eigenen Worten, was die Botschaft bedeutet und warum dieses Wissen wichtig ist. Zum Abschluss sollte es eine Aufforderung an alle geben, die den Bericht lesen (z. B. „Nun, da wir das wissen, sollten wir …“). Die Aufforderung kann beispielsweise an die große Bedeutung des Wissens für die Menschen anknüpfen und/oder eine Schlussfolgerung daraus ziehen.

Bin ich für mein Glück verantwortlich?

Habe ich das zu verantworten?

Wie wird man erfolgreich?

Was ist Verantwortung?

Wie kann man Verantwortung teilen?

Gewissen und Verantwortung

> Verantwortung übernehmen

WERKSTATT

Der Haustierführer

Mongolische Rennmaus

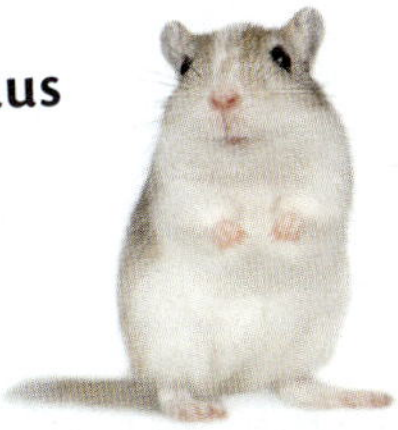

Ernährung	...
Gruppengröße	...
Haltung	...
...	...

Die Anschaffung eines Haustiers will gut überlegt sein! Man muss wissen, was ein Tier braucht und welche Gewohnheiten es hat. Erst dann weiß man, worum man sich kümmern muss und ob das Tier zu einem passt.

Erstelle eine Broschüre mit dem Titel „Haustierführer", in der man sich über verschiedene Haustiere informieren kann. Formuliere dazu wichtige Fragen allgemein zum Thema „Haustier" und zu einzelnen Haustierarten. Recherchiere die Antworten und weitere Informationen im Internet oder in Büchern. Gestalte dann eine anschauliche Broschüre mit Bildern und kurzen Informationstexten.

Gemeinsam schaffen wir das!

M1 Chaos im Kinderzimmer

Du triffst dich mit deinen Freunden bei Jan. Weil gestern sein jüngerer Bruder Geburtstag hatte, sieht es so aus …

1 Gib an, wer an diesem Durcheinander schuld sein könnte.

2 Schlage vor, was ihr machen könntet, damit ihr euch im Zimmer wohlfühlt.

M2 Diesmal wird das was!

Letztes Jahr hat Nikos Klasse alle Spiele im Fußballturnier der Schule verloren. Seither mussten sie sich die Sprüche der anderen Schülerinnen und Schüler anhören. Vor allem das Team-Motto „Wir schießen Tore, ihr schaut nur zu!“ hat für Spott gesorgt. Nikos Team hatte darauf vertraut, dass Stürmer Bert die Tore machen würde. Alles war auf ihn ausgerichtet – und dann war ausgerechnet Bert als erster Spieler verletzt und musste zuschauen. Fürs Training hatten die Spieler kaum Zeit und am Turniertag fehlten die meisten Schüler, die nicht in der Mannschaft waren. Es gab daher auch wenig Unterstützung durch die Zuschauer. Diesmal soll alles anders werden! In vier Wochen startet das neue Turnier.

3 Erkläre, warum das Motto „Wir schießen Tore, ihr schaut nur zu!“ für Spott gesorgt hat.

4 Entwickle einen Plan für Nikos Klasse, der ihr dabei hilft, diesmal mehr Erfolg beim Turnier zu haben.
> Kompetenzbox

SICH-ORIENTIEREN UND HANDELN

So kannst du einen Plan entwickeln und umsetzen

- Benenne die Probleme, die zum schlechten Abschneiden des Teams geführt haben.
- Gib an, was die Klasse hätte anders machen sollen.
- Bestimme, was zu tun ist, damit es in diesem Jahr besser wird.
- Berücksichtige auch die Mitschülerinnen und Mitschüler, die nicht mitspielen, und überlege dir, was sie zu einem Erfolg beitragen können.
- Entwickle eine To-do-Liste, also eine Liste mit den wichtigsten Dingen, die zu erledigen sind.

M3 Solidarität – ein Wort für gegenseitige Hilfe

Immer wieder sprechen Menschen von „Solidarität". Folgender Lexikonartikel erklärt das Wort.

Du empfindest, dass dein Freund zum Beispiel von einem Lehrer ungerecht behandelt wird. Du stehst auf und sagst es laut. Du stellst dich also auf seine Seite, zeigst so dein Zusammengehörigkeitsgefühl. „Solidarität" kommt aus dem Lateinisch-Französischen und heißt genau das: „Zusammengehörigkeit". Es können auch mehrere Personen oder Gruppen sein, die sich gegenseitig helfen und unterstützen, zum Beispiel Nachbarschaftshilfe leisten und so zeigen, dass sie „solidarisch" sind. In der christlichen Religion heißt die Solidarität mit den Armen „Nächstenliebe".

Gerd Schneider/Christiane Toyka-Seid

5 Nenne Beispiele aus dem Text, die Solidarität zeigen.

6 Nenne andere Beispiele für Situationen, in denen sich Solidarität zeigt.

7 Manchmal schützen sich Verbrecher und Verbrecherinnen gegenseitig, indem sie einander nicht verraten. Erkläre, was das mit Solidarität zu tun hat und worin es sich unterscheidet.

M4 Die grüne Wolke

Im Buch „Die grüne Wolke" bedeckt eines Tages für kurze Zeit eine grüne Wolke die Erde. Alle Menschen werden daraufhin zu Steinfiguren. Nur eine Gruppe von Kindern und ein Erwachsener werden nicht zu Stein, da sie zu dieser Zeit in einem Ballon unterwegs waren.

„Hurra!", brüllte David. „Wir sind wirklich die Einzigen auf der Welt. Phantastisch." Da ging das Licht aus. „Genau", bemerkte Pyecraft trocken. „Wie du ganz richtig sagtest: phantastisch. Die Kraftwerke haben noch so lange weitergearbeitet, wie die Öfen brannten. Bevor du dich vor Freude überschlägst, dass wir die einzigen Menschen auf der Welt sind, mach dir lieber klar: kein Licht, kein Radio, kein Telefon, nichts zu essen." „Essen?", fragte Gordon. „Ja, was ist denn mit all den Geschäften? In Leiston gibt's jede Menge Fressalien, Brot, Fleisch und ..." „Das Zeug wird bald verderben", meinte Robert nachdenklich. „Aber wir können auf die Jagd gehen." „Oder von Gemüse leben und so", schlug Jean vor. [...] „Wie dem auch sei", fasste David [...] zusammen. „Das Nahrungsproblem können wir später lösen. Vergesst nicht, dass es tonnenweise Konserven im Land gibt."

Alexander S. Neill

8 Beschreibe, was dir an dieser Situation gefällt und was dir daran nicht gefällt.

9 Die Kinder sind nun auf sich alleine gestellt und müssen sich um die Nahrungsversorgung selbst kümmern. Mache hierzu Vorschläge.

Verantwortung – was soll ich damit?

M1 Verantwortlich sein

Auf viele Weisen kann Verantwortung übernommen werden ...

A

B

C

D

1 Gib an, wofür die Personen auf den Bildern jeweils Verantwortung übernehmen.

2 Nenne zu jedem Bild einen Grund, weshalb die Verantwortung übernommen wird.

M2 Verantwortung sehen und übernehmen

Was würde ich tun, wenn ...

... in einer Gruppe über Abwesende gelästert wird?

... ein Lehrer einen Schüler persönlich beleidigt?

... ich auf dem Schulhof eine Prügelei beobachte?

... auf der Straße Kinder von anderen Kindern belästigt werden?

... jemand seinen Abfall auf einen Waldweg wirft?

... jemand ein Tier quält?

... ausländische Schüler beschimpft werden?

3 Gib an, welches Handeln du als besonders falsch empfindest. Beschreibe, was im schlimmsten Fall passieren könnte, wenn niemand eingreift.

4 Bei welcher Situation würdest du eingreifen? Formuliere eine Begründung.

5 Wähle eine Situation aus. Mache Vorschläge, wie man eingreifen sollte. > Kompetenzbox

SICH-ORIENTIEREN UND HANDELN

So kannst du bei deinem Handeln auf Folgen achten
- Gib an, was du erreichen willst, wenn du in der Situation eingreifst.
- Was kannst du tun? Beschreibe, welche unterschiedlichen Handlungsmöglichkeiten du hast.
- Überlege für die Situation, was passieren kann.
- Wähle diejenige Möglichkeit zu handeln aus, mit der du dein Ziel am besten erreichen kannst.

M3 Ich war's

Im Unterschied zu dem schlecht erzogenen und feigen Kind ist der Verantwortliche immer bereit, für seine Handlungen einzustehen: „Ja, ich bin es gewesen!"

Fernando Savater

6 Finde ein Beispiel für etwas Gutes, wofür ein Kind Verantwortung übernehmen kann. Beginne so: *Ich war's – ich habe …*

7 Nenne ein Beispiel für etwas Schlechtes, für das ein Kind verantwortlich sein kann.

8 Erkläre, was daran unangenehm ist, Verantwortung zu übernehmen.

9 Erzähle eine kurze Geschichte, in der ein Kind am Ende sagt: „Ich bin es gewesen!"

M4 Ich will's

Angenommen, du möchtest unbedingt ein (neues) Haustier haben. Deine Eltern möchten das nicht, da sie glauben, dass sie sich dann am Ende selber um das Tier kümmern müssen. Dazu haben sie aber keine Zeit. Du versuchst ihnen zu erklären, wie du die Verantwortung für das Tier übernimmst. Folgende Tiere stehen zur Auswahl:

- ein kleiner Hund
- ein großer Hund
- ein Goldhamster
- ein Aquarium mit Fischen

10 Frage dich bei jedem dieser Tiere, welche Verantwortung du nicht übernehmen kannst. Beschreibe, was deine Eltern machen müssten.

11 Erstelle einen Wochenplan, für sämtliche Dinge, die du für das Haustier tun müsstest. Nimm dabei an, dass du dich alleine um das Tier kümmerst.

12 Wähle ein Tier aus und formuliere eine Bitte an die Eltern, dieses Haustier anzuschaffen. Erkläre dabei, was deine Eltern tun müssten und wie du dich um das Tier kümmerst.

Das ist doch unverantwortlich!

M1 Eine Verantwortung tragen

1 Beschreibe die Aufgabe, die das Kind übernommen hat.
2 Nenne Probleme, die sich bei dieser Aufgabe stellen können.
3 Versetze dich in die Lage des Kindes und schildere seinen Tagesablauf.

M2 Wer hat die Verantwortung?

Manchmal ist es nicht leicht zu entscheiden, wer alles die Verantwortung hat. Darum geht es in den folgenden Beispielen:

a Deine Tischnachbarin hat das Arbeitsergebnis deiner Gruppe zu Hause liegen gelassen. Jetzt könnt ihr das Ergebnis nicht zeigen und bekommt dafür eine schlechte Note.

b Auf dem Fahrradausflug geht ein Reifen kaputt, weil Scherben einer zerbrochenen Flasche auf dem Radweg lagen. Du hast kein Flickzeug dabei. Der Ausflug ist damit für dich beendet.

c Während der Fahrt geht der Kofferraum des Autos auf. Der Ball, den du hineingelegt hast, fällt heraus und verursacht einen Unfall.

d Du stellst an der Haltestelle deinen Schulranzen ab. Ein Mann, der es eilig hat, übersieht den Ranzen und fällt hin.

4 Beschreibe für jeden Fall, was schiefgegangen ist.
5 Gib jeweils an, was man hätte anders machen können, damit es nicht zu dem Problem kommt.
6 Erkläre jeweils, wer für das Problem verantwortlich ist.
7 Formuliere zwei weitere Fälle.

M3 Wann bin ich endlich alt genug?

In dem folgenden Lexikoneintrag wird das Wort „Geschäftsfähigkeit“ erklärt. Hierbei geht es um die Möglichkeiten von Kindern, unabhängig von den Eltern Geld für größere Dinge auszugeben.

Was kann ich mir von meinem Taschengeld oder einem Geldgeschenk von Verwandten kaufen? Wie alt muss ich dafür sein? Diese Frage hat mit der Geschäftsfähigkeit zu tun. Es wird dabei zwischen verschiedenen Altersstufen unterschieden. Kinder unter sieben Jahren sind noch nicht geschäftsfähig. Für […] Einkäufe oder Verkäufe brauchen sie einen gesetzlichen Vertreter, der das für sie erledigt. Zwischen dem 7. und 18. Lebensjahr sind Kinder und Jugendliche „beschränkt geschäftsfähig“. Sie können bestimmte Geschäfte abschließen, also etwa ein Handy kaufen oder ein Konto eröffnen, wenn der gesetzliche Vertreter, Eltern oder Vormund, diesem zustimmt. Allerdings dürfen mit Kindern und Jugendlichen keine Ratenzahlungsverträge abgeschlossen werden.

Gerd Schneider/Christiane ToykaSeid

8 Erstelle eine Tabelle. Trage in die erste Spalte die Altersstufe ein, in die zweite Spalte dann die zugehörige Form der Geschäftsfähigkeit.

9 Erkläre, warum Eltern dem Handykauf zustimmen müssen, solange ein Kind noch nicht 18 Jahre alt ist.

10 Deine Eltern erlauben es dir, einen Handy-Vertrag mit Flatrate abzuschließen, allerdings unter einer Bedingung: Du musst dafür für Oma alle Einkäufe erledigen. Formuliere eine begründete Entscheidung. > Kompetenzbox

SICH-ORIENTIEREN UND HANDELN

So kannst du die Folgen von Handlungen bewerten

- Nenne die Vorteile, die sich für dich aus dem Vertrag ergeben können.
- Beschreibe, was du in der Woche tun müsstest, um die Einkäufe zu erledigen.
- Beschreibe mögliche Probleme, die sich aus deiner zusätzlichen Arbeit ergeben können. Denke dabei an die Familie, deine Freunde und die Schule.
- Nenne mögliche Lösungen für die Probleme.
- Formuliere deine Entscheidung. Gib dabei an, welche Folgen sie für dich hat.

M4 Wir haben's verbockt!

Nach einer Niederlage (0:2 gegen Südkorea) schied die deutsche Nationalmannschaft bei der Fußball-WM 2018 aus. Die Mannschaft schrieb den Fans einen Brief:

Liebe Fans!

Wir sind genauso enttäuscht wie Ihr! Eine WM ist nur alle vier Jahre, und wir hatten uns so viel vorgenommen. Es tut uns leid, dass wir nicht wie Weltmeister gespielt haben. Daher sind wir auch verdient ausgeschieden, so bitter es ist.

Eure Unterstützung war super, in Deutschland und in den russischen Stadien. In Rio 2014 haben wir noch zusammen gefeiert. Aber zum Sport gehören auch Niederlagen und das Anerkennen, wenn die Gegner besser waren. Wir gratulieren Schweden und Mexiko zum Weiterkommen und Südkorea zum gestrigen Sieg. DANKE an Russland für die Gastfreundschaft!

Brief der Fußball-Nationalmannschaft 27.06.2018, veröffentlicht auf der Facebookseite des DFB-Teams

11 Erkläre, warum den Gegnern (Schweden, Mexiko und Südkorea) gratuliert wird.

12 Schreibe eine Antwort auf diesen Brief.

Für das eigene Glück verantwortlich sein

M1 Glück gehabt?

Jacques Azam

1 Beschreibe das Bild. Entscheide dich, ob es hier um Glück oder um Pech geht.
2 Erkläre, weshalb sich der Verletzte darüber freut, dass ihm die Zähne nicht wehtun.
3 Schlage etwas anderes vor, worüber er sich freuen könnte.

M2 Das unsichtbare Glück

Wenn man Pech hat, merkt man das sofort. Wie sieht es aber aus, wenn man gerade kein Pech hat – hat man dann Glück?

Lukas hat sich den Daumen in der Schranktür eingeklemmt. Es tut schrecklich weh und er brüllt wie am Spieß.

Lukas hat Schmerzen, die er deutlich spürt. Man muss ihm nicht sagen: „Lukas, dir tut der Daumen weh!"

Sandra macht die Schranktür auf und nimmt die Müslipackung heraus, macht die Tür wieder zu und setzt sich zum Essen an den Tisch.

Sandra tut nichts weh. Sie hat sich den Daumen nicht eingeklemmt. Natürlich ist sie sich dessen nicht bewusst, und als sie ihr Müsli isst, denkt sie nicht: „Toll, mir tut der Daumen nicht weh!"

Brigitte Labbé/Michel Puech

4 Erkläre, was im Text mit „unsichtbarem Glück" gemeint ist.
5 Gib eigene Beispiele für ein „unsichtbares Glück".
6 Erfinde eine ähnliche Situation wie in M1. Beschreibe oder male diese Situation oder stelle sie bildlich dar.

M3 Nicht auf das Glück warten

Wenn man einen Freund hat, der weit weg wohnt und den man gerne wiedersehen würde, kann man natürlich einfach hoffen, dass er irgendwann vorbeikommt. Man kann sich die Freude vorstellen, wenn er endlich da wäre, man kann auf ihn warten. Und es ist durchaus möglich, dass dieser Freund im selben Moment daran denkt, dich zu besuchen, und ganz plötzlich klingelt es an deiner Tür, und – Überraschung! – da steht er! Das wäre natürlich ein unglaublicher Zufall, ein toller Glücksfall, der nur selten vorkommt. Es gibt aber auch die Möglichkeit, sich nicht mit Warten zu begnügen, sondern alles dafür zu tun, um den Freund zu treffen: ihn anrufen, die Zugfahrpläne durchschauen, vorschlagen, sich die Kosten zu teilen, einen Tag ausmachen, an dem beide Zeit haben, sich verabreden und ihn am Bahnhof abzuholen. Dann kann man sich ganz sicher sein, ihn wiederzusehen. Es hat nichts mit Zufall oder Glückstreffer zu tun: Man hat dieses Glück bringende Ereignis gewollt und alles dafür getan, dass es eintritt.

Brigitte Labbé/Michel Puech

7 Erstelle aus dem Text eine Liste der Dinge, die man tun kann, um den Freund zu treffen.

8 Nenne mehrere Dinge, die du gern erleben würdest. Nenne nur Dinge, für die du etwas tun kannst, damit sie stattfinden.

9 Nenne Dinge, die du gerne erleben würdest, für die du aber nichts tun kannst.

10 Wähle eines der Dinge, die du gerne erleben würdest, aus Aufgabe 8 aus und entwickle einen Plan, wie du vorgehen kannst, um den Wunsch in die Tat umzusetzen. > Kompetenzbox

SICH-ORIENTIEREN UND HANDELN

So kannst du einen Plan entwickeln und umsetzen

- Benenne die Gründe, weshalb du das Geplante bisher nicht getan hast.
- Gib an, was sich ändern muss, damit das Geplante möglich wird.
- Bestimme, was zu tun ist, damit der Plan umgesetzt werden kann.
- Berücksichtige auch, was andere beitragen können.
- Entwickle eine To-do-Liste, also eine Liste mit den wichtigsten Dingen, die zu erledigen sind.

M4 Anleitung zum Glücklichsein

Wenn man ständig nur wartet und hofft, kann es vielleicht sein, dass sich das Unglück in unser Leben einschleicht. Sich etwas vorzunehmen und dann zu handeln, könnte durchaus ein erster Schritt in Richtung Glück sein. Auch wenn wir vielleicht nur eine winzig kleine Vorstellung davon haben, was uns glücklich machen könnte – nichts wie los! Ohne lange Warterei.

Brigitte Labbé/Michel Puech

11 Erkläre mit Hilfe des Textes, warum es zum Unglück führen kann, wenn man nichts tut.

12 Beschreibe eine Situation, in der es gut ist, wenn man wartet.

Sein Glück versuchen – Erfolgsgeschichten

M1 Erfolgreich sein

1 Beschreibe mit Hilfe des Bildes, was es heißt, erfolgreich zu sein.

2 Erfinde Sprechblasen für die beiden Personen auf dem Bild.

M2 Die Abenteuer des starken Wanja

Im Buch „Die Abenteuer des starken Wanja" von Otfried Preußler geht es um Folgendes:

Wanja ist der faulste Mann im ganzen Dorf. Während seine beiden Brüder fleißig auf dem Hof des Vaters arbeiten, liegt Wanja auf der Ofenbank, ruht sich aus und spricht mit niemandem. Jedes Jahr isst er einen Sack mit Sonnenblumenkernen. Seine Brüder kochen vor Wut und würden ihn am liebsten mit Prügeln von der Ofenbank vertreiben. Gut, dass sie es nicht tun. Denn nach sieben Jahren steht Wanja auf und erklärt seiner Familie, dass er nur deshalb faul herumlag, weil er Kraft sammeln musste. Kraft für eine große Aufgabe, die ihm bevorsteht. Ein alter Mann hatte ihm prophezeit, dass er im Land jenseits der Weißen Berge Zar [ein Herrscher] werden würde.

Auf dem Weg dorthin muss er stark genug sein, um gefährliche Abenteuer zu überstehen. So gelingt es ihm, die Bauern von einem Ungeheuer zu befreien. Er schlägt einen Räuber in die Flucht und nimmt dem Steinernen Ritter die Zarenrüstung ab. Mit dieser Rüstung reitet er in den Palast und bekommt die Zarentochter als Ehefrau.

Redaktion ELTERN online

3 Beschreibe den starken Wanja.

4 Erkläre, warum die fleißigen Brüder auf Wanja wütend sind.

5 Die Geschichte ist ein Märchen. Was denkst du: Wie würde die Geschichte im echten Leben ausgehen? Formuliere deine Auffassung davon, wie es Wanja ergehen könnte. > Kompetenzbox

SICH-ORIENTIEREN UND HANDELN

So kannst du die Folgen von Handlungen bewerten

- Übertrage die Geschichte auf unsere Zeit. Beschreibe Wanja als ein Nachbarskind, das lieber schläft als mitzuhelfen oder in die Schule zu gehen.
- Formuliere die Erwartungen an Wanja, die andere haben. Weshalb könnten sie sich über ihn ärgern?
- Nur im Märchen kann man Ungeheuer besiegen und König werden. Beschreibe, was der heutige Wanja erreichen möchte.
- Beschreibe die Probleme, auf die Wanja stoßen kann, und wie er sie lösen könnte.
- Gib an, ob es aus deiner Sicht möglich ist, dass Wanja Erfolg hat.

M3 Walt Disney

Walt Disney (1901 – 1966) ist weltweit berühmt als „Vater" von vielen bekannten Zeichentrickfiguren, darunter zum Beispiel Micky Maus und Donald Duck. Im „Lexikon der Faulpelze" wird der junge Walt Disney dagegen so beschrieben:

Jemand, der auf Klopapier kleine Tiere zeichnet, kann es doch nicht weit bringen! Zeichnen, zeichnen, zeichnen, immer nur zeichnen. Sogar im Unterricht hat Walt nichts anderes gemacht. Dabei hätte ihm ein bisschen Lesen und Schreiben sehr gut getan. Und dann fing er auch noch an, Theater zu spielen. Brotlose Kunst, das ist meine Meinung dazu. Als ich ihn fragte, was er werden wolle, sagte er „Künstler". Ach du meine Güte!

nach Jean-Bernard Pouy/Serge Bloch/Anne Blanchard

6 Beschreibe das Bild. Erkläre anhand des Textes, warum hinter Walt Disney auch Micky Maus abgebildet ist.
7 Gib wieder, wie der junge Walt Disney im Text beschrieben wird.
8 Gib an, ob Walt Disney als eine Person beschrieben wird, die erfolgreich sein kann. Nenne das, was dafür spricht, und das, was dagegen spricht.
9 Teile mit, welchen Eindruck du durch das Bild von Walt Disney hast. Vergleiche diesen Eindruck mit seiner Beschreibung im Text.
10 Formuliere einen Satz, den Walt Disney auf der Fotografie sagen könnte.

M4 Die Show des Scheiterns

Im Fernsehen wurden eine Zeit lang Folgen der „Show des Scheiterns" gezeigt. Dort berichteten verschiedene Personen von ihren Ideen, ihren Versuchen, damit Erfolg zu haben, und wie sie am Ende gescheitert sind. Die Veranstalter waren der Ansicht, dass Scheitern etwas Sympathisches sei – nur wer etwas Großes wagt, kann auch scheitern.

11 Erkläre mit Hilfe des Textes, warum jemand an der Show teilnimmt, obwohl er mit etwas im Leben gescheitert ist.
12 Beschreibe mögliche Beiträge für die Show.
13 Wie gefällt dir die Idee zu einer solchen Show? Formuliere eine kurze Bewertung.

Zeig, was du kannst!

Das Wichtigste in Kürze

Eingreifen – To-do-Liste – für das, was man getan hat, einstehen – Solidarität – Verantwortung haben – unsichtbares Glück – erfolgreich sein – Scheitern – geschäftsfähig – für das Glück handeln

Verantwortung

Verantwortung zu übernehmen hat zwei Seiten: Auf der einen Seite ist es anstrengend – du musst freiwillig etwas tun und viele Dinge beachten. Du musst auf die Folgen achten und darfst nicht nur das sehen, was du sofort erreichen willst. Auf der anderen Seite kannst du in der Verantwortung zeigen, dass man sich auf dich verlassen kann. Wenn du Verantwortung übernimmst, wirst du ernst genommen. Du zeigst, dass du Entscheidungen treffen und für etwas zuständig sein kannst. Aber immer gilt: Man kann nur für das Verantwortung tragen, was vom eigenen Handeln abhängt. Nur wenn du die Verantwortung übernehmen *kannst*, darf man dich für etwas verantwortlich machen.

Kompetenz-Check

M Der Schulkiosk

In der Schule gibt es einen Kiosk, um den sich Schülerinnen und Schüler kümmern. Im letzten Jahr hat das nicht gut funktioniert. Es wurden nur die Süßigkeiten angeboten, die den verantwortlichen Schülerinnen und Schülern geschmeckt haben. Getränke oder kleine Snacks wurden nicht angeboten. Da es zu wenig Gewinn gab, kann die geplante Sitzecke für die Schule nicht eingerichtet werden. Nun soll deine Klasse den Kiosk übernehmen und es besser machen.

SICH-ORIENTIEREN UND HANDELN

1 Nenne fünf Dinge, für die du verantwortlich bist.

2 Entscheide, welche der genannten Dinge oder Personen die Verantwortung für das beschriebene Ereignis haben. Formuliere deine Entscheidung jeweils in einem Satz. Beispiel: Der Ast beschädigt ein Auto. Entscheidung: *Der Ast ist nicht verantwortlich, wenn er das Auto beschädigt.*
Der Lehrer kommt zu spät. – Das Wetter macht den Ausflug unmöglich. – Ich steige an der falschen Haltestelle aus. – Die Polizei verbietet die Weiterfahrt.

3 Entwickle einen Plan, um das Angebot für den Schulkiosk zu verbessern.

4 Überlege dir, wie du für die Neueröffnung des Kiosks werben kannst. Erstelle einen Plan für die Durchführung der Werbeaktion, bei der alle aus deiner Klasse mitmachen sollen.

Werkstatt

Der Haustierführer

Dein Haustierführer sollte die wichtigsten unterschiedlichen Haustiere abdecken und genügend Informationen enthalten, um mit ihm eine gute Entscheidung treffen zu können, ob ein Tier zu einem passt oder nicht. Stell dir am besten vor, in einer Tierhandlung würde man allen Kundinnen und Kunden deine Broschüre zeigen, wenn sie sich noch nicht sicher sind, welches Tier für sie in Frage kommt.

Worauf es ankommt

- ☑ übersichtlich gestalten
- ☑ wichtige Haustierarten behandeln
- ☑ umfangreich informieren
- ☑ auf Bestimmungen des Tierschutzes hinweisen
- ☑ darauf hinweisen, für wen sich welches Tier besonders eignet

Inhalte festlegen

Verschaffe dir eine Übersicht über die Tiere, die als Haustiere in Frage kommen und auch oft gekauft werden. Hierzu kannst du im Internet recherchieren oder auch in einer Zoohandlung nachfragen. Erstelle eine Liste dieser Tiere und lege eine Reihenfolge fest.

Informationen sammeln

Um die richtigen Informationen zu sammeln, musst du dich an den Fragen möglicher Käuferinnen und Käufer orientieren und an die möglichen Probleme denken, die sich oft erst nach dem Kauf herausstellen. Solche Fragen sind: Welches Futter benötigt ein Tier? Wie kann es zu Hause gehalten werden? Benötigt es Auslauf? Aber auch die Anschaffungskosten, Steuern und mögliche Tierarztkosten sind wichtig. Auch sollte man etwas über die Lebensgewohnheiten in Erfahrung bringen. Nachtaktive Tiere sind für kleine Kinder wenig interessant, da diese Tiere am Tag schlafen. Informiere dich aber auch über die grundlegenden Bestimmungen des Tierschutzes.

Broschüre gestalten

Damit die Broschüre übersichtlich wird, solltest du den Aufbau einer Seite festlegen, der sich für jedes Tier wiederholt. Hierfür müssen Überschriften festgelegt werden. Auch sollte es auf jeder Seite ein Bild mit dem Tier geben.

Mongolische Rennmaus

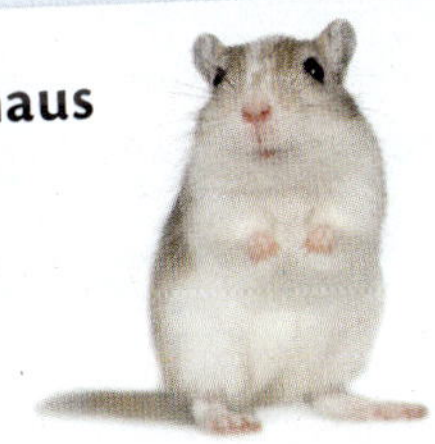

Ernährung	Körnerfuttermischung, tierisches Eiweiß (z. B. Mehlwürmer), Frischfutter (z. B. Möhren, Gurke), ...
Gruppengröße	· Keine Einzelhaltung! · Empfohlen wird die Haltung in gleichgeschlechtlichen Zweiergruppen. · Größere Gruppen haben ein höheres Streitrisiko (vgl. auch Hinweise zur Vergesellschaftung).
Haltung	...
...	...

Gibt es eine Regel, die für alle gilt?

Wo begegnen uns Regeln?

Gelten überall die gleichen Regeln?

Warum ändern sich Regeln?

Wozu sind Regeln gut?

Recht und Gerechtigkeit

> Regeln folgen

WERKSTATT

Ein „Knigge“ für eure Schule

Adolph Freiherr von Knigge (1752 – 1796) war der Erste, der in einem Buch – kurz auch „Knigge“ genannt – beschrieben hat, was Menschen beim Umgang miteinander beachten sollten. Viele seiner Regeln sind heute veraltet, für manches wiederum gab es bei ihm noch keine Regeln. Ob es unhöflich ist, im Restaurant mit dem Handy zu telefonieren, musste nicht entschieden werden, solange es keine Handys gab.

Erstelle einen zeitgemäßen Knigge-Ratgeber für eure Schule. Gestalte die einzelnen Seiten in der Arbeitsgruppe und füge die Ergebnisse in einem gemeinsamen „Regel-Buch“ zusammen.

Erarbeite in der Gruppe Vorschläge für Benimmregeln im Umgang mit Schülerinnen und Schülern sowie Erwachsenen (z. B. Lehrerinnen, Hausmeister oder den Sekretärinnen) im Schulalltag.

Das Zusammenleben regeln

M1 Regeln über Regeln

1 Beschreibe in Stichworten deinen ersten Eindruck von dem Bild und notiere einen passenden Titel dafür.

2 Schreibe eine kurze Geschichte zu dem Bild. Was ist wohl vorher passiert und wie geht es weiter?

M2 Regeln (er)kennen

Geregelt wird vieles. Deshalb gibt es auch unterschiedliche Arten von Regeln. Um diese richtig befolgen zu können, ist es wichtig, sie zu erkennen und richtig zu deuten.

3 Betrachte die Hinweise auf dem Schild und schreibe die Regeln in kurzen Sätzen auf. Berücksichtige dabei: Ist etwas verboten, soll etwas beachtet werden oder geht es um eine Anweisung?

4 Wo begegnen dir überall Hinweisschilder? Erstelle eine Liste.

5 Formuliere einen zusammenfassenden Satz, warum Regeln wichtig sind.

6 Entwirf kleine Schilder für deine Zimmertür. Welche Regeln sollen für deine Eltern und Geschwister in deinem Zimmer gelten? Verwende Zeichen, die allen verständlich sind, ähnlich wie auf dem Bild.

M3 Wie viele Schilder brauchen wir?

„Überall nur Schilder und Vorschriften", schimpft Ferdinand auf dem Heimweg im Bus, als er neben dem einzigen freien Sitzplatz das Behindertenschild entdeckt. Er fühlt sich nach acht Stunden Unterricht jetzt fix und fertig. Zuhause angekommen, schimpft er noch weiter. „Meinetwegen braucht keiner aufzustehen. Wer zuerst kommt, mahlt zuerst. Heute bekommt mal der eine keinen Platz, morgen eben der andere. Das gleicht sich dann schon aus."

„Ganz so einfach ist das nicht", schaltet sich seine Oma ein. „Wenn kein Schild da ist, fällt es mir nicht leicht, jemanden aufzufordern, mich hinsetzen zu lassen, wenn ich wieder zur Untersuchung fahre. Nicht jeder ist rücksichtsvoll und sieht, dass ich im fahrenden Bus kaum stehen kann. Und stell' du dir einmal vor, du kommst aus den Osterferien mit einem Gipsbein zurück, oder du hast dir im Sportunterricht tüchtig den Knöchel verstaucht. Dann würdest du dich sicher auch gern setzen wollen."

Ferdinand wird etwas nachdenklich und meint schließlich: „Ja, da ist was dran. Aber so steht's nicht auf den Schildern." „Klar", erwidert die Oma, „alle Möglichkeiten kann man nicht auf die Schilder schreiben. Deshalb liest man häufig: Überlassen Sie Ihren Sitzplatz demjenigen, der ihn nötiger hat."

nach Rainer Erlinger

7 Sind Schilder und Vorschriften notwendig? Untersuche die unterschiedlichen Meinungen mit ihren Begründungen. > Kompetenzbox

8 Bilde deine eigene Meinung. Welche Begründung hat dich mehr überzeugt? Nenne weitere gute Gründe für deine Meinung, die im Text noch nicht genannt wurden.

9 Erstelle eine Liste, welchen Personen du deinen Sitzplatz freiwillig überlassen würdest, und begründe jeweils deine Entscheidung.

ANALYSIEREN UND REFLEKTIEREN

So kannst du eine Frage an einem Beispiel untersuchen

- Notiere in einem Satz das Thema. Worüber unterhalten sich Ferdinand und seine Oma?
- Untersuche den Text Schritt für Schritt und schreibe deine Ergebnisse auf (z. B. in zwei Spalten): Was ist Ferdinands Meinung über Schilder, was meint seine Oma dazu? Wie begründet er seine Meinung, wie argumentiert seine Oma? Mit welchen Beispielen verdeutlichen sie ihre Meinungen jeweils?
- Fasse das Ergebnis der Diskussion zusammen. Wie hat sich Ferdinands Ansicht über Vorschriften geändert?

M4 Alltagsregeln – einmal gemischt!

Ich soll beim Essen meinen Fahrradhelm aufsetzen. – Ich soll beim Fahrradfahren nicht schmatzen und schlürfen. – Vor dem Essen soll ich Abstand halten. – Vor der Bahnsteigkante soll ich die Hände waschen. – Ich soll beim Einsteigen in die Bahn die Zähne putzen. – Nach dem Essen soll ich nicht drängeln. – Ich soll meinen Hund ausreden lassen. – Ich soll andere am Spielplatz an der Leine führen. – Ich soll mit Älteren in der Bahn nicht spielen. – Ich soll mit dem Essen meinen Sitzplatz überlassen.

10 Hier ist einiges durcheinandergeraten. Ordne die Regeln und schreibe sie richtig auf.

11 Welche Bereiche des Alltags werden hier geregelt? Nenne die Bereiche und ordne die Regeln zu.

Regeln schützen Werte

M1 Wozu Regeln?

Damit das Zusammenleben gut funktioniert, sind Regeln notwendig. Sie helfen uns, das, was uns wertvoll ist, zu schützen und durchzusetzen.

Regeln

1 

 2

3 

 4

5 

 6

Werte (Wertvolles im Zusammenleben)	
A Sicherheit	Höflichkeit B
C Gerechtigkeit	Eigentum D
E Sauberkeit	Gesundheit F

1 Ordne die Regeln den wertvollen Dingen zu, die sie im Zusammenleben schützen sollen.
2 Schreibe drei Dinge auf, die dir besonders wertvoll oder wünschenswert im Leben erscheinen. Formuliere dann Regeln, die diese Werte (wünschenswerte Dinge) schützen.

M2 Der Regelbaum

Im Alltag haben wir es immer wieder mit verschiedenen Verhaltensregeln und sogenannten Normen zu tun. Sie helfen uns bei unseren Entscheidungen, indem sie sagen, wie wir handeln sollen.

3 Ordne die verschiedenen Regelblätter den passenden Ästen zu. Welche Regelblatt gehört auf welchen Ast? Übertrage zunächst den Regelbaum in dein Heft und ergänze die vier Hauptäste durch die richtigen Blätter.
4 Finde Beispiele für die einzelnen Regeln. Beispiel Tischregeln: *Du sollst mit Messer und Gabel essen.*

M3 Welche Regel hilft wann?

Die verschiedenen Regeln erfüllen unterschiedliche Zwecke. Es ist wichtig zu wissen, welche Regel wann sinnvoll anzuwenden ist.

- **Praktische Anweisungen:** Sie sagen genau, was du tun musst, wenn du etwas Bestimmtes machen oder erstellen möchtest.
- **Abmachungen (Konventionen):** Sie sind Vereinbarungen in einer Gruppe darüber, was „man tut“ oder „nicht tut“. Sie verändern sich und können neu festgelegt werden.
- **Moralische Regeln (Normen):** Das sind ungeschriebene Gesetze, die aber doch allen bekannt sind. Sie verändern sich nur sehr langsam. Die Gemeinschaft erwartet von dir, dass du diese ungeschriebenen Gesetze beachtest, wenn du dazugehören willst.
- **Gesetze:** Die Rechte und Pflichten werden vom Staat für seine Bürger festgelegt und in Gesetzbüchern festgeschrieben. Wer gegen die Gesetze verstößt, wird vor dem Gericht geprüft und gegebenenfalls bestraft.

5 Notiere die Schlüsselwörter zu den vier unterschiedlichen Arten von Regeln.

6 Überprüfe deine Zuordnung der Regelblätter zu den Ästen in Aufgabe 3 und verbessere diese, wenn nötig.

7 Was sind Regeln? Erkläre den Begriff, indem du mit Hilfe von M2 und M3 einen kurzen Eintrag für ein Schülerlexikon erstellst. > Kompetenzbox

8 Regelverletzungen können unterschiedliche Folgen haben: Tadel, Misslingen, Bußgeld, Ausgrenzung, Verwarnung, Gefängnisstrafe. Ordne den Folgen bestimmte Regelverletzungen zu. Begründe deine Entscheidung mit Hilfe von Beispielen.

ANALYSIEREN UND REFLEKTIEREN

So kannst du einen Begriff mit einem Lexikoneintrag erklären

- Nenne den Oberbegriff, den du erklären möchtest.
- Erkläre die Bedeutung des Begriffs, indem du seine besonderen Eigenschaften umschreibst. Beispiel: *Regeln helfen uns ..., indem sie sagen ...*
- Notiere, welche besonderen Formen des Oberbegriffs du kennst. Beispiele: *Gesetze, Abmachungen.*
- Verdeutliche den Begriff durch gute Beispiele. *Abmachungen sind z. B. Tischregeln, die ...*

M4 Regeln für gute Regeln

- Weniger ist mehr – Regeln sollten kurz gehalten sein.
- Formuliere Regeln positiv, also nicht als Verbot, sondern als Gebot.
- Regeln sollten so formuliert sein, dass jeder sie versteht.
- Es sollten nicht zu viele Regeln aufgestellt werden, damit jeder sich an sie halten kann.

9 Finde einen Bereich aus deinem Alltag, den du neu regeln möchtest, z. B. eine Tischordnung in der Schulmensa oder Regeln für die Hausaufgaben. Formuliere dazu Regeln. Beachte dabei die Regeln für gute Regeln.

10 Begründe deine Antwort: Warum fällt es uns leichter, selbst aufgestellte Regeln einzuhalten als fremden Regeln zu gehorchen?

Werte wandeln sich – Regeln auch

M1 Bitte setzen!

Oft heißt es in Bus und Bahn: Rücksicht hat Vorfahrt! Die Entscheidung, wer den Sitzplatz nötiger hat, ist jedoch nicht leicht und wird in verschiedenen Kulturen unterschiedlich beurteilt.

A

B

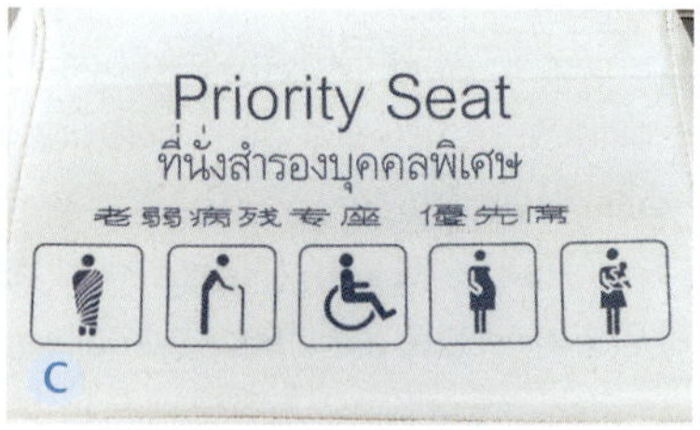

C

1 Betrachte die Schilder aus verschiedenen Ländern und finde heraus, wem jeweils ein Sitzplatz überlassen werden sollte.
2 Erkläre, welche Regeln für Kinder und Jugendliche gelten.
3 Vergleiche die Schilder: Welche Angaben werden über Kinder und Jugendliche gemacht, welche Rechte, welche Pflichten haben sie? Beginne so: *Auf Schild … sollen Kinder …, auf Schild … dürfen Kinder …*

M2 Andere Länder, andere Tischsitten

Andere Länder, andere Sitten: Die Bräuche und Benimmregeln, also was man darf und was man besser lassen sollte, sind weltweit sehr verschieden. Wie die Menschen auf falsches Verhalten reagieren, ist jedoch in den meisten Ländern gleich: mit Zurückhaltung und manchmal sogar mit Empörung.

- „Bei uns in Indien ist es normal, alles mit der Hand zu essen. Nur nicht mit der linken Hand, denn sie gilt als unrein!"
- „Bei uns in China wird am Tisch geschmatzt, geschlürft und gerülpst. Damit zeigen wir, dass uns das Essen schmeckt und wir uns als Tischgast wohl fühlen."
- „Bei uns in Korea wird am Tisch nicht gesprochen, denn wer spricht, kann sich nicht auf den Genuss des Essens konzentrieren."
- „Bei uns in Russland lassen wir auf dem Teller etwas übrig, wenn wir sattgeworden sind. Das zeigt dem Gastgeber, dass er reichlich Essen zubereitet hat."

4 Stell dir vor, Freunde aus Indien, China, Korea und Russland verbringen ihre Ferien bei dir in Deutschland. Welche Missverständnisse sind zu erwarten? Formuliere deine Vermutungen mit Hilfe der Informationen aus dem Text. > Kompetenzbox
5 Formuliere für jedes Kind einen Ratschlag: Welche Tischregel sollten sie bei ihrem Besuch in Deutschland beachten? Beispiel: *Du sollst nicht mit der Hand essen, sondern das Besteck nehmen.*

ANALYSIEREN UND REFLEKTIEREN

So kannst du Informationen auswerten

- Fasse in einem Satz das Thema des Gesprächs zusammen.
- Notiere in eine Tabelle mit drei Spalten die wichtigsten Informationen über die Tischsitten: welches Land, welche Regel und mit welcher Begründung.
- Stell dir vor, ihr würdet gemeinsam am Tisch sitzen. Notiere deine Vermutungen, was du und deine Freunde aus dem Ausland voneinander denken könnten.
- Schaue die Begründungen der einzelnen Tischregeln an. Fasse zusammen, welchen gemeinsamen Sinn diese Tischregeln haben. Beispiel: *Obwohl Tischregeln in verschiedenen Ländern ...*

M3 Es gibt Regeln, das gibt es nicht!

Die seltsamsten Bestimmungen und Regeln verschiedener Länder wurden in einem Buch zusammengetragen. Ein paar Beispiele:

In Tulsa [Oklahoma] darf eine Mineralwasserflasche nur unter Aufsicht eines staatlich geprüften Ingenieurs geöffnet werden.

Ein Gesetz in Colorado verbietet es, in den Straßen Luft aus einem Ballon abzulassen und dabei ein pfeifendes Geräusch zu verursachen.

In Topsail Beach [North Carolina] ist es Hurricanes und Tornados verboten, die Stadtgrenzen zu überqueren.

In China dürfen ertrinkende Menschen nicht gerettet werden, da nicht in ihr Schicksal eingegriffen werden darf.

Roman Leuthner

6 Lies die Gesetze aus den verschiedenen Ländern aufmerksam durch. Notiere das Gesetz, das auch den Grund für die Regelung nennt.

7 Diskutiere mit deinem Tischnachbarn, welchen Sinn die anderen Gesetze haben könnten, und notiere deine Ergebnisse. Beginne so: *In Tulsa ist es nicht erlaubt, ... weil ...*

M4 Höflichkeit hat viele Gründe

Was als unhöflich oder höflich angesehen wird, kann in verschiedenen Ländern unterschiedlich ausfallen. Der Sinn von Höflichkeit ist jedoch überall gleich: sie erleichtert das Zusammenleben und vermittelt Wertschätzung.

8 Finde Gründe, warum Kinder älteren Menschen einen Sitzplatz überlassen sollten und warum ältere Menschen Kindern einen Sitzplatz überlassen sollten. Notiere deine Ergebnisse.

9 Auf dem Schild C in M1 siehst du die Figur eines buddhistischen Mönches. Stelle Vermutungen an, warum für ihn ein Platz überlassen werden soll. Notiere deine Begründung.

10 Angenommen, es würden gleichzeitig mehrere Personen einen Platz benötigen. In welcher Reihenfolge soll den Fahrgästen ein Sitzplatz überlassen werden? Erstelle eine „Dringlichkeitsliste" und begründe deine Überlegungen.

Die Goldene Regel

M1 Warum nicht manchmal mogeln?

Was du nicht willst, dass man dir tu',
das füg' auch keinem ander'n zu.

Sprichwort

1 Deute das Sprichwort, indem du die folgenden Sätze ergänzt:
Ich möchte nicht belogen werden, deshalb …
Ich möchte nicht …, deshalb helfe ich, wenn jemand in Not ist.
Ich möchte nicht …, deshalb ….

2 Deute dieses Sprichwort, indem du drei passende Beispiele aus deinem Alltag suchst.

3 Überprüfe deine Beispiele mit deinem Partner oder deiner Partnerin.

M2 Testfrage: Was wäre, wenn alle so handeln würden?

Ich leihe öfter mal ein Comic-Heft von meinem kleinen Bruder aus, ohne dass ich ihm Bescheid sage. Das merkt er gar nicht. Und wenn schon, er soll sich doch nicht so anstellen, er hat doch so viele Hefte!

In meinem letzten Vokabeltest konnte ich meinen Spickzettel gut gebrauchen. Was ist schon dabei? Die Lehrerin hat es gar nicht bemerkt und ich will in Englisch unbedingt eine gute Zeugnisnote, egal wie!

Klar doch, dass ich beim Mensch-ärgere-dich-nicht-Spiel schon mal eine Spielfigur nebenbei und unbemerkt verschiebe. So schlimm ist das nicht. Es ist doch nur ein Spiel und ich will meinen Spaß dabei haben!

?

4 Findest du diese Art von Mogeln bedenklich? Diskutiere kurz mit deinem Partner oder deiner Partnerin darüber und begründe deine Meinung. Warum ja, warum nicht?

5 Wähle ein Fallbeispiel aus und prüfe es mit Hilfe der Testfrage: „Was wäre, wenn alle so handeln würden?"

6 Notiere in deinem Heft, was du empfinden würdest, wenn sich alle so verhalten würden. Beispiel: *Wenn andere beim Spiel mogeln, würde ich mich ärgern, weil …*

7 Diskutiere die Ergebnisse in der Gruppe und formuliere eine allgemeingültige Verhaltensregel, die für dich im Umgang mit anderen als Wegweiser dienen könnte. Beginne so: *Ich werde anderen …*

M3 Die Goldene Regel – eine Regel der Menschlichkeit

Es gibt so viele Regeln! Es wäre doch viel einfacher, wenn es nur eine Grundregel für unser Verhalten gäbe. In vielen Religionen und Kulturen gibt es den Versuch, eine einzige Regel für das Zusammenleben der Menschen zu formulieren. Die Ergebnisse sind überraschend ähnlich: Sie sind unter dem Namen „die Goldene Regel" bekannt.

Judentum
Was dir selbst verhasst ist, das tue deinem Nächsten nicht an.
nach dem Talmud

Christentum
Alles, was ihr wollt, dass euch die Menschen tun, das tut auch ihnen!
Jesus, Neues Testament

Chinesische Philosophie
Was man mir nicht antun soll, will ich auch anderen Menschen nicht zufügen.
Konfuzius, Gespräche

Islam
Keiner von euch ist ein Gläubiger, solange er nicht seinem Bruder wünscht, was er sich selbst wünscht.
Vierzig Hadithe

8 Erkläre mit Hilfe der Zitate den Sinn der Goldenen Regel. Schreibe diesen in einem Satz auf. Beginne so: *Der Sinn der Goldenen Regel besteht darin, dass …*

9 Erkläre, was diese Regel zu einer „Goldenen Regel" macht.

10 Wähle aus, welche der Formulierungen dir am besten gefällt. Begründe deine Entscheidung.

11 Untersuche einzelne Alltagssituationen mit Hilfe der Goldenen Regel. Beispiel: *Soll ich in der Schlange an der Bushaltestelle drängeln, damit ich einen Sitzplatz bekomme?* > Kompetenzbox

ANALYSIEREN UND REFLEKTIEREN

So kannst du eine Frage an einem Beispiel untersuchen

- Suche eine Alltagssituation, in der du dich fragst: Wie soll ich handeln?
- Wende die Goldene Regel Schritt für Schritt an und schreibe deine Ergebnisse auf:
  Was wäre, wenn alle in meiner Lage so handeln würden?
  Wie würde ich mich fühlen, wenn mir so etwas widerfahren würde? Wenn ich z. B. stehen muss, weil andere sich vorgedrängelt haben? Wie möchte ich selbst behandelt werden?
- Formuliere die richtige Handlung und begründe sie.
  Beispiel: *Ich drängele nicht, weil auch ich nicht möchte, dass …*

M4 Ganz einfach, oder?

Adrian möchte seiner besten Freundin zum Geburtstag eine Freude bereiten und sucht nach einem passenden Geschenk für sie. Hätte er selbst Geburtstag, würde er sich über eine Eintrittskarte zum Fußballspiel sehr freuen. Er besorgt also für seine Freundin eine Karte für das nächste Spiel seiner Lieblingsmannschaft.

12 Wendet Adrian die Goldene Regel sinnvoll an? Begründe deine Meinung.

13 Wie würdest du vorgehen, wenn du ein Geburtstagsgeschenk für deinen Freund oder deine Freundin aussuchen wolltest? Wende die Goldene Regel richtig an.

14 „Wie du mir, so ich dir" lautet ein Sprichwort. Erkläre die Bedeutung des Sprichworts mit Hilfe von Beispielen und vergleiche sie mit der Goldenen Regel.

Schulregeln gestern und heute

M1 Zusammenleben in der Schulgemeinschaft im Vergleich

1 Betrachte die beiden Bilder aufmerksam und notiere deine ersten Eindrücke. Achte auf die Anordnung der Tische, auf die Kleidung und Körperhaltung der Personen auf den Bildern.

2 In der Schule arbeiten nicht nur Schülerinnen und Schüler und Lehrkräfte. Erstelle eine Liste der Menschen, die an deiner Schule tätig sind.

M2 Lernen! Zack, zack!

Vor 100 Jahren hatten Schülerinnen und Schüler wenig zu lachen.

Wer nicht lesen konnte, erhielt sieben Schläge auf den Rücken. […] Auch gegenseitiges Helfen war verpönt. Strafe: zwei Schläge! Sogar wenn man sich auf der Straße unhöflich oder frech gegenüber Erwachsenen benahm, konnte man vor 100 Jahren dafür in der Schule bestraft werden. Alle „Vergehen" wurden in einem „Strafbuch" notiert. Darin schrieben die Schulmeister alle Strafen auf, die ihre Schüler erhalten hatten. […]

Die Mädchen durften ihre Haare damals nie offen tragen, nur Röcke, die übers Knie reichten, waren erlaubt und dazu Schürzen. Jungs mussten ihre Haare streng zur Seite kämmen und trugen einen Matrosenkragen. […] Wer im Unterricht aufgerufen wurde, musste aufstehen. Selbst fürs Melden gab es Regeln: Aufzeigen nur mit der rechten Hand, dabei stützt der linke Arm den rechten Ellenbogen. Die – sauberen! – Hände hatten auf dem Tisch zu liegen, die Füße sollten nebeneinander auf dem Boden stehen. Und stets den Lehrer anblicken!

Ein Schüler wollte dringend auf die Toilette? Keine Chance, nur während der Hofpause! Eine Schülerin konnte besser mit links schreiben? Unmöglich, denn die linke galt als die „schlechte Hand"! Linkshänder wurden gezwungen, mit rechts zu schreiben. Gute Schüler saßen damals übrigens vorne, schlechtere hinten, und die in der letzten Reihe nannte man Lümmel. Wenn sie fleißig waren, durften sie eine Bank aufrücken. Sitzenbleiber erkannte man an einem farbigen Band, das sie an ihrer Mütze tragen mussten.

Tonio Postel

3 Welche Erwartungen wurden an Schülerinnen und Schüler vor hundert Jahren gestellt? Formuliere deine Vermutungen mit Hilfe der Informationen aus dem Text. > Kompetenzbox

ANALYSIEREN UND REFLEKTIEREN

So kannst du Informationen auswerten

- Fasse in einem Satz das Thema des Textes zusammen.
- Notiere in einer Tabelle mit zwei Spalten die wichtigsten Informationen zu den Regeln vor 100 Jahren: *Was* wurde geregelt (beachte die Hervorhebungen im Text) und *wie* wurde etwas geregelt?
- Stell dir vor, du wärst vor 100 Jahren zur Schule gegangen. Notiere deine Eindrücke über den damaligen Schulalltag der Schülerinnen und Schüler.
- Formuliere, wie sich ein guter Schüler oder eine gute Schülerin vor 100 Jahren verhalten musste.

M3 Mitbestimmung in der Schule

Heute können Schülerinnen und Schüler sowie die Eltern durch ihre Vertreter ihre Meinung sagen und manches im Schulleben mitbestimmen. Vanessa, 12 Jahre, ist Unterstufensprecherin an einer Schule. Sie berichtet über ihre Arbeit dort.

Letztes Jahr habe ich mich bei der Wahl des Unterstufensprechers aufstellen lassen. […] Ich habe versprochen, dass ich versuche, all ihre Wünsche durchzusetzen. Seit ich die Wahl gewonnen habe, konnte ich zusammen mit den anderen Schülervertretern schon viel erreichen. Zum Beispiel organisieren wir mehrmals im Jahr eine Disco im Foyer. […] Wir machen auch Foto-Wettbewerbe, überlegen uns Aktionen für den Tag der offenen Tür […]. Ich diskutiere regelmäßig mit Klassensprechern, Lehrern und dem Schulleiter über Themen, die den Schülern wichtig sind. An einer Nachbarschule wurden gerade Handyzonen eingerichtet. Bei uns sind Handys bislang verboten. Nun befrage ich unsere Schüler, ob sie solche Zonen haben wollen. […] Ich setze mich gerne für andere ein, aber ich finde es schwierig, es allen recht zu machen. Oft muss man einen Kompromiss finden. Als Unterstufensprecherin lerne ich auch, anderen mal die Meinung zu geigen und mich durchzusetzen. Das ist ein tolles Gefühl!

Protokoll: Katja Bosse

4 Liste auf, welche Aufgaben Vanessa als Unterstufensprecherin hat.

5 Arbeite aus dem Text heraus, warum es wichtig ist, Schulsprecher zu wählen.

6 Was war vor 100 Jahren wichtig in der Schule? Was heute? Ordne die Begriffe zu: Fleiß – Gehorsam – Selbständigkeit – Zusammenarbeit – Kreativität – Individualität – Ordnung – Demokratie – Mitbestimmung.

7 Schreibe auf, welche Erwartungen du an die Mitglieder deiner Schülervertretung hast.

M4 Eine Schule ohne Klassenräume

Design: Rosan Bosch Studio / Foto: Kim Wendt

8 Betrachte das Bild und notiere, was hier im Vergleich zu deiner Schule anders ist.

9 Formuliere Schulregeln für diese Schule ohne Klassenräume.

Zeig, was du kannst!

Das Wichtigste in Kürze

Knigge – Werte – praktische Anweisungen – Rücksicht – moralische Regeln – Abmachungen – Goldene Regel – Gesetze – Tischsitten – Höflichkeit – Schulregeln

Regeln des Zusammenlebens

Regeln sagen dir, wie du dich verhalten sollst. Sie helfen im Zusammenleben, das zu schützen und durchzusetzen, was der Gemeinschaft wertvoll erscheint. Sie geben Orientierung und erleichtern einen rücksichtsvollen Umgang miteinander, indem sie sagen, welche Rechte und Pflichten der Einzelne hat. Du weißt dann, was andere von dir erwarten, aber auch, was du von ihnen erwarten kannst. Als wichtigste Regel für ein friedliches Zusammenleben gilt die „Goldene Regel", die in beinahe jeder Kultur bekannt ist. So oder ähnlich formuliert besagt diese, dass du andere so behandeln solltest, wie du von ihnen behandelt werden möchtest.

Kompetenz-Check

M Höflichkeit: Lüge oder Rücksicht?

Gerade hat Friederike mit ihrem Vater eine Diskussion über die Höflichkeit gehabt. Sie glaubte, dass die Höflichkeit eine besondere Form von Lüge sei: Man ist freundlich zu jemandem, obwohl man ihn nicht leiden kann. Als der Vater da nicht ganz zustimmen kann, fragt Friederike: „Was hat es denn für einen Sinn, dass man manches sagen darf und manches nicht?"
„Nun, was meinst du, wenn dich jemand hässlich findet, soll er dir das unverblümt sagen? Ich glaube eher, das würde dich sehr kränken. Es geht also nicht darum, die Unwahrheit zu sagen, sondern den anderen nicht unnötig zu verletzen. Das wäre doch fast so, als würde man ihm ins Gesicht schlagen. Und Kränkungen können noch mehr als richtige Schläge schmerzen. Siehst du, Höflichkeit ist sinnvoll, wenn es um Rücksicht geht."

nach Rainer Erlinger

ANALYSIEREN UND REFLEKTIEREN

1 Nenne verschiedene Arten von Regeln.

2 Regeln können mehr als nur verbieten. Beschreibe weitere Formen, wie Regeln etwas regeln. Ergänze die bruchstückhaft abgedruckten Wörter: Regeln geben Anwe–s–ng–n / schr––ben vor / ver–rdn–n / v–rf–g–n / b–st–mm–n – v–r–i–t–n / –rl–ub–n / v–r–nl–ss–n.

3 Ist Höflichkeit eine besondere Form der Lüge? Untersuche im Text die unterschiedlichen Meinungen mit ihren Begründungen.

4 Untersuche einzelne Alltagssituationen: Wann ist Höflichkeit wichtiger als Ehrlichkeit? Vielleicht kann dir dabei auch die Goldene Regel helfen.

Werkstatt

Ein „Knigge“ für eure Schule

Es gibt Vieles in einer Schulgemeinschaft, was geregelt werden sollte, damit das Zusammenleben besser funktioniert, z.B. Situationen wie Begrüßung, Essen, Arbeiten, Spielen oder auch Orte wie der Schulweg, Pausenhof, Klassenraum, die Mensa, die Toiletten.

Das Regel-Blatt, das du in der Gruppe erstellst, wird eine Seite des gesamten Regel-Buchs. Gestalte diese Seite übersichtlich und ansprechend, damit alle gerne in dem Buch stöbern und die Regeln auch verstehen.

Vorbereitung

- Erörtere in der Gruppe, was der Sinn von Regeln ist. Anregungen dafür findest du in diesem Kapitel.
- Sammle Ideen in der Klasse dafür, wie Bereiche des Schullebens geregelt werden sollen.
- Untersuche zunächst, welche Regeln bereits an der Schule gelten.
- Diskutiere dann, welche Regeln beibehalten, welche geändert werden sollen.
- Stimme mit deiner Lerngruppe ab, welche Arbeitsgruppe welches Thema erarbeitet.
- Gehe in der Gruppe arbeitsteilig vor.

Durchführung des Projekts in der Arbeitsgruppe

- Sammle die Werte, die für das Zusammenleben in der Schulgemeinschaft besonders wichtig sind.
- Einige dich mit deiner Gruppe auf drei bis fünf Werte, z. B.: Gleichberechtigung, Wertschätzung, Freundlichkeit, Gewaltfreiheit, Ehrlichkeit.
- Formuliere mit deiner Arbeitsgruppe die wichtigsten Ziele, die mit den Regeln erreicht werden sollen.
- Liste alle Beteiligten auf, die von den Regelungen betroffen sind. Beispiele: Schülerinnen/Schüler und Lehrkräfte/Schulleitung, Schülerinnen/Schüler und Hausmeister.
- Formuliere die Regeln. Beachte dabei die „Regeln für Regeln“. Diese sollten nicht zu viel, gut verständlich, positiv formuliert und gut umsetzbar sein.
- Gestalte die einzelnen Seiten ansprechend, bevor diese zu einem Ratgeber zusammengefügt werden.

Worauf es ankommt

- ☑ ansprechend und übersichtlich gestalten
- ☑ deutlich hervorheben, was geregelt wird
- ☑ die „Regeln für gute Regeln“ beachten

Meint Gerechtigkeit auch Gleichheit?

Wann verhalten wir uns fair?

Wie zeigt sich Fairness?

Fair Play – nur eine olympische Idee?

Wie fair ist das wirklich?

Recht und Gerechtigkeit

> Fair handeln

WERKSTATT

Messstation „Fairness“

Das ist aber nicht fair! Es war ein faires Spiel. So ganz fair war diese Entscheidung nicht! Häufig fallen im Alltag solche oder ähnliche Sätze. Aber welches Verhalten finden wir in Ordnung und welches nicht? Wie kommt so ein Urteil zustande und sind darüber alle der gleichen Meinung?

Diesen und ähnlichen Fragen kannst du genauer auf den Grund gehen, wenn du eine Zeit lang bewusst darauf achtest, nach welchen Kriterien du beurteilst, ob eine Situation oder Verhaltensweise fair oder unfair ist.

Sammle eine Woche lang Ereignisse oder Situationen, die du fair oder unfair findest. Hast du etwas in der Klasse, am Schulhof, im Verein, in der Familie oder unterwegs erlebt, das du fair oder unfair empfunden hast? Wähle anschließend drei bis fünf Fälle aus und führe einen Fairness-Test auf deiner Messstation durch.

Das ist nicht fair!

M1 Fair oder unfair – nur ein Gefühl?

Das ist doch unfair! Du hast diesen Satz bestimmt schon gesagt. Aber woran erkennst du, wenn etwas unfair ist?

Bettina Kumpe

1 In beiden Bildern kämpfen die Sportlerinnen und Sportler nach ungleichen Bedingungen. Begründe, welche Szene dennoch fair ist und welche unfair.

2 Wie fühlt es sich an, wenn du unfair behandelt wirst? Wähle drei der folgenden Begriffe aus: wütend – stolz – hilflos – zufrieden – gedemütigt – stark. Formuliere mit deinen drei Begriffen je einen Satz. Beispiel: *Wenn ich unfair behandelt werde, dann fühle ich mich …*

3 Finde weitere Begriffe, die dein Gefühl umschreiben, wenn du unfair behandelt wirst.

M2 Was ist fair?

Fairness meint anständiges Verhalten im täglichen Leben, nicht nur im Sport. Es geht darum, die Dinge immer auch aus der Sicht des anderen zu betrachten.

auslachen | ausreden lassen | auf andere Rücksicht nehmen | ausgrenzen

jeden mitspielen lassen | Schadenfreude | Schwächere bedrohen | ehrlich sein

fair — unfair

0 1 2 3 4 5 6 7 8 9 10

4 Unfair oder fair? Ordne die Sätze und Begriffe zu.

5 Ordne auf einer Fairness-Skala von 0 (= fair) bis 10 (= unfair) die unfairen Verhaltensweisen an. Welche ist besonders unfair? Welche weniger?

6 Vergleiche und diskutiere deine Ergebnisse in der Gruppe. Notiere, welche Verhaltensweisen die stärkste Ablehnung bekommen haben.

7 Schreibe Fallbeispiele aus deinem Schulalltag für faires Verhalten auf oder stelle sie bildlich dar.

M3 Tore kannst du zählen, Fair Play nicht

Beim Spielstand 2 : 2 zwischen der Mannschaft der Schillerstraße und der Ewaldistraße wurde das Spiel immer verbissener und härter. Dabei verletzte sich Pit so schwer, dass für ihn Angelika als Ersatz einspringen musste. Benne spielte aber weiterhin rücksichtslos.

„Das ist unser neuer Rechtsaußen", sagte Micha. [...] „Das ist ja'n Mädchen!", stellte Benne fest [...]. „Mädchen dürfen nicht mitspielen", sagte die Schillerstraße. „Dürfen sie doch", beharrte die Ewaldistraße. Herr Bergmeister sollte entscheiden, ob Angelika mitspielen durfte oder nicht. „Sieht ganz stabil und sportlich aus", meinte er. „Ich sehe keinen Grund, warum sie nicht mitmachen soll." Angelika durfte. [...]

Beim Zwei zu Zwei vom ersten Spiel wurde weitergemacht. Alle waren nervös, [...] die Pässe klappten nicht. Benne begann wieder zu holzen. [...] Die Ewaldistraße bekam Angst. Ihr Spiel wurde schlechter. Jetzt witterte die Schillerstraße ihre Chance. Bernd bekam den Ball vor die Füße, spurtete los, stand vor dem Tor, schoss ... Aber Blaky warf sich ihm mutig entgegen, bekam den Ball zu fassen, machte eine halbe Rolle vorwärts und blieb vor Bennes Füßen liegen. Und Benne trat zu. [...] Herr Bergmeister pfiff. „Gelbe Karte!" [...]

Angelika hob den Arm. „Stoppt mal, Leute, so geht das nicht! Mit euch von der Schillerstraße spielen wir nicht mehr. Ihr seid unfair." [...] Benne meinte geringschätzig: „Typisch Mädchen! Hat Angst vor'nem harten Spiel. Geh doch zu deinen Puppen!" Angelika blieb stehen. „Ich habe keine Angst", sagte sie, „aber ich will wissen, ob ihr anderen mit einem Mannschaftskameraden spielen wollt, der einen wehrlosen Torwart tritt!" Die Schillerstraße schwieg. Benne schaute in die Runde, aber die anderen wichen seinem Blick aus. Alle schauten zu Herrn Bergmeister. Der zuckte die Schultern. „Ja, Sportsfreunde, das müsst ihr jetzt wissen ..."

Harald Poeplau

8 Benne verhält sich unfair. Notiere alle Vorfälle.

9 Benne möchte nicht, dass Mädchen mitspielen. Finde Gründe dafür, warum dieses Verhalten unfair ist.

10 „Wollt ihr mit jemandem zusammenspielen, der einen wehrlosen Torwart tritt?", fragt Angelika. Stell dir vor, du gehörst zur Mannschaft der Schillerstraße. Wie würdest du ihre Frage beantworten? Begründe deine Meinung. > Kompetenzbox

11 Verfasse ein Interview mit Herrn Bergmeister, dem Schiedsrichter, zum Verlauf des Spiels.

ARGUMENTIEREN UND URTEILEN

So kannst du deine Meinung begründen

- Formuliere deine Antwort auf die Frage von Angelika.
- Finde mindestens zwei Gründe, die deine Meinung stützen.
- Stärke deine Gründe mit Beispielen.
- Formuliere in einem Satz deine Meinung und füge mit den Wörtern „weil" oder „denn" deine Begründung hinzu.

M4 Unfair ist unfair!

Und wenn es nicht fair zugeht? Diese Frage stellt sich, wenn wir unfaires Verhalten beobachten.

12 Erstelle in der Gruppe ein Plakat mit Fairnessregeln für das Fußballspielen im Pausenhof. Wer darf mitspielen? Welche Regeln sollen gelten? Welche Folgen haben Regelverletzungen?

13 Stell dir vor, du beobachtest im Schul-Kiosk, dass ältere Schülerinnen und Schüler sich in der Schlange vordrängeln. Das findest du unfair. Wie würdest du reagieren? Schreibe deine Überlegungen auf.

Fairness auf den Grund gehen

M1 Grüne Karte für Fair Play

Italiener schreiben Fußball-Geschichte: In der zweiten Liga wurde 2016 die erste Grüne Karte für Fairplay gezeigt.

Gelbe und Rote Karten kennen im Fußball alle. Aber, dass der Schiedsrichter in Italiens zweiter Liga ab sofort auch die Grüne Karte zeigen kann, das ist neu! Belohnt werden damit Spieler, die sich auf dem Feld besonders fair verhalten. Hilft ein Spieler dem verletzten Gegner oder korrigiert er, trotz eigener Nachteile, eine falsche Entscheidung vom Schiedsrichter, dann kann er in aller Öffentlichkeit mit der Grünen Karte belohnt werden.
Schon letzte Woche kam die Grüne Karte zum Einsatz. Bekommen hat sie Cristian Galano im Spiel Vicenza gegen Virtus Entella (1 : 4). Er schoss den Ball nach einem falschen Eckball-Entscheid des Schiris absichtlich am Tor vorbei. Geehrt wird am Ende der Saison der Spieler, der die meisten Grünen Karten gesammelt hat.

1 Hat sich Cristian Galano im Spiel richtig verhalten? Begründe deine Meinung.
2 Formuliere in einem Satz, wie der Schiedsrichter seine Entscheidung für die Grüne Karte begründet haben könnte.
3 Stell dir vor, du darfst als Schiedsrichter Grüne Karten vergeben. Nenne Beispiele für Verhaltensweisen im Spiel, die du mit einer Grünen Karte belohnen würdest.

M2 Fairness hat viele Gesichter

a Bei der Gruppenarbeit hat Caspar, der neue Mitschüler in der Klasse, keinen Partner gefunden. Yusuf kommt auf ihn zu, fragt ihn ob er mit in seine Gruppe kommen will, und bietet ihm an, die Rolle des Zeitwächters zu übernehmen.

b Beim Fußballspielen ist Can hingefallen und liegt auf dem Boden. Obwohl Ricardo gerade losstürmen will, schießt er den Ball vom Feld, damit Can behandelt werden kann.

c Im Sportunterricht wird ausgelost, ob man Fußball oder Handball spielen soll. Die Fußballfans freuen sich. Schon zum dritten Mal wurde ihr Los gezogen. Die Handballer sind richtig enttäuscht. Die Fußballer bieten daraufhin an, dass die Klasse trotz des Loses nun doch Handball spielen soll.

d Schirin und Sophie sind beim Einkaufen. Erst als sie den Laden verlassen, merken sie, dass sie an der Kasse fünf Euro zu viel Wechselgeld herausbekommen haben. Nach kurzer Überlegung laufen sie zurück und geben das Geld zurück.

4 Fairness kann sich in verschiedenen Formen zeigen. Ordne die folgenden Begriffe den Fallbeispielen zu: Achtung des Anderen – rücksichtsvolles Verhalten – Respekt vor dem sportlichen Gegner – Chancengleichheit – Einhaltung von vereinbarten Regeln – Verzicht auf unberechtigte Vorteile.
5 Finde weitere Beispiele für die verschiedenen Formen von Fairness.
6 Stell dir vor, du darfst besonders faires Verhalten in verschiedenen Lebensbereichen mit einer Grünen Karte auszeichnen. An wen würdest du einen solchen Preis verleihen? Nenne gute Gründe für deine Entscheidung. > Kompetenzbox
7 Vergleiche deine Ergebnisse in der Gruppe. Entscheide dich mit deinen Lernpartnern für eine Rangliste der ersten drei Plätze. Welche Argumente haben am meisten überzeugt?

ARGUMENTIEREN UND URTEILEN

So kannst du deine Meinung begründen

- Formuliere deine Entscheidung. Beispiel: *Ich möchte die Grüne Karte an … verleihen.*
- Nenne möglichst viele Gründe, warum du dieses Verhalten besonders fair findest.
- Stärke deine Gründe mit Beispielen.
- Formuliere einen zusammenfassenden Satz für die Siegerehrung, warum jemand die Grüne Karte erhalten soll.

M3 Fair Play gilt überall!

1 Das Wort „Fairness“ kommt aus dem Englischen und wird als „Gerechtigkeit“, „Anstand“, „Gleichberechtigung“ oder „Friedlichkeit“ übersetzt. Du bist dann fair, wenn du dich an **vereinbarte Regeln hältst** und **ehrlich bleibst**, auch wenn es oft schwer ist. […], wenn du auf Schummeleien und Tricks verzichtest, selbst wenn andere dich dazu verleiten wollen. […], wenn du **rücksichtsvoll anderen gegenüber bist** und sie so **akzeptierst**, wie sie sind. […]

2 Nicht alle Fair Play-Regeln des Lebens sind festgeschriebene Gesetze. Manchmal kann man nicht dazu gezwungen werden, fair zu sein, aber du kannst dich immer dafür entscheiden. Solche Regeln ergeben sich, wenn du dich in dein Gegenüber hineinversetzt, also versuchst, eine Situation so zu sehen, wie er oder sie sie sieht. Es geht dabei um Dinge wie z. B. Gerechtigkeit, Mitgefühl, Aufmerksamkeit oder Hilfsbereitschaft. Diese Eigenschaften kannst du nicht messen, zählen oder wiegen. […] Diese ungeschriebenen Regeln helfen uns allen dabei, glücklicher zusammenzuleben und einander zu vertrauen.

nach www.demokratiewebstatt.at

8 Wann ist jemand fair? Im ersten Absatz sind schon einige Merkmale einer fairen Person markiert. Notiere diese und weitere Merkmale aus dem Text.

9 Schreibe einige Fallbeispiele für Unfairness auf. Verwende dafür die Merkmale für Fairness und finde Situationen, in denen diese nicht eingehalten werden.

10 „Manchmal kann man nicht dazu gezwungen werden, fair zu sein, aber du kannst dich immer dafür entscheiden.“ Arbeite aus dem Text heraus, warum es sinnvoll ist, sich für Fairness zu entscheiden.

M4 Geht fair vor?

Fairness finden die meisten Menschen wichtig. In manchen Situationen ist es aber gar nicht so einfach, sich fair zu verhalten.

11 Sammle Situationen, die uns zu einem unfairen Verhalten verleiten können wie z. B. Erfolgsdruck oder der Wunsch, andere zu beeindrucken. Berichte von deinen Erfahrungen.

12 Was bedeutet „unfair“? Erarbeite einen Begriffskreis.

Auf Kosten anderer Leute leben?

M1 Die Fiedelgrille

Eine Grille hatte den ganzen Sommer über nichts anderes getan, als auf ihrer Geige gefiedelt. Sich selbst zur Freude und für die kleinen Tiere auf dem Feld zum Tanzvergnügen.
Aber dann kam der Herbst und dann der Winter, und sie hatte nichts zu essen. Denn sie [...] hatte keine Vorräte gesammelt, hatte sich kein Winterhaus gebaut [...]. Oh Gott, war das kalt.

Janosch

1 Beschreibe das Bild: Wer ist zu sehen? Was machen die Figuren? Wie ist die Stimmung?

2 Stell dir die hungrige und frierende Fiedelgrille im Winter vor. Notiere mögliche Gedanken von ihr. Wie fühlt sie sich? Was soll sie jetzt machen?

M2 Der Hirschkäfer und die Maus

Da ging sie zum Hirschkäfer. „Sie sind doch der Förster im Wald", sagte sie, „denn Sie haben ein Geweih. Der Förster muss zu allen Tieren im Wald gut sein, könnte ich bitte bei Ihnen wohnen? Nur den Winter über, denn ich habe kein Haus. Kostenlos."
„Kostenlos?", rief der Hirschkäfer, „kein Haus und kostenlos!! [...] Nein, nein, Mariechen, da kann ich nicht dienen. Erst den ganzen Sommer herumfiedeln und dann auf anderer Leute Kosten ..."
... und er warf sie hinaus. [...] Und draußen war es bitter kalt. Da ging die Grille zu der Maus. Die Maus wohnte in einer Gießkanne mit allem Komfort. Hatte viele Vorräte gesammelt, so dass fünf kleinere Leute davon hätten leben können, und zwar gut und drei Jahre lang. „Ob ich hier ein wenig wohnen könnte?", fragte die Grille mit ihrer kleinen Geige unter dem Kleidchen. [...] „Nein, nein, meine Liebe, da kann ich nicht dienen." Und die Grille musste weiterstapfen. Mit ihrem dünnen Kleidchen und ihrer kleinen Geige, und es war so bitter kalt.

Janosch

3 Warum hat die Grille Mariechen ausgerechnet bei dem Hirschkäfer und bei der Maus Hilfe gesucht? Notiere aus dem Text die Gründe.

4 War es fair, der Grille nicht zu helfen? Beurteile das Verhalten des Hirschkäfers auf einer Skala von 0 bis 10. Beachte dabei, warum die Grille bei ihm Unterschlupf gesucht hat.

5 „Ob ich hier ein wenig wohnen könnte?" Wie würdest du anstelle der Maus auf die Frage antworten? Verfasse ein Gespräch zwischen dir und der Grille.

6 Warum hat die Maus wohl nicht geholfen? Finde mögliche Gründe für ihre Entscheidung und beurteile ihr Verhalten. > Kompetenzbox

ARGUMENTIEREN UND URTEILEN

So kannst du die Entscheidungen anderer beurteilen

- Formuliere die Entscheidung der Maus in eigenen Worten.
  Beispiel: *Die Maus hat sich entschieden, dass die Grille …*
- Nenne mögliche Gründe für ihre Entscheidung.
  Beispiel: *Die Maus war vielleicht der Meinung, wer nicht arbeitet, der soll …*
  Oder: *Die Maus hatte Angst, dass …*
- Beurteile nun das Verhalten der Maus. Wie findest du es?
- Begründe dein Urteil. Beispiel: *Ich bin der Meinung, dass die Maus fair/unfair gehandelt hat, weil …*

M3 Beim Maulwurf

Da ging sie zum Maulwurf. Der Maulwurf wohnte in einer Kellerwohnung. Mit Ofen. Viel Platz unter der Erde und warm. „Oh, Besuch!", rief der Maulwurf. „Kommen Sie doch mal näher, damit ich Sie befühlen kann, denn ich bin ein wenig kurzsichtig auf den Augen, weil ich blind bin. Kommt von der Finsternis unter der Erde, macht nix." Und er befühlte die Grille und ihre kleine Geige und erkannte sie. Was für eine Freude.

„Ob ich hier wohnen kann?", fragte die Grille, „einen Winter lang nur … mit meiner kleinen Fiedel …?"

„Oh ja", rief der Maulwurf, „wie gern sag ich da Ja!" Und die Grille blieb.

„Spiel doch mal was", sagte der Maulwurf. Da fiedelte und geigte die Grille, und der Maulwurf lauschte. Denn wer nicht gut sieht, der hört umso lieber mit den Ohren Musik.

Und sie machten sich ein schönes warmes Leben zusammen.

Janosch

7 Der Maulwurf hat die Grille gerne aufgenommen. Nenne mit Hilfe des Textes Gründe dafür.

8 Finde weitere mögliche Gründe, warum der Maulwurf die Grille gerne aufgenommen hat.

9 „Und sie machten sich ein schönes warmes Leben zusammen." Wie stellst du dir dieses Leben vor? Schildere deine Vorstellung in einigen Sätzen oder male ein Bild dazu.

10 Schildere das Leben der Maus in diesem Winter (M2). Stell dir vor, wie sie ihre Zeit verbringt und was mit ihren Vorräten passieren könnte.

M4 Die Fiedelgrille und der Maulwurf

Draußen war es bitter kalt, wie am Nordpol, aber hier war es warm, und der Ofen bollerte. Es roch nach guter Suppe, und nach dem Essen wurde gefiedelt.

Sie lasen zusammen in der Waldzeitung, das Sofa war schön weich, und sie labten sich an Blaubeerwein. Manchmal an den Sonntagen und Feiertagen wurde der Maulwurf von der Grille sauber frisiert, sein Pelz wurde gebürstet, und dann gab es ein gutes Festessen. […] Mein Gott, war das eine schöne Zeit. Wohl die schönste Zeit ihres ganzen Lebens.

Janosch

11 „Ob ich hier ein wenig wohnen könnte?" Überprüfe deine Antwort aus Aufgabe 5. Notiere, ob bzw. wie du deine Antwort auf die Frage der Grille jetzt ändern oder ergänzen würdest.

12 Fasse in eigenen Worten zusammen, was die Geschichte über den fairen Umgang miteinander sagen möchte.

Fair ist, wer gerecht sein will!

M1 Allen gerecht werden, geht das?

Wortspeicher
Gleichheit – Fähigkeit – Bedürfnis – unfair

Bettina Kumpe

1 Beschreibe die Bilder und finde für beide Szenen einen passenden Titel. Wähle dafür aus dem Wortspeicher mindestens einen Begriff aus. Begründe deine Wahl.

2 Formuliere für jede Person im Bild eine Sprechblase. Beginne so: *Ich finde es unfair, dass …* Oder: *Ich finde es fair, dass …*

M2 Ist „gerecht" immer „gleich"?

Die Bewohner des Landes Egalia finden, dass es an Weihnachten sehr ungerecht zugeht: Manche Kinder bekommen Unmengen von Geschenken, andere nur eins oder zwei. Manche bekommen sehr große Geschenke, andere nur kleine. Damit diese Ungerechtigkeit ein Ende hat, erlassen sie ein neues Gesetz: Im November erhalten alle Eltern ein Schreiben, in dem steht, was sie ihren Kindern schenken dürfen. Das hängt vom Alter und Geschlecht ab. In diesem Jahr bekommen die Jungen zwischen sechs und acht Jahren alle ein Zorro-Kostüm und ein Buch, die gleichaltrigen Mädchen ein Schminkköfferchen und Buntstifte.

nach Brigitte Labbé/Michel Puech

3 Stell dir vor, du lebst auch in Egalia. Wie findest du die bisherige Regelung der Weihnachtsgeschenke dort? Formuliere deine Meinung und begründe sie. Beginne so: *Ich finde es gerecht/ungerecht, dass …, weil …*

4 Geht es nun in Egalia an Weihnachten gerechter zu? Beurteile das neue Gesetz über die Weihnachtsgeschenke. > Kompetenzbox

5 Mache Verbesserungsvorschläge für die Verteilung der Weihnachtsgeschenke.

ARGUMENTIEREN UND URTEILEN

So kannst du die Entscheidungen anderer beurteilen

- Formuliere in eigenen Worten, was die Bewohner von Egalia mit dem neuen Gesetz erreichen wollten.
- Nenne mögliche Gründe, warum die Egalier dieses Gesetz gerechter finden. Beispiel: *Die Egalier waren der Meinung, wer weniger Geschenke bekommt, der könnte …*
- Beurteile das neue Gesetz von Egalia. Sorgt es für mehr Gerechtigkeit?
- Begründe dein Urteil. Beispiel: *Ich bin der Meinung, das neue Gesetz ist gerecht/ungerecht, weil …*

M3 Die Inseln der Gerechten

Wir kommen mit unterschiedlichen Voraussetzungen und Fähigkeiten auf die Welt. Dennoch wünschen wir uns alle, gerecht behandelt zu werden. Nur, wann fühlen wir uns gerecht behandelt? Die Bewohnerinnen und Bewohner der drei Inseln haben ihre Vorstellungen darüber jeweils in einem Vertrag festgelegt.

Inselvertrag

Wir können für die Ungleichheiten der Natur nichts. Wir müssen es hinnehmen, wie es ist. Der eine ist klüger, der andere schöner und die dritte stärker. Unter dem Strich wird sich das schon im Leben ausgleichen. Der eine hat in einem Bereich mehr Glück, der andere in jenem mehr Erfolg. Und wenn jemand Pech hat, ist das halt dann so. Menschen sind nun mal unterschiedlich. Jeder muss versuchen, das Beste aus seinem Leben zu machen, Hauptsache er hat die Freiheit dazu.

1

Inselvertrag

Es ist wie es ist. Wir müssen damit leben, niemand kann sich sein Leben aussuchen. Wir sind alle Menschen und zwar unterschiedliche Menschen. Lasst uns daraus das Beste machen! Wichtig ist nur, dass jeder Mensch die Möglichkeit bekommt, aus dem, was er oder sie von der Natur an Fähigkeiten mitbekommen hat, das Beste herauszuholen. Alle sollten faire Chancen und Startbedingungen bekommen, um sich entfalten zu können.

2

Inselvertrag

Es ist ja schon schlimm genug, dass unser Leben aus der Laune der Natur entstand. In einer Gemeinschaft sollten wir das nicht fortsetzen, sondern versuchen, für Gleichheit und Gerechtigkeit zu sorgen. Wir sind doch alle Menschen, als solche auch alle gleich. Wir wollen die Unterschiede abschaffen. Jeder Mensch soll gleich viel haben. Niemand soll mehr oder weniger bekommen. Es wird immer alles gleich aufgeteilt.

3

A Bei uns gilt Chancengleichheit!

C Hier werden alle gleich behandelt!

B Nur das Ergebnis zählt! Wer mehr leistet, bekommt mehr.

6 Schreibe die Schlüsselbegriffe aus den einzelnen Inselverträgen heraus. Welche besonderen Merkmale haben die einzelnen Inseln?

7 Jede Insel wirbt für sich und schreibt etwas Überzeugendes auf ihre Fahne. Ordne die Fahnen den passenden Inseln zu.

8 Auf welcher Insel möchtest du am liebsten wohnen? Formuliere deine Meinung und begründe diese.

M4 So fair ist unsere Gruppe

Die Verträge der Gerechtigkeit sind auf den Inseln (M3) unterschiedlich. Wichtig ist aber, dass die Regeln einer Insel für alle ihrer Bewohnerinnen und Bewohner gleichermaßen gelten. So garantiert der Vertrag die Rechte aller.

9 Auch in den Schulen der Inseln gelten die Verträge. Wähle eine Insel aus und erstelle Regeln für die Gruppenarbeit in der Schule. Wie soll die Arbeit verteilt und das Ergebnis bewertet werden?

10 Finde für die Insel, die dir am besten gefällt, einen eigenen Slogan (Werbespruch).

Spielen verbindet!

M1 Knapp an Gold vorbei

Die Amerikanerin Mildred Didrikson sprang 1932 in Los Angeles im Hochsprungwettbewerb genauso hoch wie die Amerikanerin Jane Shiley. Didrikson wurde aber nur Zweite, weil sie mit dem Kopf vorausgesprungen war.

Weil beide das ungerecht fanden, kamen sie auf eine ungewöhnliche Idee: Sie ließen sich ihre Gold- und Silber-Medaille einschmelzen und teilten sie in zwei Gold-Silber-Medaillen.

Ursi Zeilinger

1 Fasse in eigenen Worten zusammen, warum die beiden Sportlerinnen die Entscheidung als ungerecht empfanden.

2 Erkläre, warum die beiden Sportlerinnen ihre Gold- und Silber-Medaille einschmelzen und dann teilen ließen.

3 Wie hättest du dich verhalten: a) wenn du die Gold-Medaille bekommen hättest, und b) wenn du nur den zweiten Preis erhalten hättest?

M2 Fairness – eine olympische Idee

Olympische Spiele gab es schon vor 2500 Jahren in altem Griechenland. Der Franzose Pierre de Coubertin hat diese Wettkämpfe 1896 wieder ins Leben gerufen. Nicht der Sport allein, sondern der damit verbundene Grundgedanke der Achtung des sportlichen Gegners, des gegenseitigen Respekts und der Vielfalt begeisterte ihn. Sein Ideal, dass die Sportler und Sportlerinnen auch im Wettstreit zusammenhalten und fair miteinander umgehen sollen, gilt heute noch. Das kommt auch in dem Motto „Dabei sein ist alles!" zum Ausdruck. Coubertin hat das so formuliert: „Das Wichtigste an den Olympischen Spielen ist nicht der Sieg, sondern die Teilnahme, wie auch das Wichtigste im Leben nicht der Sieg, sondern das Streben nach einem Ziel ist. Das Wichtigste ist nicht erobert zu haben, sondern gut gekämpft zu haben."

4 Notiere aus dem Text, von welchen Ideen der Gründer der neuzeitlichen Olympischen Spiele besonders beeindruckt war.

5 Stell dir vor, an deiner Schule findet ein Fußball- oder ein Tanzturnier statt. Auch dort gilt das Motto der Olympischen Spiele „Dabei sein ist alles". Beurteile diese Aussage. Was findest du daran richtig, was weniger gut? > Kompetenzbox

6 Der olympische Gedanke vom Fair Play überlebt schon seit 2500 Jahren, obwohl es so schwer einzuhalten ist. Finde Gründe dafür, warum diese Idee dennoch bis heute gilt.

ARGUMENTIEREN UND URTEILEN

So kannst du ein gut begründetes Urteil treffen

- Finde Argumente. Was spricht für und was gegen dieses Motto?
- Welche Argumente überzeugen dich mehr? Formuliere deinen Standpunkt.
  Beispiel: *Ich bin der Meinung, dass …*
- Begründe deine Meinung mit Hilfe der Argumente, die am meisten überzeugen.
- Fasse in einem Satz dein Urteil zusammen. Beispiel: *Dieses Motto ist richtig/falsch, weil …*

M3 Für Fairness ein Zeichen setzen: fünf Ringe – eine Idee

Logos olympischer Spiele

Die olympische Flagge

Die olympische Flagge besteht aus fünf verschiedenfarbigen verschlungenen Ringen auf einem weißen Untergrund. Die fünf Ringe stehen für die fünf Kontinente Europa, Amerika, Australien, Afrika und Asien. Die Farben der Flagge sind: Weiß, Blau, Gelb, Schwarz, Grün und Rot. Diese Farben wurden gewählt, da sich in der Flagge jedes Landes auf der Welt mindestens eine dieser Farben wieder findet.

http://www.lernspass-fuer-kinder.de

Das olympische Feuer und der Fackellauf

Einst wurde in Olympia zu Ehren der Götter ein besonderes Feuer entzündet, das zugleich den Frieden zwischen den Völkern symbolisierte. Während der Olympischen Spiele war es nämlich verboten, Krieg zu führen. Auch heute noch wird das olympische Feuer in Olympia in Griechenland mit Kraft der Sonne entzündet und von dort aus in einem Fackellauf zu dem Ort getragen, an dem die Spiele stattfinden. Der Fackellauf gilt bis heute als Symbol dafür, dass der Sport die verschiedenen Völker auf friedliche Art und Weise miteinander verbindet.

7 Was symbolisieren die olympischen Ringe und das olympische Feuer mit dem Fackellauf? Notiere die passenden Schlüsselwörter aus den beiden Texten.

8 Neben der bekannten olympischen Flagge wird auch für jedes olympische Spiel eine eigene Fahne mit einem besonderen Logo entworfen. Finde in den Logos von Sydney (Australien) und Atlanta (USA) Motive, die in den Texten beschrieben werden.

9 Finde in den Logos Motive, die auf Besonderheiten der jeweiligen Olympischen Spiele hinweisen (Beispiel: *Jahreszahl*).

M4 Eine altbewährte Idee weiterdenken

Seit einigen Jahren finden direkt im Anschluss an die Olympischen Spiele die Paralympics statt. Die Wettkämpfe für Sportlerinnen und Sportler mit körperlicher und geistiger Behinderung stehen gleichberechtigt neben den Olympischen Spielen.

Das Team der Geflüchteten startete bei den Olympischen Spielen 2016 in Rio de Janeiro zum ersten Mal. Alle zehn ausgewählten Mitglieder mussten aus ihren Heimatländern fliehen und konnten deshalb nicht für diese antreten. Mit dieser Idee sollte ein Zeichen der Hoffnung für geflüchtete Sportlerinnen und Sportler und Menschen auf der ganzen Welt gesetzt werden.

10 Erkläre, inwiefern sich die olympischen Ideen in den beiden Beispielen aufzeigen lassen.

11 Informiere dich über die Bedeutung des Wortes „Paralympics".

12 Recherchiere die sportlichen Erfolge der Paralympics. Erstelle einen Steckbrief über einen berühmten Sportler oder Sportlerin mit Behinderung.

Zeig, was du kannst!

Das Wichtigste in Kürze

Fairness – unfair – Gerechtigkeit – Friedlichkeit – Anstand – rücksichtsvolles Verhalten – auf Kosten anderer leben – Gleichbehandlung – Chancengleichheit – olympische Idee – Fair Play – Paralympics

Fairness und Gerechtigkeit

Fairness meint mehr als sich an Regeln und Absprachen zu halten. Vielmehr geht es dabei um ein anständiges und friedfertiges Verhalten, bei dem die Dinge auch aus der Sicht des Anderen betrachtet werden.

Mit Anstand gewinnen und verlieren zu können, sich keine feigen Vorteile zu verschaffen, die Leistung des Gegners zu schätzen und zu würdigen, sind Formen von fairem Verhalten. In den olympischen Ideen beispielhaft formuliert, kommt der Begriff des „Fair Plays" ursprünglich aus dem Sport. Als Bezeichnung eines Verhaltens, das Gerechtigkeit, Gleichberechtigung und Friedlichkeit im Zusammenleben anstrebt, ist er heute auch im Alltag ein allgemein verbreiteter Ausdruck.

Die Vorstellungen darüber, wie wir in der Gemeinschaft gerecht zusammenleben wollen, sind zwar verschieden. Dennoch wünschen wir uns, unabhängig von Geschlecht, Herkunft und Religion gleich gerecht behandelt zu werden und die gleichen Chancen zu bekommen, um möglichst viel aus unserem Leben machen zu können.

Kompetenz-Check

M Ärger über Fair Play-Preis

Dieses ganze Gerede über Respekt und Fairness geht mir mittlerweile auf die Nerven. Ok, ich habe gerade den Fair Play-Preis unseres Kreisverbandes gewonnen. Nach einer Fehlentscheidung des Schiris habe ich ihn darauf aufmerksam gemacht, dass er der gegnerischen Mannschaft eigentlich einen Eckstoß geben muss. Schön blöd war das – danach ist der Ball nämlich in unser Tor gesegelt und meine Mannschaft hat das Spiel verloren. Glaubt man dem Redner der gestrigen Preisverleihung, habe ich die Auszeichnung verdient, weil ich „nicht nur an meinen eigenen Vorteil, sondern auch an den Gegner gedacht habe." In meiner Mannschaft habe ich für die Aktion richtig viel Ärger bekommen. Wir hätten den Siegespunkt dringend gebraucht. „Wenn du nicht gewinnen willst, kannst du das nächste Mal gleich zu Hause bleiben", hat mein Kapitän zu mir gesagt. Und irgendwie hat er da ja auch Recht. *Hannes Hoffmann, 17 Jahre*

(Fair Play-Sieger des Fußballkreisverbandes Westfalen)

www.planet-schule.de

ARGUMENTIEREN UND URTEILEN

1. Erkläre mit Hilfe des Textes die wichtigsten Merkmale von Fairness.
2. Fairness hat viele Gesichter. Finde Beispiele aus deinem Alltag für die verschiedenen Formen, wie sich ein faires Verhalten zeigen kann.
3. Finde Argumente dafür, dass Chancengleichheit im Leben wichtig ist.
4. Hat Hannes richtig gehandelt, als er den Schiri auf den Eckstoß hingewiesen hat? Beurteile seine Entscheidung.
5. Haben sich die Mannschaft und der Trainer Hannes gegenüber fair verhalten? Formuliere deine Meinung und begründe diese.

Werkstatt

Messstation „Fairness“

- Lege für deine Beobachtungen eine Sammelbox an.
- Notiere eine Woche lang auf einem Zettel, wenn du etwas Faires oder Unfaires erlebt hast. Vermerke auf dem Zettel, was passiert ist und was du daran fair oder unfair gefunden hast.

Beispiel:

Montag: Heute hatte ich Ordnungsdienst. Ich musste aber nach dem Unterricht sehr pünktlich weg, weil ich noch einen Arzttermin hatte. Max hat mir angeboten, für mich den Mülleimer zu leeren. Das fand ich sehr fair von ihm.

Mittwoch: Die Jungs haben mir versprochen, dass sie nach dem Unterricht auf mich warten. Als ich in den Schulhof kam, waren sie aber schon alle weg. Das fand ich unfair.

- Nimm nach Ablauf der Woche die Zettel aus der Box und lies diese nochmal durch.
- Bilde vier Stapel und sortiere die Zettel von besonders fair bis besonders unfair.
- Wähle anschließend drei bis fünf Zettel aus, die dich besonders angesprochen haben und bearbeite diese genauer:
  - Begründe, warum du diese Situation oder Verhaltensweise als unfair/fair empfunden hast. Beispiele: *Hilfbereitschaft, Rücksichtsnahme, Unzuverlässigkeit, …*
  - Begründe, warum du diese Situation oder Verhaltensweise auf der Skala an der entsprechenden Stelle eingeordnet hast. Beispiele: *besonders unfair, weil …; unfair, aber …*
  - Stelle deine Ergebnisse auf einem Blatt oder Plakat zusammen, so dass du diese auch in der Klasse vorstellen kannst. Trage die ausgewählten Fälle auf deiner Skala farblich ein.
- Diskutiere mit der Gruppe die Ergebnisse. Welche Fälle wurden ausgewählt? Wie wurden diese bewertet? Gab es Übereinstimmungen oder Unterschiede bei der Bewertung der Fälle?

Worauf es ankommt

- ☑ mindestens drei bis fünf Fälle auswählen
- ☑ Fälle auf der Skala eintragen
- ☑ die Auswahl und die Bewertung der Fälle begründen
- ☑ die Ergebnisse sorgfältig und ansprechend darstellen

Natur – was ist das überhaupt?

Was macht „dicke Luft"?

Was macht Bäume so besonders?

Wie erlebe ich Natur?

Ist immer gut, was natürlich ist?

Mensch, Natur und Technik

> Natur bewahren

WERKSTATT

Schatzkiste Erde

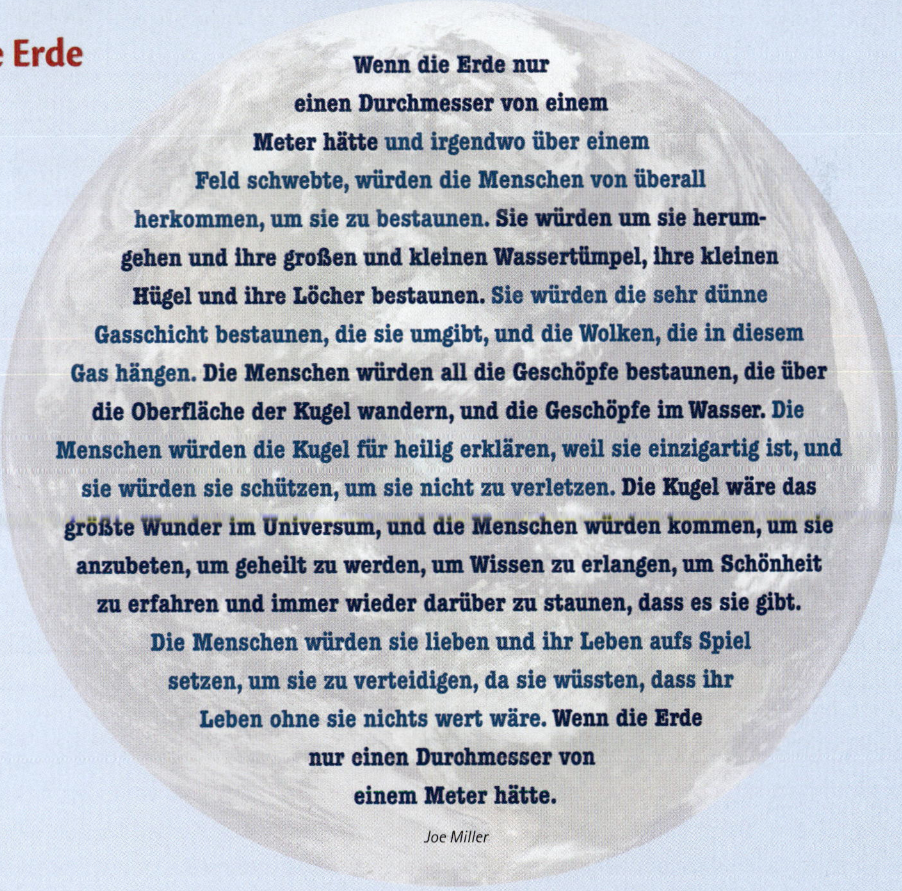

Wenn die Erde nur einen Durchmesser von einem Meter hätte und irgendwo über einem Feld schwebte, würden die Menschen von überall herkommen, um sie zu bestaunen. Sie würden um sie herumgehen und ihre großen und kleinen Wassertümpel, ihre kleinen Hügel und ihre Löcher bestaunen. Sie würden die sehr dünne Gasschicht bestaunen, die sie umgibt, und die Wolken, die in diesem Gas hängen. Die Menschen würden all die Geschöpfe bestaunen, die über die Oberfläche der Kugel wandern, und die Geschöpfe im Wasser. Die Menschen würden die Kugel für heilig erklären, weil sie einzigartig ist, und sie würden sie schützen, um sie nicht zu verletzen. Die Kugel wäre das größte Wunder im Universum, und die Menschen würden kommen, um sie anzubeten, um geheilt zu werden, um Wissen zu erlangen, um Schönheit zu erfahren und immer wieder darüber zu staunen, dass es sie gibt. Die Menschen würden sie lieben und ihr Leben aufs Spiel setzen, um sie zu verteidigen, da sie wüssten, dass ihr Leben ohne sie nichts wert wäre. Wenn die Erde nur einen Durchmesser von einem Meter hätte.

Joe Miller

Zum Schutz der Erde können alle beitragen. Wir setzen uns aber nur für etwas ein, das uns auch wichtig ist. Die Vielfalt der Erde und der Natur wird uns erst bewusst, wenn wir genau hinschauen und aufmerksam beobachten. Was wir dann sehen, versetzt uns ins Staunen.

Sammle Schätze der Natur. Finde Fotos, Bilder, Zeitungsausschnitte und kleine Naturgegenstände (Steine, Muscheln etc.), die dir besonders gut gefallen. Gestalte anschließend eine Schatzkiste.

Natur mit allen Sinnen erleben

M1 Natur hautnah

1 Versetze dich in die Lage des Mädchens und beschreibe, wie es ihm geht.

2 Wie erlebst du die Natur? Beschreibe unterschiedliche Situationen, zum Beispiel beim Sport, in einem anderen Land ...

M2 Ein gewaltiges Gewitter

Sabine Kuegler ist als Kind im Dschungel aufgewachsen. Sie erzählt hier von der Regenzeit, die immer auf eine längere heiße Trockenzeit folgte.

Den Auftakt bildete meist ein gewaltiges Gewitter. [...] Die Wolkenberge näherten sich mit enormer Geschwindigkeit, wurden jeden Augenblick größer und bedrohlicher. Schon hörte ich den ersten Donner grummeln, sah ein erstes Wetterleuchten in den Wolken. Immer näher kam es, bis uns plötzlich, mit dem grellsten aller Blitze und einem gewaltigen Donner, der mich schier zu Boden warf, das Gewitter im Griff hatte. In Sekundenschnelle war alles dunkel, und ein starker Wind, der eine elektrisierende Energie mit sich trug, fegte über mich hinweg. Dann spürte ich einen großen Tropfen auf meiner Haut – platsch –, und dann noch einen, dann drei und vier, und dann, als ob der Himmel sich geöffnet hätte, regnete es mit der Kraft der Sintflut. Ich breitete die Arme soweit aus, wie ich nur konnte, schloss meine Augen und kehrte mein Gesicht dem Himmel zu. Was für ein wahnsinniges Gefühl! Blitz, Donner, Wind und Regentropfen, groß wie geplatzte Seifenblasen, die mit solcher Wucht niederprasselten, dass die Haut schmerzte. In diesen Momenten fühlte ich mich eins mit der Natur. Um mich herum brauste ein gigantischer Sturm, die Hitze war im Nu verflogen, wurde abgelöst von einer erholsamen Kühle, die sich gleichermaßen über das Land und meine Haut verbreitete. *Sabine Kuegler*

3 Beschreibe, wie Sabine das Gewitter erlebt. Was kann sie sehen, hören, fühlen, riechen, schmecken?

4 Berichte von einem eigenen Erlebnis, bei dem du die Natur mit verschiedenen Sinnen erlebt hast.

M3 Schule für alle Sinne

In einem „Pfad der Sinne“ sollen Menschen die Natur mit all ihren Sinnen erleben. Es gibt „Fühlkisten“ mit Vogelnestern oder Federn, man läuft Barfuß auf Sand, Moos oder im Bach. Mit Klangspielen wird der Wind sichtbar und hörbar gemacht. Manche Projekte gestalten auch ganze Zimmer, die wie ein kleines Stück Wald aussehen, schmecken und riechen – mit Laub auf dem Boden und Bäumen bis zur Decke. Aber warum ist das wichtig?

Durch den Umgang in und mit der Natur öffnen sich die Sinne und schult sich der Verstand. Kein Fernsehfilm könnte das ersetzen, was ein Kind etwa beim Klettern erlebt: Augen, Hände und Füße müssen gut kooperieren, um sicheren Tritt zu fassen an der Rinde des Baumstamms, ein Ausrutschen verwandelt Übermut in Vorsicht, das Einschätzen der Tragfähigkeit eines Astes lehrt planendes Handeln. *Elke Leger*

5 Beschreibe das Bild. Inwiefern werden hier die Sinne geschult?

6 Beschreibe, wie du dir ein Waldzimmer vorstellst.

7 Erläutere in eigenen Worten, was Kinder durch den Umgang mit der Natur lernen.

8 Entwickle eigene Ideen für einen „Pfad der Sinne“ in eurem Schulhof. > Kompetenzbox

SICH-ORIENTIEREN UND HANDELN

So kannst du deine Bedürfnisse achten

- Überlege, was dir in der Natur besonders wohl tut. Riechst du z. B. gerne Tannenduft? Spürst du gerne Sand unter den Füßen?
  Untersuche, ob du etwas von deinen Ergebnissen auf dem Schulhof bereits erleben kannst.
- Wähle Materialien aus der Natur, mit denen du deine Sinne schärfen kannst.
  Beispiele: *Zapfen, Moos, Sand, …*
- Erstelle einen Plan für den Pfad mit den verschiedenen Stationen.
  Notiere darin, welche Station für welche Sinne gedacht ist.
- Notiere deine Vorschläge, was man tun könnte, um einen „Pfad der Sinne“ zu gestalten.

M4 Auf in den Wald!

Forscherinnen und Forscher haben herausgefunden, dass ein Waldspaziergang unter anderem

- erfrischt und belebt,
- beruhigt und die Stimmung verbessert,
- Selbstvertrauen gibt,
- die Muskeln entspannt.

9 Tausche dich darüber aus, warum ein Waldspaziergang so positive Wirkungen hat. Berichte auch von eigenen Erfahrungen.

10 Mache Vorschläge, welche Aktivitäten in der Natur helfen können, wenn du schlecht gelaunt bist.

11 Denk dir Spiele in der Natur aus. Versuche dabei, Anregungen für die Sinne einzubeziehen.

Was ist eigentlich Natur?

M1 Alles natürlich?

1 Betrachte die Fotos. Entscheide spontan: Was erscheint dir natürlich, was weniger?
2 Begründe deine Auswahl.
3 Nenne drei Beispiele: Was würdest du fotografieren, um „Natur" darzustellen?

M2 Was ist für dich Natur?

Nur noch selten finden wir unberührte Natur. Was von Menschen gemacht wurde, ist meistens leicht zu erkennen. Oft mischen sich Natur und menschlicher Einfluss.

Natur	vom Menschen hergestellt	gestaltete Natur
Gebirgsbach	Zahnbürste	Park

Gebüsch – Zaun – Wiese – Meer – Schultasche – Urwald – Blumenbeet – Acker – Bergsee – Gießkanne

4 Ordne die Begriffe den drei Bereichen zu: Natur – vom Menschen hergestellt – gestaltete Natur.
5 Finde weitere Beispiele für die einzelnen Bereiche.
6 Schreibe zu jeweils einem Beispiel eine Begründung: Beginne so:
Ein Gebirgsbach ist Natur, weil ...
Eine Zahnbürste ist keine Natur, sondern hergestellt, weil ...

M3 Natur – alles klar?

Doch was ist eigentlich die Natur? Ein Bergmassiv, ein Wasserfall, große Fischschwärme mit silbern blitzenden Bäuchen? Ist der Mensch Teil der Natur und wenn ja, welche Rolle kommt ihm zu? Man könnte Natur als all das definieren, was nicht von Menschen gemacht ist. […] Natur sind die Landschaften der Erde, die Gewächse, die Tiere. Natur sind das Wetter, das Klima und die Vulkane tief unter dem Meer. Natur sind die Abfolge der Jahreszeiten und der Wechsel von Tag zu Nacht, und Natur ist das Weltall, in dem unsere Erde nur ein kleiner Planet ist, der im 365-Tages-Rhythmus um einen glühenden Stern kreist.

Ariadne von Schirach

7 Notiere aus dem Text jeweils mindestens drei Beispiele für belebte und unbelebte Natur.

8 Was ist eigentlich die Natur? Beantworte die Frage mit Hilfe des Textes.

9 Jedes Jahr machen Naturschutzverbände auf wichtige oder gefährdete Teile der Natur aufmerksam, indem sie z. B. einen „Baum des Jahres“ oder einen „Vogel des Jahres“ wählen. Beschreibe, welche Folgen eine solche Aktion für den Umgang mit der Natur haben soll.

10 Wähle dein eigenes „besonderes Stück Natur des Jahres“ aus und gestalte ein Werbeplakat dazu.
> Kompetenzbox

SICH-ORIENTIEREN UND HANDELN

So kannst du die Folgen deiner Entscheidung beschreiben

- Beschreibe, was dir an der Natur wichtig ist. Warum möchtest du auf Gefahren für die Natur aufmerksam machen? Wie möchtest du, dass wir mit der Natur umgehen?
- Verdeutliche an deinem Beispiel von einem „besonderen Stück Natur des Jahres“, was aus einer solchen Aktion folgen soll.
- Gestalte ein Werbeplakat, aus dem hervorgeht, was du für dein Stück Natur des Jahres wünschst.

M4 Der Mensch verändert die Natur

Jörg Müller, Alle Jahre saust der Presslufthammer nieder oder die Veränderung der Landschaft, 17. April 1966

11 Beschreibe das Bild und erläutere, wie der Mensch hier die Natur verändert hat.

12 Male ein Bild, wie dieser Ort wohl vor dem Eingriff des Menschen ausgesehen hat oder aber wie er vielleicht in einigen Jahren aussehen wird.

13 Stell dir vor, dein „Stück Natur“ aus Aufgabe 10 ist gefährdet, z. B. durch den Bau einer Straße oder eines Hotels. Schreibe einen kurzen Brief, warum dein „Stück Natur“ erhalten bleiben soll.

Lebensgrundlage Luft

M1 Stimmt das?

1 Formuliere Gründe, warum die Aussage im Bild zutrifft. Beginne so: *Luft ist nicht nichts, weil ...*

2 Notiere Wörter und Redensarten, die mit Luft zu tun haben. Untersuche, welche Vorstellung von „Luft" jeweils zugrunde liegt. Beispiele: *Du bist für mich Luft. – Wichtig wie die Luft zum Atmen. – dicke Luft – Luftmatratze – Luft und Liebe ...*

M2 Luft hat viele Gesichter

Mal leise und zart als Frühlingsbrise, mal stürmisch und laut als ein Orkan auf See: Luft hat viele Gesichter. Allerdings ist sie normalerweise unsichtbar.

Bettina Kumpe

3 Überall um uns herum ist Luft, auch wenn wir sie weder sehen, schmecken, hören, riechen, noch anfassen können. Finde mit Hilfe des Bildes Ideen, wie du Luft wahrnehmbar machen könntest (z. B. einen Luftballon aufblasen).

4 Notiere Gründe, warum Luft lebenswichtig ist. Vergleiche die Ergebnisse in der Gruppe.

5 Manchmal kann man Luft hören, zum Beispiel, wenn jemand Flöte spielt. Nenne weitere Beispiele.

6 Notiere Tätigkeiten, die du ohne Luft nicht ausüben könntest.

M3 Was uns den Atem verschlägt

Ein großer Teil der Abgase entsteht beim Verbrennen von Erdöl, Kohle und anderen Stoffen. Autos, Kraftwerke, Müllverbrennung und Heizungen von Wohnhäusern blasen jede Menge Dreck in die Luft. [...] Auch die „Abgase" der Nutztiere tragen dazu bei, dass die Luft immer schlechter wird. Doch nicht immer ist es der Mensch, der die Luft verunreinigt: Vulkanausbrüche können ebenfalls zu höheren Feinstaubwerten in der Atmosphäre beitragen. Je mehr Schadstoffe sich in der Luft befinden, desto schlechter ist das für unsere Gesundheit: Die Atemwege können erkranken, Kreislauf und Gehirn werden geschädigt. Nicht nur Mensch und Tier leiden unter der verschmutzten Luft, auch Pflanzen nehmen Schaden. [...] Die Rede ist vom „Waldsterben". Das kann auch weit entfernt von dem Ort geschehen, an dem die Abgase in die Luft gelangen, denn der Wind trägt die sauren Regenwolken über Hunderte von Kilometern fort. *nach Planet Schule*

7 Beantworte mit Hilfe des Textes: Was verschmutzt unsere Luft? Welche Folgen hat die Luftverschmutzung für die Menschen, Tiere und Pflanzen? Trage die Antworten in eine Tabelle mit zwei Spalten ein: Ursachen – Folgen.

8 Was kannst du für bessere Luft tun? Erarbeite einen Plan und triff eine Entscheidung.
> Kompetenzbox

9 Nenne einen weiteren Bereich, in dem du einen kleinen Beitrag leisten könntest, z. B. beim Einkaufen auf die Verpackung achten.

10 Versetze dich in die Person auf dem Bild. Beschreibe aus ihrer Sicht, was sie denkt und wie sie sich fühlt.

SICH-ORIENTIEREN UND HANDELN

So kannst du Verantwortung übernehmen

- Beschreibe, was zur Luftverschmutzung beiträgt und welche Folgen dies hat. Berücksichtige dabei deine Tabelle aus Aufgabe 7.
- Überprüfe dein bisheriges Verhalten: Welche positiven und negativen Folgen für die Luft hat es? Beispiel: *Welche Wege legst du zurück – und wie machst du das?*
- Überlege dir, welchen Beitrag du selbst zur Verbesserung der Luft leisten könntest.
- Überprüfe, wie du den neuen Plan umsetzen kannst. Beispiel: *Ich muss eine Viertelstunde früher aufstehen.*
- Triff eine Entscheidung: *Ich werde in Zukunft ...*

M4 Frische Luft

11 Übertrage das Bild in dein Heft und erweitere das Motiv durch eine passende Umgebung. Wo könnte so ein (Straßen-)Schild stehen?

12 Sammle Redewendungen zum Thema Luft oder verwende die Notizen aus Aufgabe 2. Informiere dich über die Bedeutung der Redewendungen.

Unser Verhältnis zur Natur

M1 Wie es uns gefällt?

1 Erstelle deine persönliche Sympathie-Hitliste der abgebildeten Tiere.
2 Stell dir vor, du hast einen Garten. Prüfe, ob und wie sich die Reihenfolge ändern würde.
3 Stell dir vor, ein Vogel könnte so eine Hitliste erstellen. Wie würde ein Vogel entscheiden? Schreibe eine fiktive Liste.

M2 Wer hat Angst vor Brennnesseln?

Marc: Daran habe ich mich furchtbar verbrannt.

Frau M.: Daraus kann man wunderbaren Brennnesselspinat zubereiten.

Gärtner: Daraus mache ich Brennnesselbrühe gegen Blattläuse.

Nachbarin: Die muss man ausreißen, die breiten sich sonst auch in meinem Garten aus.

Biologin: An Brennnesseln entwickeln sich Schmetterlingsraupen vom Tagpfauenauge und vom Kleinen Fuchs.

Apotheker: Die Brennnessel ist eine wichtige Heilpflanze. Brennnesseltee enthält viele Mineralstoffe und ist ein Heilmittel.

4 Notiere, was dir spontan zu dem Bild einfällt.
5 Ist die Brennnessel eine wertvolle Pflanze? Ordne die Aussagen in Pro- und Contra-Argumente und ergänze weitere Punkte.
6 Diskutiere, ob man Brennnesseln schützen soll und notiere je zwei Gründe dafür und dagegen.
7 Ergänze den folgenden Satz: *Pflanzen soll man schützen, wenn ...*

M3 Wem gehört die Natur?

Diese Frage wurde in einem Radio-Interview Christine von Weizsäcker gestellt. Diese ist Biologin und setzt sich für den Schutz der Vielfalt in der Natur und für mehr Gerechtigkeit ein. Sie antwortete:

Ich komme viel rum […] und überall frage ich Kinder: „Wem gehören eigentlich Ameisen und Vögel und Moskitos und Jaguare und Orchideen" – was immer sie wollen. Und dann kommen diese Kinder doch mit drei Antworten – ziemlich quer durch die Kulturen:
Sie sagen zum einen: Sie gehören Gott.
Sie sagen zum zweiten: Sie gehören sich selbst.
Und sie sagen zum dritten: Sie gehören den Menschen, die gut auf sie aufpassen.
Und eigentlich steckt sehr viel Weisheit dahinter.

Christine von Weizsäcker

8 Ordne die folgenden Begriffe zum Umgang mit der Natur den drei Antworten zu (mehrfache Zuordnungen sind möglich): vernichten – pflegen – züchten – schützen – jagen – bekämpfen – in Ruhe lassen – bewahren – genießen.

9 Finde weitere Beispiele für den Umgang mit der Natur.

10 Entscheide, wie du die Frage „Wem gehört die Natur?" beantworten würdest.

11 Beschreibe, welche Folgen sich aus deiner Antwort für den Umgang mit der Natur ergeben.
> Kompetenzbox

12 Prüfe, ob es möglich ist, mehrere Antworten auf die Frage zu geben oder ob es noch andere Antworten gibt.

SICH-ORIENTIEREN UND HANDELN

So kannst du die Folgen deiner Entscheidung beschreiben

- Wem gehört die Natur? Notiere deine Antwort auf Aufgabe 10.
- Überlege, wie Menschen, die deiner Antwort zustimmen, mit der Natur umgehen. Berücksichtige dabei deine Ergebnisse zu Aufgabe 8.
- Verdeutliche an einem Beispiel, welche Folgen sich für den Umgang mit der Natur ergeben. Denke dabei auch an schwierige Fälle: Wie ist es mit Wespen oder Stechmücken?
- Fasse deine Ergebnisse zusammen.
  Zum Beispiel: *Wenn die Natur ... gehört, würden wir mit ihr ... umgehen. Das hätte zur Folge, dass ...*

M4 Stechmücken – eine echte Plage

Wozu sind die Mücken gut und warum stechen sie? Tja, das hast du dich bestimmt auch schon mal gefragt – besonders, wenn du morgens mit zahllosen neuen Mückenstichen aufgewacht bist. Wozu sind die Mücken gut? Genau wie andere Tierarten gehören Mücken zur biologischen Vielfalt der Erde und sorgen auf ihre Art für ein biologisches Gleichgewicht. So sind sie als Larven und auch als erwachsene Stechmücken eine wichtige Nahrungsgrundlage für sehr viele andere Arten: Fische, Vögel, andere Insekten, Spinnen und Amphibien fressen Mücken oder Mückenlarven.

Bundesamt für Naturschutz (Hg.)

13 Notiere aus dem Text Gründe, warum Stechmücken wichtig sind.

14 Überzeugen dich die Argumente im Text? Begründe deine Meinung.

Natur – echt Kult?

M1 Große Bäume – einfach überragend!

1 Beschreibe das Bild.

2 Notiere, welche Gedanken und Gefühle der Person auf dem Bild durch den Kopf gehen könnten.

M2 Zwischen Himmel und Erde

Eine besondere keltische Tradition ist der Wunschbaum. Dieser Brauch wird inzwischen oftmals nachgemacht: Man hängt Streifen mit Wünschen an einen dafür bestimmten Baum.

3 Finde eine Erklärung, warum Menschen ihre Wünsche Bäumen anvertrauen.

4 Formuliere Wünsche, die du am liebsten einem Baum anvertrauen würdest. Vielleicht kannst du mit deiner Klasse die Wünsche an einem Ast aufhängen? > Kompetenzbox

5 Vergleiche den Wunschbaum mit dem Weihnachtsbaum. Was ist ähnlich? Was unterschiedlich?

SICH-ORIENTIEREN UND HANDELN

So kannst du deine Bedürfnisse achten

- Liste eigene Wünsche und auch Wünsche von Menschen auf, die dir wichtig sind. Achte dabei auch auf Wünsche, die man sich nicht aus eigener Kraft erfüllen kann.
- Finde Merkmale von Bäumen, die Menschen besonders beeindrucken können. Beispiele: *Bäume sind größer als Menschen und ragen in den Himmel. Bäume bleiben an ihrem Ort und ertragen jedes Wetter.*
- Wähle die Wünsche aus, die du an den Wunschbaum hängen möchtest.
- Begründe deine Auswahl.
- Beschrifte bunte Streifen mit deinen Wünschen.

M3 Ganz besondere Bäume

Bäume galten und gelten noch heute in vielen Kulturen als Sitz von Göttern und Geistern. Unter den Bäumen wurden ihnen Opfer gebracht. Auch christliche Heilige erschienen der Legende nach nicht selten in der Nähe von Bäumen oder Hainen. Viele Wallfahrtsorte sind so entstanden. Manchem großen, alten Baum schreiben Menschen eine Seele zu. Das Pflanzen von Bäumen wird daher in vielen Kulturen von religiösen oder magischen Zeremonien begleitet. Vom Gedeihen eines Baumes, der anlässlich einer Geburt oder einer Hochzeit gepflanzt wurde, versprach man sich Auskunft über das Schicksal der betreffenden Menschen. Und auch Weihnachtsbaum oder Maibaum erinnern noch heute an die Zeit, als Bäume im […] Leben der Menschen eine wichtige Rolle spielten.

Rita Gudermann

6 Erstelle eine Liste, wann im Leben oder im Jahreskreis Bäume eine besondere Rolle spielen.

7 Beschreibe, was für dich das Besondere an Bäumen ist.

8 Stelle Vermutungen an, welche Gründe jemand haben kann, der zur Geburt eines Kindes einen Baum pflanzt.

9 In vielen Kulturen gibt es „heilige Bäume". Können Bäume heilig sein? Finde Gründe dafür und dagegen.

M4 Jahresringe – ein Tagebuch des Baumes

Jeder Baum führt […] sozusagen ein Tagebuch über sein Leben. Wenn der Stamm wächst, macht er immer neue „Jahresringe", im Frühjahr einen hellen und im Herbst einen dunkleren Ring. Breite Ringe erzählen von guten Jahren mit viel Licht und Feuchtigkeit. Schmale erzählen von schlechten Jahren, in denen es zum Beispiel trocken oder zu kalt war.

Zzzebra, Webmagazin für Kinder

10 Bestimme mit Hilfe des Textes, wie alt der Baum etwa sein könnte.

11 Was hat dieser Baum wohl alles erlebt? Schreibe einige fiktive Tagebucheinträge aus dem Leben dieses Baumes.

12 Gute Jahre, schlechte Jahre? Male ein Bild mit den „Jahresringen" deines Lebens. Trage in die einzelnen Ringe deine wichtigsten Erinnerungen oder Erlebnisse ein und gestalte das Bild so, dass man daraus erkennen kann, wie es dir in diesen Jahren ging.

Zeig, was du kannst!

Das Wichtigste in Kürze

Natur spüren – nicht von Menschen gemacht – hergestellt – Naturschutz – frische Luft – Abgase – Umwelt – besondere Bäume

Natur schützen und bewahren

Die Natur ist unsere Lebensgrundlage. Wir können nicht ohne Natur leben und sind Teil der Natur. Sie kann uns erfreuen und gut tun, manchmal aber auch lästig sein oder sogar Angst machen. Am Beispiel der Luft siehst du, dass etwas, das wir oft wenig beachten, ganz wichtig für die Menschen ist. Saubere Luft ist aber gar nicht selbstverständlich, sondern durch unsere Lebensweise in Gefahr. Viele Menschen möchten helfen, die Natur zu schützen. Aber wer entscheidet eigentlich, welche Natur geschützt werden soll? Am Beispiel der Bäume kannst du erkennen, wie sehr der Mensch mit der Natur verbunden ist. Bäume können Menschen ehrfürchtig machen und spielen in vielen Kulturen eine besondere Rolle.

Kompetenz-Check

M Plastikmüll

Auch in Deutschland nimmt die Menge an Verpackung immer mehr zu. Durchschnittlich produziert hierzulande jede Person 37 kg Plastikmüll..

1 Stell dir vor, Außerirdische bedrohen die Erde. Sie verlangen wichtige Güter als Gegenleistung für den Frieden. Wähle aus, was du auf keinen Fall hergeben würdest, und begründe, warum: Computer – Luft – Autos – Wasser – Bücher – Gebäude – Erdboden.

2 Viele Menschen ekeln sich vor Spinnen. Soll man Spinnen trotzdem schützen? Begründe deine Antwort.

SICH-ORIENTIEREN UND HANDELN

3 Was kannst du tun, um Plastikmüll zu vermeiden? Entwickle einen Wochenplan für dich.

4 Stell dir vor, Plastikverpackungen wären verboten. Beschreibe, wie sich dein Alltag dadurch verändern würde.

Werkstatt

Schatzkiste Erde

Was ist für dich auf der Erde besonders wichtig? Diese Frage kannst du beantworten, indem du eine Schatzkiste einrichtest. Dort kommen Dinge aus der Natur hinein, die dich zum Staunen bringen. Und so kannst du dabei vorgehen:
Wähle etwa fünf bis zehn Dinge aus der Natur aus, die dir besonders wichtig sind oder die du besonders schön findest. Es kann sich um kleine Naturgegenstände handeln (Steine, Muscheln usw.) oder auch Zettel mit Informationen oder Zeitungsausschnitte. Achte darauf, dass nichts Verderbliches in die Kiste kommt. Mach dann lieber ein Foto. Füttere die Schatzkiste auch mit Bildern. Tausche dich anschließend mit den anderen in der Gruppe über die „Schätze" aus.
Erstelle zu drei Gegenständen aus deiner Schatzkiste Wissenskarten mit wichtigen Informationen. Diese kannst du in einem Buch nachlesen oder im Internet recherchieren. Fasse die Informationen knapp zusammen und bereite sie anschaulich auf. Du kannst sie zum Beispiel wie einen Steckbrief zu dem Gegenstand gestalten. Oder du schreibst einen kleinen Text. Hier ein Beispiel für eine Wissenskarte:

Steckbrief:
Die Muschel

Hier lebe ich:	in Meeren, Flüssen und an Schiffen
So alt werde ich:	bis zu 400 Jahre alt
So groß werde ich:	bis zu 30 cm groß
So schwer bin ich:	bis zu 2 kg schwer
Das esse ich:	Algen und Plankton
So lebe ich:	ich bewege mich mit einem versteckten Fuß und meiner Schale fort
Dies sind meine Feinde:	Möwen, Fische und Krebse

Quelle: http://kinder.niedersachsen.de

Veranstaltet in der Gruppe ein Ratespiel: Lest euch gegenseitig die Informationen vor und findet die passenden Gegenstände zu den Wissenskarten.

Worauf es ankommt

- ☑ unterschiedliche Dinge sammeln
- ☑ Auswahl der Gegenstände begründen
- ☑ Schatzkiste gestalten
- ☑ Wissenskarten verständlich formulieren

Kann man die
Natur zähmen
oder kontrollieren?

Sind Haustiere
auch ein Teil
der Natur?

Sind Natur und
Technik Gegensätze?

Welche Grenzen
setzt die Natur dem
Menschen?

(Wie) Verändert
Technik die Natur?

Mensch, Natur und Technik

> Natur gestalten

WERKSTATT

Vorbild „Natur“: ein Katalog technischer Erfindungen

Die Welt der Menschen ist voll von kleinen, mittleren und größeren Dingen und Erfindungen, die das Leben einfacher, besser oder bequemer machen. Viele dieser Dinge sind den Menschen nicht einfach mal so eingefallen. Die Wissenschaftlerinnen und Wissenschaftler haben vieles von der Natur abgeguckt. Seit Jahrhunderten versuchen Menschen, die Natur nachzuahmen. Dies ist ihnen immer wieder sehr eindrucksvoll gelungen. Vom Fliegen bis hin zum Klettverschluss könnten hier unzählige Beispiele genannt werden. Immer wieder gibt die Natur den Menschen neue Ideen zum Nachahmen. Daraus ist sogar ein eigener Bereich in der Wissenschaft entstanden: die Bionik.

Erstelle einen Katalog bionischer Erfindungen. Liste dafür Erfindungen aus der Menschenwelt auf, welche die Natur zum Vorbild haben. Beschreibe jeweils, was die Forscherinnen und Forscher von der Natur abgeguckt haben.

Naturkräfte wahrnehmen

M1 Unsere Sonne: ihre vielseitige Kraft

1 Alle vier Fotografien haben etwas mit der Kraft unserer Sonne zu tun: Betrachte die Bilder und beschreibe, wie unterschiedlich diese Kraft wirken kann.

2 Entscheide dich für ein Bild, das dich besonders beeindruckt, und begründe deine Entscheidung.

M2 Unsere Sonne: Freund oder Feind?

Sonne macht gute Laune – wer freut sich schon über verregnete Sommer? Sie wärmt. Und sie lässt unsere Haut schön braun werden, wenn man es nicht übertreibt. Denn dass Sonnenstrahlen auch gefährlich sein können, ist ja bekannt. […] Sie ist 150 Millionen Kilometer von der Erde entfernt. […] Und in etwas mehr als 30 Minuten strahlt die Sonne so viel Energie auf die Erde, wie wir weltweit in einem Jahr verbrauchen. Das macht die Sonne unter den „Energie-Lieferanten" zum regelrechten Star – und das ist sie ja auch im wörtlichen Sinne: ein Stern.

nach Deutsches Zentrum für Luft- und Raumfahrt

3 Erstelle eine Liste darüber, was uns an der Sonne begeistert, und eine Liste darüber, was uns an ihr Angst macht oder Sorgen bereitet.

4 In M2 wird die Sonne als „Freund", „Feind" oder auch als „Star" bezeichnet. Nenne weitere Bilder oder Umschreibungen, mit denen du die Sonne bezeichnen könntest.

M3 Vulkane: nützlich und gefährlich

Sowohl unsere Sonne als auch Vulkane sind Naturkräfte.

Vulkane stellen eben nicht nur eine Gefährdung dar, sondern bringen dem Menschen auch Nutzen. Aus diesem Grund leben weltweit etwa 500 Millionen Menschen in der Nähe aktiver Vulkane. Sie betreiben in der unmittelbaren Umgebung [...] intensiven Ackerbau, da die Vulkanasche die Böden mit Nährstoffen anreichert und sie dadurch besonders ertragreich sind. In Kraftwerken wird das durch das Magma erhitzte Sickerwasser [...] zur Herstellung von Strom und Heizkraft genutzt. Schwefel, der bei Ausbrüchen entsteht, wird in der Industrie verwendet (z. B. um Reifengummi zu härten). Vulkanische Gesteine, wie Basalt und Bims, werden von den Menschen verwendet, und Thermalquellen und Schwefeldämpfe haben eine heilende Wirkung für Menschen mit Rheuma, Atembeschwerden und Hautkrankheiten. [...]
Ein plötzlicher Ausbruch eines Vulkans hat meistens große Katastrophen zur Folge und fordert viele Menschenleben. [...] Die Hauptgefahren sind: Gase, Aschenströme, Ascheniederschlag, Lavaströme, Schlammströme, Bergstürze, Erdrutsche und Flutwellen (Tsunamis).

nach Medienwerkstatt Mühlacker

5 Gib Nutzen und Gefahren von Vulkanen in eigenen Worten wieder. Beziehe dich auch auf die Bilder.
6 Finde passende Überschriften für die beiden Bilder.
7 Entscheide dich, ob du gerne in der Nähe eines Vulkans leben würdest oder lieber nicht. Begründe deine Meinung. > Kompetenzbox

ARGUMENTIEREN UND URTEILEN

So kannst du deine Meinung begründen
- Formuliere deine Meinung in einem Satz.
- Finde im Text mindestens zwei gute Gründe, die deine Meinung stützen.
- Füge mit den Wörtern „weil" oder „denn" die Begründungen hinzu.

M4 Die Natur hat viele Gesichter

Der Wind bläst, pfeift, braust, weht. Er kann stürmisch sein, heftig, stark, böig oder sanft. Und das Wasser? Es kann wogen, brausen, zu einer gewaltigen Flut anwachsen ...

8 Überlege, ob auch die Naturkräfte Wind und Wasser zwei Gesichter haben, und beschreibe diese.
9 Wähle eine der Naturkräfte „Sonne, Wind, Wasser, Vulkane" und male ein Bild, das deren zwei Gesichter zeigt.

Der Technik auf der Spur

M1 Technik gesucht – wohin gehst du?

Stell dir vor, du willst etwas über Technik erfahren. Wo gehst du hin?

- In ein Labor ?
- In eine Fabrik ?
- Auf einen Flughafen ?
- In einen PC-Raum in der Schule ?
- Auf einen Bauernhof ?
- Zu einer Müll-sortierungsanlage ?
- In ein Filmstudio ?
- Auf eine Automobilmesse ?

1 Entscheide, wohin du als erstes gehen würdest, um etwas über Technik zu erfahren. Begründe deine Wahl.

2 Möglicherweise eignen sich manche dieser Orte weniger als andere. Nenne ein bis zwei Orte, die sich aus deiner Sicht eher weniger eignen, und begründe deine Wahl.

3 Natürlich gibt es noch einige andere Orte, an denen man Technik begegnen kann. Schlage weitere mögliche Orte vor und begründe deine Vorschläge.

M2 Was gehört eigentlich alles zu Technik?

4 Betrachte die Icons (Symbolbildchen) auf dem Bild. Stelle Vermutungen darüber an, warum ausgerechnet diese Icons zum Thema Technik ausgewählt wurden.

5 Diskutiere, ob Icons fehlen oder manche nicht auf das Bild gehören.

6 Stell dir vor, ein Nachbarkind, das noch zur Grundschule geht, fragt dich: „Kannst du mir erklären, was Technik ist?" Formuliere eine Antwort.

M3 Wo kommt Technik her?

Die Mechanismen, die alltäglich genutzten Geräten wie Wecker, Wasserhahn, Fahrrad oder Telefon zu Grunde liegen, sind von uns Menschen **erdacht** worden. Alle Gegenstände, welche wir Menschen künstlich erschaffen haben oder **erschaffen** möchten, sind dem Bereich der Technik zuzuordnen. Die Technik ist darauf ausgerichtet, unsere Lebensbedingungen zu verbessern und fragt deshalb nach Sinn und **Zweck** eines Produkts. Damit unterscheidet sich die Technik als **Gestaltung**swissenschaft wesentlich von den Naturwissenschaften, denn diese fragen […] nach den Ursachen eines Phänomens. *Gerhard Friedrich*

7 Erkläre mit Hilfe der hervorgehobenen Begriffe im Text, was Technik ist.

8 Beschreibe den Sinn und Zweck von drei verschiedenen technischen Gegenständen (z. B. Kühlschrank, Smartphone, Fahrrad). Überlege dabei, welchen Nutzen sie jeweils für den Menschen haben.

9 Entscheide dich, welcher der drei von dir gewählten Gegenstände am sinnvollsten ist. Begründe deine Meinung. > Kompetenzbox

10 Erkläre, ob Technik ohne Menschen möglich ist.

ARGUMENTIEREN UND URTEILEN

So kannst du deine Meinung begründen

- Formuliere deine Meinung in einem Satz.
- Finde mindestens zwei gute Gründe, die deine Meinung stutzen.
- Füge dann mit den Wörtern „weil" oder „denn" die Begründungen hinzu.

M4 Was mache ich ohne Technik?

Es ist in unserer Gesellschaft selbstverständlich, immer und überall „up to date" zu sein, seine Mails während der Zugfahrt zu checken, schnell mal zwischendurch die Webseite des Lieblingsblogs zu besuchen, nachzuschauen, wie das Wetter morgen wird, und am Ende noch eine SMS an den besten Freund zu senden. Das alles wird möglich gemacht durch viele kleine Helferlein, die sich […] Notebook, Smartphone und Tablet PC nennen. Doch wo wären wir ohne all dieses Alltagszubehör? Können wir überhaupt noch ohne?

Tobias Gillen

11 Stell dir vor, du müsstest einen Tag auf die „vielen kleinen Helferlein" verzichten: Was würde sich ändern? Was müsstest du ändern? Wie würde es dir damit gehen? Verfasse einen Tagebucheintrag, in dem du all das beschreibst.

12 Technisch ist fast alles machbar. Aber ist alles, was technisch machbar ist, auch wirklich sinnvoll? Finde Beispiele für unsinnige Technik. Begründe deine Wahl.

Flauschig, niedlich, bedrohlich

M1 Kuschelkatze?

1 Betrachte die beiden Katzenbilder und beschreibe in ein bis drei Sätzen pro Bild, was du siehst.
2 Finde einen passenden Titel für das rechte Bild.
3 Beurteile, welches der Bilder Katzen passender darstellt.

M2 Katzenjammer!

Katzen sind bei uns in Deutschland als Haustiere sehr beliebt. Man findet sie in vielen Familien und Haushalten, insgesamt in fast acht Millionen. Bei so vielen Katzen und Katzenhaltern kann es natürlich auch zu Problemen kommen. In den letzten Jahren meldeten viele Städte, dass die Katzen sich stark vermehrten. Eine der Ursachen für die Vermehrung sind die sogenannten Freigänger, also Katzen, die nicht nur in Haus oder Wohnung leben, sondern sich auch (und teilweise viel) im Freien aufhalten und mit anderen Katzen in Kontakt kommen. Zu viele Katzen in einer bestimmten Gegend zu haben ist nicht ganz unproblematisch …

Übertragung von Krankheiten (z. B. Katzenschnupfen)	Verschiebung des natürlichen Gleichgewichts	Bedrohung und Gefährdung von Nagetieren
Bedrohung und Gefährdung von Singvögeln	Übertragung von Parasiten (z. B. Flöhe)	Gefährdung der Gesundheit von Tier und Mensch

4 Fasse die Hauptaussage des Textes in einem Satz zusammen.
5 Beschreibe und erkläre, warum zu viele Katzen in einer Gegend problematisch sein können. Nutze dafür die Angaben unter dem Text.
6 Entscheide, welches Problem du am schwerwiegendsten findest. Begründe deine Entscheidung.
7 Beurteile, ob die Überschrift „Katzenjammer!“ gut zu M2 passt.

M3 Waschbäralarm!

Waschbären lebten ursprünglich in Nordamerika. Aber um Pelze herstellen und tragen zu können, holte der Mensch den Waschbären auf unseren Kontinent. Die Waschbären fühlten sich in Europa unglaublich wohl und vermehrten sich schnell. Mittlerweile haben wir in Deutschland so viele Waschbären, dass diese eine Bedrohung für unsere heimische Tierwelt darstellen; das betrifft vor allem Hessen, Sachsen-Anhalt und Brandenburg. Der Waschbär ist ein Allesfresser, so dass ihm viele verschiedene Tiere als Beute dienen: Fische und Amphibien wie Frösche, Kröten und Salamander, aber auch bestimmte Vogelarten und Reptilien wie die Sumpfschildkröte. Bedauerlicherweise frisst der Waschbär nicht alles, was er tötet, so dass viele dieser Tiere umsonst sterben. Auch besetzen Waschbären Nistplätze von Uhus, Störchen, Adlern und anderen größeren Vögeln, so dass diese keinen Platz mehr zum Brüten und Aufziehen ihrer Jungen finden.

8 Erkläre die Überschrift „Waschbäralarm!" mit Hilfe der Informationen aus dem Text.

9 Beurteile, ob das Bild gut zum Inhalt des Textes und dessen Überschrift passt.

10 Man kann sich fragen, ob der Mensch versuchen sollte, etwas gegen die große Anzahl der freilebenden Katzen und Waschbären zu unternehmen. Beispielsweise könnten Jäger Waschbären gezielt töten oder freilebende Katzen einfangen. Wie stehst du dazu? Begründe deine Meinung.
> Kompetenzbox

11 Entwickle Vorschläge für andere Möglichkeiten, das Problem zu lösen.

ARGUMENTIEREN UND URTEILEN

So kannst du deine Meinung begründen
- Formuliere deine Meinung in einem Satz.
- Finde in den Texten M2 und M3 mindestens zwei gute Gründe, die deine Meinung stützen.
- Füge mit den Wörtern „weil" oder „denn" die Begründungen hinzu.

M4 Artenvielfalt? Artengefährdung?

In den letzten Jahrzehnten finden immer mehr Tierarten den Weg aus anderen Kontinenten nach Europa. [...] Seitdem der Mensch [...] in Rekordzeit reist und seine Waren an Bord von Schiffen, Lastwagen und Flugzeugen in alle Welt verschickt, verteilt er dabei unfreiwillig und rasant Tiere auf dem ganzen Globus.

Lara Malberger

12 Was ist daran schlimm, dass neue Tier- und Pflanzenarten zu uns kommen? Schreibe deine Überlegungen auf und begründe deine Meinung.

13 Recherchiere zu eingewanderten Pflanzenarten. Erkläre, wie sie einheimische Pflanzenarten verdrängen.

Neues kennenlernen – Umwelt zerstören

M1 Auf Reisen gehen …

Wenn jemand eine Reise tut, so kann er was erzählen.
Matthias Claudius

1 Stell dir eine Reise vor, die du gerne einmal machen würdest oder die du bereits gemacht hast. Beschreibe, warum.

2 Betrachte das Bild und die Aussage von Matthias Claudius und sammle, welche guten Gründe es gibt, um auf Reisen zu gehen.

M2 Warum Reisen gut ist …

Auf Reisen gerät man ins Staunen, man verspürt Freude und lernt die wundervolle Vielfältigkeit unseres schönen Planeten mehr zu schätzen.

Marilyn

Reisen macht uns zu glücklicheren Menschen, weil wir dabei mehr Selbstvertrauen gewinnen, neue Erfahrungen und Eindrücke sammeln, aus dem Alltag ausbrechen und Menschen von überall auf der Welt kennenlernen können.

Uta

Meiner Meinung nach ist Reisen die beste Schule überhaupt: Ich habe dabei so viel über die Welt gelernt und vor allem auch über mich selbst.

Keith

Blog „11 Gründe, warum Reisen dich zu einem glücklicheren Menschen macht"

3 Notiere die Gründe für das Reisen aus den Sprechblasen.

4 Finde Beispiele, um die Gründe zu veranschaulichen.

5 Diskutiere in der Gruppe, ob es für manche Reisen bessere Gründe gibt als für andere.

6 „Reisen ist die beste Schule", sagt Keith. Erkläre, was er damit meint.

M3 Warum nicht alle Reisen nur gut sind …

Hast du eine Vorstellung davon, wie schädlich ein einziger Flug für die Umwelt ist? Hier ein kleiner Vergleich: Ein Flug in den Urlaub nach Mallorca ist genauso schädlich, wie ein ganzes Jahr lang Auto zu fahren. Hättest du das gedacht? Ich nicht. […] Dass Fliegen schädlich für die Umwelt ist, wissen wir nicht erst seit gestern. Über die Tragweite war ich mir jedoch nicht im Klaren. […]

Neben dem Schadstoffausstoß gibt es noch andere negative Auswirkungen durch den Flugverkehr. Zu den größten Problemen gehören der Fluglärm und die Luftverschmutzung. Besonders bei Abflug und Anflug entsteht Fluglärm, der sich sowohl auf unsere Gesundheit als auch auf die Tierwelt auswirkt. Auch der Flächenverbrauch durch Flughäfen und die damit verbundene Umsiedlung von ansässigen Menschen und Zerstörung von Lebensraum für Tiere gehört dazu.

nach Sebastian Kühn

7 Notiere dir die negativen Folgen von Flugreisen aus dem Text.

8 Finde Gründe für oder gegen eine Flugreise in ein fernes Land. > Kompetenzbox

9 Beurteile, welche der Gründe du wichtiger findest als andere.

ARGUMENTIEREN UND URTEILEN

So kannst du Gründe für eine Entscheidung finden

- Erstelle zwei Listen: Gründe für das Fliegen und Gründe gegen das Fliegen.
- Fülle die Listen zunächst mit Gründen aus M2 und M3.
- Ergänze die Listen mit weiteren Gründen.
  Berücksichtige dabei folgende Umstände: Zeit, Kosten, Aufwand bzw. Stress.

M4 Reisen wir unsere Welt kaputt?

Mehr Menschen bedeutet meist auch mehr Müll, mehr Verkehr, Verdrängung der Einheimischen, steigender Trinkwasserverbrauch usw. Das Ergebnis: Das was den Ort eigentlich ausmacht, verschwindet – zerstört, weggefegt vom Tourismus.

Stefanie Jakob

10 Bild und Sprechblase zeigen weitere Probleme des Reisens. Notiere diese.

11 Setze das Bild in Beziehung zu den Sprechblasen in M2. Beschreibe, was dir auffällt.

12 Mache zwei begründete Vorschläge, wie man schön reisen kann, ohne dabei großen Schaden anzurichten.

Der Mythos von Daidalos und Ikaros

M1 Risiko mit Folgen

Bettina Kumpe

1 Beschreibe, was auf dem Bild zu sehen ist.

2 Formuliere Vermutungen darüber, warum der Junge abstürzt.

M2 Der Mythos vom Absturz

Daidalos war ein berühmter Baumeister und Erfinder. Er und sein Sohn Ikaros wurden vom König der Insel Kreta gefangen gehalten. Um zu fliehen, baute Daidalos für sich und seinen Sohn Ikaros zwei Flugmaschinen. Sie waren aus Holz und hatten Federn, die mit Wachs befestigt waren. Zeit, um ihre „Flugzeuge" zu testen, hatten die beiden nicht mehr, da alles schnell gehen musste. Vom höchsten Turm der Insel hoben sie ab in die Lüfte. Da rief Daidalos seinem Sohn zu:

„Bleib neben mir! Hast du gehört! Neben mir!"

„Warum darf ich nicht hoch fliegen?" Ikaros war unzufrieden.

„Weil es in der Nähe der Sonne sehr heiß ist. Unsere Federn sind mit Wachs befestigt. Wenn das Wachs weich wird, fallen die Federn aus. Dann stürzt du ab!", erklärte Daidalos.

„Keine Angst. Ich passe auf, Vater!", rief Ikaros.

„Bleib bei mir, Ikaros!"

„Nein, neben dir ist nur langweilig!" Mit mächtigen Schlägen seiner Flügel flog Ikaros immer höher und höher.

Daidalos rief hinter ihm her: „Nicht so hoch, mein Sohn! Nicht so hoch!"

Doch es nützte nichts. Ikaros war nicht zur Vernunft zu bringen. Er war wie von Sinnen. In seinem Flugrausch flog er immer höher und höher. Und höher und höher. Bis er in den Wolken verschwand. Als er der Sonne näher kam, schmolz das Bienenwachs, wie es sein Vater gesagt hatte. Ikaros verlor seine Federn, und er fiel wie ein Stein nach unten. Um ihn herum wirbelten tausende weißer Federn. Ikaros stürzte kopfüber ins Meer und ertrank. Sein Vater konnte ihm nicht helfen.

Daidalos flog weiter, bis er die nächste Insel erreichte. Mit einem Fischerboot kam er zurück, fand den toten Ikaros und bestattete ihn. Die Insel, auf der Ikaros beerdigt wurde, heißt heute Ikaria. *Dimiter Inkiow*

3 Erkläre in deinen Worten, warum Ikaros abstürzt.
4 Ist Daidalos Schuld am Absturz seines Sohnes Ikaros? Finde Gründe dafür und dagegen.
>Kompetenzbox
5 Beurteile, welche der Gründe du wichtiger findest als andere.

ARGUMENTIEREN UND URTEILEN

So kannst du Gründe für eine Entscheidung finden
- Erstelle zwei Listen: Gründe dafür, dass Daidalos Schuld am Absturz von Ikaros ist, und Gründe dagegen.
- Fülle die Liste zunächst mit Gründen aus dem Text.
- Ergänze die Listen mit weiteren Gründen. Berücksichtige dabei die Umstände der Flucht, die Verantwortung von Daidalos und die Gefühle von Ikaros.

M3 Und die Moral von der Geschichte?

Ein Mythos ist eine Erzählung aus der Vorzeit, die oft so etwas wie „die Moral von der Geschichte" hat, so dass man daraus etwas lernen kann. Auch aus dem Mythos von Daidalos und Ikaros kann man etwas lernen, zum Beispiel das:

a Man sollte auf Ratschläge von Älteren hören.

b Man sollte Erfindungen erst vorsichtig testen, bevor man sie benutzt.

c Jugendliche sollten nicht übermütig sein.

d Manchmal muss man etwas riskieren.

e Man kann nicht alles kontrollieren.

6 Finde zu mindestens zwei Ratschlägen (M3) passende Textstellen aus dem Mythos (M2).
7 Wähle den Ratschlag aus, der deiner Meinung nach am besten zum Mythos passt. Begründe deine Entscheidung.
8 Gestalte den Mythos so um, dass Ikaros nicht abstürzt.

M4 Zu jung zum Fliegen?

Nur wer einen gültigen Flugschein besitzt, darf auch ein Flugzeug fliegen. Dabei ist es egal, um welches Flugzeug es sich handelt. eine große Passagiermaschine oder nur ein kleines Ultraleichtflugzeug. Die Ausbildung für die verschiedenen Arten von Flugzeugen ist aber natürlich sehr unterschiedlich. Auch unterscheidet sich das Mindestalter: Für den Flugschein bei einem Segelflugzeug muss man mindestens 14 Jahre, bei einem Motorflugzeug 16 Jahre alt sein. Der Ausbildungsweg ist dann je nach Flugschein ein anderer.

9 Finde Argumente dafür, dass es Altersgrenzen für das Fliegen gibt. Bilde dir eine Meinung.
10 Was spricht dafür, dass man von klein auf Fahrrad fahren darf, Mofa aber erst ab 15 und Auto erst ab 18 Jahren? Finde Argumente und bilde dir eine Meinung.
11 Übertrage den Mythos von Daidalos und Ikaros in unsere Zeit. Schreibe eine Geschichte dazu.

Zeig, was du kannst!

Das Wichtigste in Kürze

Naturkräfte – Erfindungen – Technik – Fliegen – Artenvielfalt – Gefährdung – Grenzen – Nutzen – Veränderung – Verantwortung – Risiko – Zerstörung

Natur und Technik

Der Mensch hat ein vielseitiges Verhältnis zur Natur: Er passt sie an sich an und sich an die Natur. Er nutzt sie, schützt sich aber auch vor ihr. Er ahmt sie nach und lernt von ihr. Dabei greift der Mensch täglich in die Natur ein, verändert sie dadurch und schadet ihr auch manchmal. Technik spielt eine große und wichtige Rolle in diesem Verhältnis: Sie ermöglicht dem Menschen Vieles, was er von Natur aus so nicht könnte, ist also eigentlich hilfreich und nützlich. Allerdings hat die Nutzung von Technik für den Menschen auch seine Schattenseiten, denn es gibt dabei sowohl Risiken als auch unerwünschte Folgen. Indem der Mensch immer Neues entwickelt und erforscht, greift er in natürliche Abläufe ein und hinterlässt dabei seine Spuren. Also ist es sehr wichtig, dass er dabei überlegt und verantwortungsvoll vorgeht.

Kompetenz-Check

M Achtung: Naturschutz!

Naturschutzgebiete sind Bereiche, in denen ein besonderer Schutz von Natur und Landschaft erforderlich ist. Naturschutzgebiete sollen helfen und sicherstellen, dass seltene und besondere Pflanzen- und Tierarten erhalten oder wieder angesiedelt werden. Dieser Schutz scheint notwendig zu sein: Seit 1968 hat sich die Anzahl von Naturschutzgebieten in Deutschland fast verachtfacht.

ARGUMENTIEREN UND URTEILEN

1 Nenne Vor- und Nachteile von Natur und Technik für den Menschen.

2 Beschreibe anhand eines Beispiels, wie der Mensch der Natur schaden kann.

3 Sollen Tiere und Pflanzen durch Naturschutzgebiete geschützt werden? Begründe deine Meinung. Der Text kann dir dabei helfen.

4 Sollte unerlaubtes Zelten in einem Naturschutzgebiet mit einem hohen Bußgeld bestraft werden? Finde Gründe dafür und dagegen.

Werkstatt

Vorbild „Natur“: ein Katalog technischer Erfindungen

Der Begriff „Bionik“ setzt sich aus den Wörtern **BIO**logie und Tech**NIK** zusammen. Die Bionik ist ein Bereich der Wissenschaft, in dem es darum geht, die Natur auf nützliche Weise nachzuahmen. Den Menschen sind schon viele Wege und Möglichkeiten eingefallen, bei der Natur abzuschauen. Einige davon sollst du nun genauer unter die Lupe nehmen.

- Suche in deiner Umgebung drei bis fünf Gegenstände, die die Natur zum Vorbild haben könnten. Recherchiere solche Gegenstände auch im Internet.
- Gestalte dann deinen Katalog. Dieser wird besonders schön, wenn du Bilder von den bionischen Gegenständen hast. Diese kannst du zeichnen, aus Zeitschriften ausschneiden oder welche im Internet suchen und ausdrucken.
- Schreibe zu jedem Bild einen kleinen Text. Nenne den Namen des Gegenstands und beschreibe seinen Nutzen bzw. seine Funktion. Beispiel:

Einen Klettverschluss benutzt man, um Dinge zu verschließen oder zu befestigen, wie beispielsweise einen Turnschuh.

- Beschreibe dann jeweils, was genau die Forscherinnen und Forscher sich von der Natur abgeschaut haben. Beispiel:

Kletten haben winzige, elastische Häkchen. Mit Hilfe dieser Häkchen bleiben sie gut an Tierfellen hängen, so dass die Tiere die Samen der Kletten dann teilweise kilometerweit transportieren und verteilen. Diese kleinen Häkchen finden wir auch in einem Klettverschluss.

- Wenn eure Kataloge fertig sind, könnt ihr sie gegenseitig anschauen: Das ist bestimmt spannend, denn wahrscheinlich habt ihr teilweise unterschiedliche Gegenstände ausgewählt.
- Diskutiert, welche bionische Erfindung die nützlichste ist. Vergesst dabei nicht, gut zu argumentieren.

Worauf es ankommt

- ☑ anschauliche Beispiele finden
- ☑ gut verständlich erklären
- ☑ Rechtschreibung beachten
- ☑ in vollständigen Sätzen formulieren
- ☑ sauber und ordentlich zeichnen oder kleben

Was will ich,
was kann ich?

Wie frei kann ich
mich entfalten?

Wofür brauche
ich Ziele?

Was ist gut
an Fehlern?

Kann aus einer
Schwäche eine
Stärke werden?

Freiheit und Würde

> Meine Stärken erkennen

WERKSTATT

Mein persönlicher Erfolgsplan

Jeder Mensch hat verschiedene Stärken. Überlege dir, welche deiner Stärken du weiter entwickeln möchtest. Was willst du innerhalb eines Schulhalbjahres schaffen? Zum Beispiel in einer AG aktiv werden, bei „Jugend forscht" teilnehmen, ein Modellauto bauen, eine bestimmte Leistung im Sport oder bei einem Hobby erreichen?

Erstelle einen Halbjahresplan für das Erreichen deines Zieles, in dem du auch wichtige Aufgaben und Zwischenziele, die du für ein großes Ziel brauchst, festhältst. So erhältst du deinen persönlichen Erfolgsplan.

Wie frei bin ich?

M1 Frei sein – wie fühlt sich das an?

1 Beschreibe die Bilder.
2 Erläutere, was die Bilder mit Freiheit zu tun haben.

M2 Frei wie ein Schmetterling!

Die Raupen Ria und Mia unterhalten sich darüber, wie es wohl sein wird, wenn sie einmal zu Schmetterlingen geworden sind. Ria freut sich schon sehr darauf:

„Endlich frei! Ich stelle mir vor, wie ich mich von dieser engen Raupenhülle lösen kann. Dann kann ich endlich fliegen, wohin ich will, ohne Grenzen! Nicht mehr an diesen Körper gebunden sein, das ist die wahre Freiheit! Und nur Schmetterlinge können das nachfühlen, weil sie mal Raupen waren. Nach diesem elenden Leben kommt ein helleres! Was können wir schon tun als Raupen, außer kriechen und fressen? […]"

Gabriele Münnix

3 Arbeite aus dem Text heraus, was für die Raupe Ria Freiheit bedeutet.
4 Erkläre die Aussage, dass nur Schmetterlinge wahre Freiheit erfahren können und nimm Stellung dazu.
5 Die Raupe Ria sagt: „Endlich frei!" Beschreibe Situationen, in denen du diesen Satz sagen könntest.

M3 Über die Freiheit und ihre Grenzen

Die Raupe Mia erzählt, dass sie ein besonderer Zitronenfalter werden möchte – nämlich einer mit roten und blauen Punkten, da das ihre Lieblingsfarben sind. Während sich Ria und Mia unterhalten, treffen sie einen Engerling.

„Hallo, wirst du auch ein Schmetterling?", fragten sie neugierig. „Du siehst anders aus als wir, so weiß!"
„Deshalb werde ich auch kein Falter, sondern ein Maikäfer!", sagte der Engerling vergnügt.
„Ich werde ein Zitronenfalter mit roten und blauen Punkten", sagte Mia, wie um sich vorzustellen. „Ich bin nämlich gerade dabei, mich zu entwerfen."
„Der Engerling lachte. „Also das halte ich für Unsinn", sagte er fröhlich. „Meint ihr ich könnte mich rot mit schwarzen Punkten wünschen wie einen Marienkäfer? Oder beschließen, ein Zitronenfalter zu werden? So weit geht meine Freiheit nicht. Nein, nein [...]. Es gibt Naturgesetze, und dagegen kannst du nicht an. Ich werde ein Maikäfer. Es ist unsinnig, das zu wollen, was man nicht wollen kann. Bestimmte Dinge sind eben vorgezeichnet! Und ihr macht euch nur unglücklich, wenn ihr über eure Grenzen hinauswollt. Was notwendig ist, wird geschehen. Das muss man nur einsehen, und dann kann man glücklich werden. Ich als Maikäfer, ihr als Zitronenfalter."
„Das ist mir eine schöne Freiheit!", empörte sich Mia. [...] „Ich will kein gewöhnlicher Zitronenfalter sein. Man muss sich entwickeln, sonst gibt es keinen Fortschritt. Ich jedenfalls plane meine Zukunft, und die gestalte ich und sonst keiner!"
„Aber wo kämen wir denn da hin, wenn jeder machen könnte, was er wollte", entgegnete der Engerling. „Auch ich muss mich verpuppen, und als Maikäfer werde ich krabbeln, aber auch fliegen können. Ich bin Teil eines großen Ganzen, und damit bin ich zufrieden. Die Natur wird uns schon richtig leiten. Aber wir sind deshalb nicht unfrei. Wir haben Freiheit eben in einem vorgegebenen Rahmen."

Gabriele Münnix

6 Erkläre, was Raupen und Engerlinge frei bestimmen können und was nicht.
7 Formuliere in eigenen Worten, was der Engerling unter Freiheit versteht.
8 Vergleiche, was Mia und was der Engerling unter Freiheit verstehen.
9 Wie frei bist du in der Pause? Erläutere an diesem Beispiel, wie frei du bist und wie du in deiner Freiheit eingeschränkt bist. Begründe deine Einschätzung. > Kompetenzbox

SICH-ORIENTIEREN UND HANDELN

So kannst du deine Möglichkeiten herausfinden

- Beschreibe verschiedene Situationen, die du in der Pause erlebst.
- Prüfe die Situationen: Worin besteht die Freiheit genau? Worin die Einschränkung?
- Wähle eine Situation aus, in der du dich besonders frei fühlst und eine, in der du dich besonders eingeschränkt fühlst.
- Formuliere deine Begründungen.

M4 Frei oder unfrei?

eng – ausweglos – ungebunden – festgelegt – leicht – offen – geregelt – aus eigenem Antrieb – selbstgewählt – gezwungen

10 Ordne die Begriffe zu: frei oder unfrei?
11 Finde weitere Wörter, die zu Freiheit und Unfreiheit passen.

Talente – Stärken – Fähigkeiten

M1 Meine Stärken, Schwächen und Talente

Bettina Kumpe

1 Beschreibe, welche Stärken und Schwächen die Kinder auf den Bildern haben.
2 Erzähle, was dir leicht fällt oder besonderen Spaß macht. Wofür hast du ein besonderes Talent?
3 Liste auf, was du nicht so gut kannst oder nicht magst.

M2 Wie Fußballtalente Karriere machen

In einem Internat des Bundesligaclubs TSG 1899 Hoffenheim trainieren Nachwuchstalente im Alter von etwa 15 Jahren, um Fußballprofi zu werden. Eines davon ist Lior.

Mit zehn Mannschaftskollegen teilt er sich seither das Internatsgebäude und denselben Traum: eine Karriere als Fußballprofi. In die 1. oder 2. Bundesliga wollen sie es schaffen, dorthin, wo man mit dem Sport Geld verdienen kann. Und vielleicht ein bisschen Ruhm. Einer von 20, sagt man, wird es bis ganz nach oben schaffen. Dafür quält sich Lior jeden Morgen aus dem Bett.

Geolino extra 45/2014

4 Finde Gründe dafür, dass es nur einer von 20 Jugendlichen im Internat in den Profifußball schafft.
5 Mache Vorschläge, wie Talente gefördert werden sollten (wie zum Beispiel bei Lior).
6 Stelle Vermutungen darüber an, woran man merkt, dass jemand ein Talent hat.

M3 Was ist eigentlich sportliches Talent?

Für die meisten Spitzensportler gilt: Ihr Talent wurde bereits in ihrer Kindheit entdeckt. Aber was ist das eigentlich: Talent?

Eine Antwort, die alle zufrieden stellt, gibt es bisher noch nicht. Dazu ist die Frage, welche jungen Sportlerinnen und Sportler es in den Leistungssport schaffen, von zu vielen verschiedenen Umständen abhängig. Für die Entwicklung der sportlichen Leistungsfähigkeit sind so unterschiedliche Dinge wie vererbte Eigenschaften, die Erziehung, die Häufigkeit des Trainings, der eigene Fleiß und die Willensstärke ausschlaggebend.

Unabhängig von der Sportart stimmen die Experten vor allem in einem Punkt überein: Eine rein körperliche Begabung für einen Sport ist noch nicht ausreichend, um an die Spitze zu kommen. Der ehemalige Basketball-Star Dirk Nowitzki wäre nur durch seine Größe und seine Begabung nicht der wertvollste Spieler der US-amerikanischen Liga NBA geworden. Er musste darüber hinaus unzählige Stunden Training ableisten. Experten sind der Meinung, man brauche mehr als 10 000 Übungsstunden, um eine Spitzenfähigkeit auszubilden.

7 Erläutere mit Hilfe des Textes, warum es so schwierig ist zu erklären, was sportliches Talent ist.
8 Nenne andere Bereiche als den Sport, in denen man ein Talent haben kann.
9 Prüfe deine Interessen, Stärken und Begabungen und stelle dein Ergebnis vor. Hast du vielleicht ein besonderes Talent? > Kompetenzbox

SICH-ORIENTIEREN UND HANDELN

So kannst du deine Talente und Stärken herausfinden

- Zähle auf, was du besonders gut kannst oder was dir viel Spaß macht (z. B. deine Hobbys).
- Notiere Dinge, die dir leichter fallen als manchen anderen.
- Nenne Beispiele, wofür du schon einmal gelobt wurdest.
- Überlege, welche Hobbys, Sportarten oder Musikinstrumente du gerne einmal ausprobieren würdest.
- Erstelle eine Liste deiner Talente und Stärken.

M4 Talentshows

Im Fernsehen begegnen uns ständig Shows wie „Deutschland sucht den Superstar" und „The Voice of Germany", in denen von einer Jury Talente gesucht und Wertungen abgegeben werden.

10 Welche Talentshows kennst du? Welche Talente werden dabei gesucht? Tausche dich mit einer Partnerin oder einem Partner aus.
11 Stell dir vor, ihr veranstaltet eine Talentshow in der Schule. Beschreibe, wie du dich vorbereiten würdest.
12 Sammle Gründe, warum so viele Menschen in Talentshows auftreten wollen.

Wenn es mal nicht so gut klappt ...

M1 Ist doch ganz einfach, oder?

Bettina Kumpe

1 Beschreibe, was auf dem Bild verkehrt läuft.
2 Was würden die beiden Personen auf dem Bild sagen, wenn man mit ihnen schimpft, weil sie ihre Aufgabe nicht erfüllen? Formuliere mögliche Antworten.
3 Notiere ein kurzes Gespräch zwischen den beiden Personen auf dem Bild.

M2 Mit Misserfolgen umgehen

Ricarda erhält eine schlechte Note in ihrer Englisch-Arbeit zurück. Genervt sagt sie beim Mittagessen zu ihrer Oma: „Ich hab keinen Bock mehr auf Schule. Am liebsten würde ich nie mehr hingehen."
Die Großmutter schaut Ricarda einen Moment lang an und antwortet dann: „Langsam, langsam. Immer mit der Ruhe. Eine schlechte Note und du willst gleich alles hinschmeißen? Überleg doch mal, warum du eigentlich lernst."

4 Hast du schon einmal eine ähnliche Situation erlebt wie Ricarda? Berichte davon, wie du mit der Situation umgegangen bist.
5 Beantworte die Frage von Ricardas Oma, warum man eigentlich lernt.
6 Nenne Möglichkeiten, mit Misserfolgen in der Schule umzugehen. Beachte auch die Überlegungen aus Aufgabe 4. > Kompetenzbox
7 Beschreibe, was dich motiviert, wenn mal etwas nicht so gut klappt.

SICH-ORIENTIEREN UND HANDELN

So kannst du deine Möglichkeiten herausfinden

- Beschreibe die Situation, in der du einen Misserfolg in der Schule hattest.
- Prüfe die möglichen Ursachen für den Misserfolg. Wie kam es dazu?
- Prüfe die Möglichkeiten, wie du die Situation verbessern kannst. Was hättest du damals anders machen können? Was kannst du zukünftig tun?
- Formuliere einen Vorschlag.

M3 Falsch, falscher, fabelhaft!

Hallo Läute … äh … Leute! NUR DUMME MACHEN KEINE FEHLER! Kennt ihr das auch aus der Schule? Ständig soll man NULL FEHLER machen. Was für ein verquirlter Quatsch! Was ist schlimm an einem Fehler, oder an zweien? Oder an sieben oder achtunddreißig? Gar nix! Überhaupt nix! Glaubt ihr nicht? Ha, ich zeig es euch. Christoph Columbus zum Spielbeil … äh … Beispiel. Schon mal gehörnt … äh, gehört? Genau. Der hat Amerika entdeckt. Das rieeeeee-sige Amerika. Und wie? Weil er nach Indien fahren wollte. Er hatte sich einfach geirrt. Was für ein fantastischer Fehler! Und so blieb es, nicht nur in der Seefahrt, sondern in der Wissenschaft überhaupt, im gesamten Leben. Immer wieder führen uns Irrtümer und Fehler zu neuen Ideen, Entdeckungen und Weisheiten. Und da sollen Fehler schlecht sein? Papperlapapp. Dreimal gegurgelte Grütze! FEHLER SIND TOLL! Ich weiß es genau. Schließlich bin ich das Fehlerteufelchen. Mein Name: MÖRFI. Meine Spezialität: fehlern!

Mörfi

8 Fehler sind toll! Erkläre, was Mörfi damit meint.
9 Nenne eigene Beispiele für „tolle" Fehler.
10 Formuliere eine eigene Aussage zum Thema „warum es sich lohnt, Fehler zu machen". Begründe deine Meinung.

M4 Erfolge und Misserfolge

Jeder Mensch sammelt im Leben sehr viele Erfahrungen, die sich auf die Motivation, etwas zu lernen oder eine Leistung zu erbringen, auswirken.

a Yasemin zeigt ihrer Mutter stolz ihre Siegerurkunde für den 100-Meter-Lauf. Die Mutter schaut kaum von ihrer Zeitung auf.

b Leon und Nadine versuchen beim Weitsprung genauso gute Ergebnisse zu bekommen wie die Schüler aus der 10. Klasse. Sie springen aber noch nicht einmal halb so weit.

c Klaas steht das erste Mal auf Schlittschuhen und legt sich gleich beim ersten Versuch aufs Eis.

Wortspeicher
Problemen aus dem Weg gehen – keine schwere Aufgaben übernehmen – noch mehr leisten – sich nicht entmutigen lassen – nicht aufgeben – weiter üben – sagen, dass man enttäuscht ist – Lob einfordern

11 Beschreibe, wie du an Stelle der Kinder reagieren würdest.
12 Was würdest du den Kindern raten? Wähle für jedes Kind passende Vorschläge aus dem Wortspeicher. Formuliere jeweils einen Satz.
13 Beurteile die verschiedenen Umgangsweisen mit Erfolgen und Misserfolgen.

Sich Ziele setzen

M1 Wo geht's lang?

Bettina Kumpe

1 Beschreibe das Bild und erläutere, ob der Wegweiser dem Mädchen auf ihrem Weg weiterhelfen kann.

2 Mache Vorschläge, was du an dem Wegweiser ändern würdest.

M2 Brauche ich ein Ziel?

Im Roman „Alice im Wunderland“ gerät das Mädchen Alice in eine seltsame Märchenwelt, das Wunderland. Dort fragt sie die Katze nach dem Weg.

Alice: „Würdest du mir bitte sagen, welchen Weg ich einschlagen muss?“
„Das hängt in beträchtlichem Maße davon ab, wohin du gehen willst“, antwortete die Katze.
„Oh, das ist mir ziemlich gleichgültig“, sagte Alice.
„Dann ist es auch einerlei, welchen Weg du einschlägst“, meinte die Katze. *nach Lewis Carroll*

3 Erkläre, warum die Katze keinen bestimmten Weg vorschlägt.

4 Gib ein mögliches Ziel an, nach dem Alice die Katze fragen kann.

5 Sammle Gründe dafür, warum es manchmal auch gut sein kann, kein Ziel zu haben.

M3 Tierische Tipps

Die Eule und der Hase erzählen Bruno Bär, wie sie sich ihr Leben in fünf Jahren vorstellen. In ihren Erläuterungen sind einige Erfolgstipps versteckt.

Eusebia Eule sieht sich auf ihrem Lieblingsast sitzen. Sie ist voller Tatendrang und fühlt sich rundum gesund, da sie immer ausreichend Schlaf bekommt. Statt wieder mal einen Tag kein Auge zuzutun und immer weiterzuarbeiten, hat sie nur erledigt, was wirklich wichtig und notwendig war. Dazu hat sie sich eine Liste mit Zielen und Terminen und einen genauen Zeitplan erstellt. Ihre Aufgaben erledigt sie mit großer Sorgfalt, aber nicht immer perfekt bis ins kleinste Detail. Deshalb hat sie jetzt viel mehr Zeit als früher und sie will auch genau darüber nachdenken, wie sie diese Zeit füllen möchte.

Harry Hase sieht sich entspannt in der Küche sitzen. Seine beiden Ältesten sind aus dem Haus und haben eigene Familien. Eines der kleinen Hasenkinder hat Kochen gelernt und zaubert jeden Tag ein neues Mohrrübengericht. Die zwei anderen Kleinen helfen ihm bei der Hausarbeit. „Ja, so wird es sein", denkt er sich, „ich werde ein ganz ruhiger Zeitgenosse und renne nicht unzähligen verschiedenen Aufgaben hinterher. Ohne Stress. Ohne Druck. Ich werde das, was ich mir vornehme, nach und nach tun", denkt er zufrieden.

nach Lothar Seiwert

6 Beschreibe, wie Eusebia Eule und Harry Hase ihre Ziele erreichen möchten.

7 Formuliere jeweils Regeln, nach denen sie sich richten möchten. Beispiel: *Eins nach dem anderen erledigen.*

8 Formuliere ein lohnenswertes und nicht zu großes Ziel, das du in den nächsten drei bis vier Wochen erreichen willst. Schreibe einen Brief an Bruno Bär, in dem du ihm deinen Weg zu diesem Ziel erläuterst. > Kompetenzbox

9 Beschreibe ein Ziel, das Eusebia Eule mit ihren Regeln gut erreichen kann, und beschreibe ein Ziel, das Harry Hase besonders gut erreichen kann.

SICH-ORIENTIEREN UND HANDELN

So kannst du verantwortungsvoll handeln

- Überlege, welches (machbare!) Ziel du in den nächsten Wochen erreichen möchtest.
- Schreibe auf, wie ein positives Ergebnis aussehen sollte.
- Liste auf, welche einzelnen (Zwischen-)Schritte du erledigen musst, damit das Ziel erreicht wird.
- Ordne die Schritte in eine sinnvolle Abfolge und gib jeweils an, bis wann du diese Schritte erreicht haben willst.
- Formuliere in einem Brief das Ziel und beschreibe, wer oder was dir dabei helfen kann.

M4 Ist der Weg das Ziel?

10 Deute die beiden Sprüche. Wie unterscheiden sich die Aussagen?

11 Finde Beispiele für ein lohnenswertes Ziel, das du erreichen willst, auch wenn es anstrengend wird.

Jeder Mensch ist anders!

M1 Nachgefragt

Hubbe

1 Beschreibe die Situation auf dem Bild. Worauf achtet die Person besonders, die Rainer und Sabine eine Frage stellt?

2 Erkläre die Antworten von Rainer und Sabine. Was ist ihnen wichtig?

M2 Verschiedene Freunde

„Wohin willst du?", fragte der Vater. Benjamin hielt die Türklinke fest. „Raus!", sagte er. „Wohin raus?", fragte der Vater. „Na so", sagte Benjamin. „Und mit wem?", fragte der Vater. „Och ...", sagte Benjamin.

„Um es klar auszusprechen", sagte der Vater, „ich will nicht, dass du mit diesem Josef rumziehst!" „Warum?", fragte Benjamin. „Weil er nicht gut für dich ist", sagte der Vater. Benjamin sah den Vater an. „Du weißt doch, dass dieser Josef ein ... na, sagen wir, ein geistig zurückgebliebenes Kind ist", sagte der Vater. „Der Josef ist aber in Ordnung", sagte Benjamin. „Möglich", sagte der Vater. „Aber was kannst du schon von ihm lernen?" „Ich will doch nichts von ihm lernen", sagte Benjamin. „Man sollte von jedem, mit dem man umgeht, etwas lernen können", sagte der Vater. Benjamin ließ die Türklinke los. „Ich lerne von ihm Schiffchen aus Papier zu falten", sagte er. „Das konntest du mit vier Jahren schon", sagte der Vater. „Ich hatte es aber wieder vergessen", sagte Benjamin. „Und sonst?", fragte der Vater. „Was macht ihr sonst?" „Wir laufen rum", sagte Benjamin. „Sehen uns alles an und so." „Kannst du das nicht auch mit einem anderen Kind zusammen tun?" „Doch", sagte Benjamin. „Aber der Josef sieht mehr", sagte er dann. „Was?", fragte der Vater. „Was sieht der Josef?" „So Zeugs", sagte Benjamin. „Blätter und so. Steine. Ganz tolle. Und er weiß, wo Katzen sind. Und die kommen, wenn er ruft." „Hm", sagte der Vater. „Pass mal auf. Es ist im Leben wichtig, dass man sich immer nach oben orientiert." „Was heißt das?", fragte Benjamin, „sich nach oben orientieren?" „Das heißt, dass man sich Freunde suchen soll, zu denen man aufblicken kann. Weil sie vielleicht ein bisschen klüger sind als man selber." Benjamin blieb lange still. „Aber", sagte er endlich, „wenn du meinst, dass der Josef dümmer ist als ich, dann ist es doch gut für den Josef, dass er mich hat, nicht wahr?" *Gina Ruck-Pauquèt*

3 Nenne mögliche Sorgen von Benjamins Vater. Was wünscht er sich für sein Kind? Wie sieht er Josef?

4 Erläutere, was Benjamin an Josef toll findet. Was kann Josef alles?

5 Stell dir vor, du wärst in der Situation von Benjamin und deine Eltern würden von dir verlangen, die Freundschaft mit Josef zu beenden. Schreibe auf, wie das Gespräch weitergehen könnte.
> Kompetenzbox

SICH-ORIENTIEREN UND HANDELN

So kannst du verantwortungsvoll handeln
- Überlege, was du an dem Wunsch deiner Eltern nicht so gut findest, und begründe, warum.
- Schreibe auf, welches Ergebnis das Gespräch haben sollte.
- Überlege, was passieren müsste, damit das Ergebnis deinem Ziel entspricht. Was solltest du deinen Eltern sagen, damit sie dir zustimmen?
- Ordne die Aussagen so an, wie das Gespräch verlaufen könnte.
- Formuliere einen Spickzettel mit Aussagen, die von dir und deinen Eltern gesagt werden könnten.

M3 Wer nicht fragt, bleibt dumm

Raúl Krauthausen ist auf einen Rollstuhl angewiesen und engagiert sich u.a. für einen ungezwungenen Umgang mit Menschen mit Behinderungen. „Wenn ich unterwegs bin, dann falle ich auf … Dann höre ich Sachen wie ‚Guck mal, ein Baby-Mann!' oder ‚Was ist das denn für ein Auto?'", sagt er. In einem Interview wurde er gefragt:

Was sollten Eltern denn machen, wenn ihr Kind sie in so einer Situation fragt, warum ihr Gegenüber so „komisch" aussieht?

Raúl Krauthausen: „Sie sollten ehrlich sein und so etwas sagen wie „Er sitzt im Rollstuhl, ich weiß nicht, was er hat" und auf keinen Fall Erklärungen benutzen, die nicht der Wahrheit entsprechen. […] Kinder merken, wenn Eltern unsicher werden […]. Wenn die Kinder fragen „Warum ist der Mann so klein?" sollten Eltern nicht sagen „Das ist halt so", sondern eher „Ich weiß es nicht, aber wenn du willst, können wir fragen." […]

Ist es dir nicht unangenehm, wenn Kinder dich anstarren oder lauthals in deinem Beisein über deine Behinderung reden?

Raúl Krauthausen: Mir persönlich nicht, dabei kann ich aber nur für mich sprechen. […] Grundsätzlich haben Kinder bei mir einen Freifahrtschein! Ich finde, dass Kinder auch ein Recht haben, zu erfahren, was los ist.

nach Thomas Lemken/Raúl Krauthausen

6 Arbeite aus dem Text heraus, was Raúl Krauthausen im Umgang mit Eltern und Kindern erlebt. Was ist schwierig für ihn und was wünscht er sich?

7 Stelle Vermutungen darüber an, warum sich Menschen oft unsicher fühlen, wenn sie jemandem mit einer Behinderung begegnen.

8 Formuliere Tipps zum Umgang mit Menschen mit Behinderungen. Berücksichtige dabei deine Ergebnisse der bisherigen Aufgaben.

M4 Eine Erfolgsgeschichte

Verena Bentele ist blind und war als Langläuferin und Biathletin sehr erfolgreich. Sie sagte:

- „Wir leben nun mal in einer Leistungsgesellschaft […]. Natürlich will ich gewinnen."
- „Schwierigkeiten sehe ich als Herausforderung."
- „Nach dem Unfall sagte ich nie: Mitmachen ist alles. Ich sagte von Anfang an: Wenn ich mitmache, dann für eine Medaille."
- „Ehrgeiz? Kann man schon stehen lassen. Sagen wir es so: Ich liebe es, an mir zu arbeiten."

Zitate nach: Ursula von Arx

9 Gib Verena Benteles Aussagen und Ziele wieder.

10 Erläutere, ob du Gemeinsamkeiten zu Sportlerinnen und Sportlern ohne Behinderung siehst.

11 Recherchiere, wie blinde Biathleten ihre Wettkämpfe durchführen

12 Finde weitere Beispiele von berühmten Schauspielern oder Künstlern mit Behinderung, die trotz Handicap etwas Tolles gleistet haben.

Zeig, was du kannst!

Das Wichtigste in Kürze

Freiheit – Selbstentfaltung – Grenzen – Talente – Stärken – Schwächen – Fähigkeiten – Misserfolge – Erfolge – Ziele – Herausforderungen – Schwierigkeiten – Besonderheiten – Menschen mit Behinderung

Stärken erkennen – Chancen nutzen – mit Misserfolgen umgehen

Jeder Mensch hat verschiedene Stärken und Vorlieben, bestimmte Talente und auch Schwächen. Damit wir uns frei entfalten können, ist es hilfreich zu wissen, was man gut kann, woran man Spaß hat und auch, wo die eigenen Grenzen liegen. Auch andere Menschen und unsere Umwelt geben uns bestimmte Grenzen vor, die wir kennen und achten sollten. Totale Freiheit ist nicht möglich, denn wir leben nie allein in einer Welt der unbegrenzten Möglichkeiten, sondern auch mit anderen zusammen.

Zur eigenen Entwicklung und zum Leben überhaupt gehört auch, dass man auf dem Weg zu einem Ziel scheitert, und etwas nicht gleich schafft. Man kann lernen, mit Misserfolgen umzugehen, und sie als Chance zu nutzen, sich zu verbessern und daran zu wachsen oder auch einen ganz neuen Weg zu finden.

Kompetenz-Check

M Den Durchblick behalten

Das kennst du bestimmt auch. Manchmal wächst einem alles über den Kopf.

Boris Braun

SICH-ORIENTIEREN UND HANDELN

1 „Talent allein reicht nicht, um Erfolg zu haben." Erläutere diesen Satz an einem Beispiel. Berücksichtige, was man noch braucht.

2 Stell dir vor, dein Freund hat die Prüfung für das Schwimmabzeichen nicht bestanden. Gib ihm einen Ratschlag, wie er mit diesem Misserfolg umgehen soll.

3 Was kann der Junge auf dem Bild in dieser Situation tun? Gib ihm einen Ratschlag.

4 Entwickle einen Plan, wie du es vermeiden kannst, in eine solche Situation wie der Junge auf dem Bild zu geraten.

Werkstatt

Mein persönlicher Erfolgsplan

Ein genauer Zeitplan hilft, Erfolge zu planen. Wichtig sind dabei nicht nur die konkreten Ziele, sondern auch die einzelnen Schritte. So erfährst du immer wieder kleine Zwischenerfolge, die Mut machen und dich zum Durchhalten motivieren.

Ziel und Zwischenziele setzen

Formuliere das Ziel, das du innerhalb des Schulhalbjahres schaffen willst. Überlege dir, was du dafür alles erledigen musst. Sammle alle wichtigen Zwischenziele (Treffen, Termine, ...) und berücksichtige dabei auch, was du für deine Vorbereitung brauchst (Materialien, ...). Auch die Zeit, die du jeweils benötigst, solltest du aufschreiben.

Zeitplan erstellen

Erstelle aus den Informationen einen Zeitplan. Bis wann wirst du was erledigt haben? Denke auch an Ruhephasen und Entspannung. Zeichne dafür eine Tabelle mit folgenden Spalten: Termin – Zwischenziel – Was brauche ich? – Wer hilft mir?

Mein Ziel: Teilnahme an Jugend forscht/Schüler experimentieren

Termin	Zwischenziel	Was brauche ich?	Wer hilft mir?
1. September	Teilnahmebedingungen lesen	Teilnahmebedingungen für den Wettbewerb	...
20. September	Thema überlegen und prüfen, ob es geeignet ist	Ideen, Informationen zum Wettbewerb ...	Lehrerin, Projektbetreuerin, evtl. Eltern
...	Informationen zum Thema sammeln	PC/Internet, Fachbücher, ...	...
...	...	...	...

Worauf es ankommt

- ☑ Hauptziel formulieren
- ☑ Zwischenziele setzen
- ☑ Durchführung planen
- ☑ Unterstützung suchen
- ☑ übersichtlich gestalten

Sind deine Bedürfnisse wichtiger als meine?

Was brauchen Kinder – hier und anderswo?

Warum Bedürfnisse aufschieben?

Fasten – wozu?

Was brauche ich wirklich (nicht)?

Freiheit und Würde

> Auf Bedürfnisse achten

WERKSTATT

Eine Bedürfnis-Liste für den Urlaub erstellen

Manche Dinge sind wichtig, manche nicht. Einige Menschen behaupten, dass wir alles, was wir länger als ein Jahr nicht benutzt oder angezogen haben, wegwerfen können. Ist das so? Woher wissen wir, was wir brauchen, und was nicht? Zum Beispiel für einen längeren Zelturlaub: Was solltest du unbedingt mitnehmen, was kannst du dagegen zu Hause lassen?

Packe deinen Rucksack für drei Wochen Zelturlaub. Finde heraus, worauf du achten solltest, damit du die richtigen Dinge dabei hast. Erstelle eine Bedürfnis-Liste für die drei Wochen und notiere auch, worauf du bei der Auswahl achten musst.

Bedürfnisse anderer wahrnehmen

M1 Esthers Wunsch

Riad Sattouf

1 Beschreibe das Bild. Welche Bedürfnisse haben die Menschen auf dem Bild (das Mädchen und die anderen Familienmitglieder)?

2 Schreibe mögliche Sprech- und Gedankenblasen zum Bild.

M2 Wie konntest du nur?! Konflikte zeigen Bedürfnisse

Warum hast du meinen Fußball genommen, ohne mich zu fragen?

Warum seid ihr ins Kino gegangen, ohne mich zu fragen, ob ich mitkommen will?

Warum hast du mich nicht zu deinem Geburtstag eingeladen?

Warum hast du nach dem Sport nicht auf mich gewartet und mich alleine gelassen?

3 Was ärgert die Kinder? Beschreibe, worum es bei den Streitigkeiten (Konflikten) in den Sprechblasen geht.

4 Erläutere, was sich die Kinder eigentlich wünschen.

5 Wie könnten die Beteiligten ihren Streit lösen? Formuliere einen Ratschlag. > Kompetenzbox

6 Versuche mit Hilfe des Ratschlags aus Aufgabe 5 eine positive Lösung für die jeweilige Situation zu finden. Notiere die Ergebnisse oder stelle sie bildlich dar.

INTERAGIEREN UND SICH-MITTEILEN

So kannst du einen Ratschlag für eine Streitlösung formulieren

- Nenne, *wer* alles beteiligt ist an dem Streit.
- Beschreibe, *was* genau der Konflikt ist. Worum geht es?
- Erkläre, *wodurch* der Streit entsteht.
- Überlege, ob es eine Möglichkeit gibt, die beide Kinder in den verschiedenen Situationen zufriedenstellen könnte. Berücksichtige dabei, was sie wollen und was ihnen zur Verfügung steht.
- Schreibe deine Überlegung, *wie* die Situation für beide gut gelöst werden könnte, als Ratschlag auf. Beispiel: *Ich rate euch, …*

M3 Wenn Bedürfnisse aufeinanderprallen

Jeder versucht, seine Bedürfnisse zu befriedigen. Auch du hast sicher die Erfahrung gemacht, dass es nicht immer einfach ist, sie gegenüber anderen durchzusetzen. Manchmal interessieren sie sich einfach nicht dafür, manchmal wollen sie gerade das Gegenteil. Um solche Situationen zu meistern, gibt es Regeln. Sie werden von den Mitgliedern einer Gruppe oder Gemeinschaft vereinbart, z. B. Verhaltensregeln in der Familie, in der Clique, Vereinsregeln. Wenn die Regeln geklärt sind, wird selbstverständlich verlangt, dass sich alle aus der Gemeinschaft daran halten.

7 Erkläre mit Hilfe des Textes, wieso Bedürfnisse manchmal zu Schwierigkeiten führen.

8 Benenne mit Hilfe des Textes, was in solchen Situationen helfen kann, die Bedürfnisse anderer wahrzunehmen (z. B. in der Familie, Clique oder im Verein).

9 Erläutere, was Bedürfnisse mit Regeln zu tun haben.

10 Erläutere, warum es wichtig ist, dass sich alle an bestimmte Verhaltensregeln (z. B. Klassenregeln) halten.

M4 Was ist wichtig(er)?

So was Gemeines! Arren kommt ärgerlich aus der Schule nach Hause, er hat die Einladung zu einer Feier seines guten Freundes Emre bekommen. Ausgerechnet am Samstag will sein Freund Emre nun den Geburtstag nachfeiern, weil seine Cousins am Wochenende in der Stadt sind. Emre erwartet natürlich von seinem guten Freund Arren, dass er auf jeden Fall kommt.

Arren freut sich auch eigentlich sehr darauf, mit den anderen Spaß zu haben. Er kennt die Jungs und mag sie sehr, zumal sie nicht so oft alle zusammen in der Stadt sind. Aber Arren muss noch ein wichtiges Referat ausarbeiten, um seine Biologienote zu verbessern. Und dann hat er auch noch ein Fußballspiel am Samstagmorgen, zu dem er kommen soll … Seine Mannschaft zählt auf ihn als Stürmer! Was soll er denn nun machen?

11 Nenne die Wünsche und Bedürfnisse, die sich hier gegenüber stehen, und ordne diese von „wichtig" (1) nach „weniger wichtig" (2) und „am wenigsten wichtig" (3).

12 Berichte von einem eigenen Erlebnis, bei dem du ein ähnliches Problem gehabt hast.

Was wir (nicht) brauchen

M1 Was brauchst du?

1 Nenne die Bedürfnisse, für die die Gegenstände und Situationen auf den Bildern jeweils stehen. Beispiel: *Sneaker – ich brauche (schicke) Schuhe > Bedürfnis: gut gekleidet sein.*

2 Notiere, welche (eigenen) Bedürfnisse dir noch einfallen und sammle sie in einer Liste.

M2 Wenn du einen Haufen Geld hättest …

Wenn du einen Haufen Geld haben könntest, ein Haus, viel prächtiger als ein Palast aus Tausendundeiner Nacht, die besten Klamotten, das teuerste Essen, die modernste Elektronik, aber dies alles zu dem Preis, dass du niemals wieder Menschen siehst – **wärst du dann glücklich?** *Fernando Savater*

3 Erstelle eine Liste mit Dingen, die du kaufen würdest, wenn du viel Geld hättest. Ordne diesen Dingen Bedürfnisse zu, die sie erfüllen.

4 Bringe die Bedürfnisse, die du notiert hast, in eine Reihenfolge von „sehr wichtig" bis „gar nicht wichtig".

5 Begründe deine Anordnung durch einen Satz für jedes Bedürfnis. Beispiel: *Teure Klamotten sind für mich sehr wichtig, weil …*

6 Beantworte die Frage aus dem Text und begründe deine Antwort.

M3 Drei Arten von Bedürfnissen

Die Empfindung eines Mangels nennt man ein Bedürfnis. Die Erfüllung eines Bedürfnisses nennt man Befriedigung. Die Erfüllung eines Bedürfnisses ist manchmal wichtig, manchmal weniger wichtig. Wir können deshalb verschiedene Arten von Bedürfnissen unterscheiden.

Die Bedürfnisse, die erfüllt sein müssen, damit man leben kann, heißen **Grundbedürfnisse** (z. B. essen, trinken, schlafen, frei sein). Weil sie so wichtig sind, hat man die Grundrechte aufgestellt, durch die sie geschützt werden, z. B. das Recht auf Leben, auf körperliche Unversehrtheit oder auf Eigentum.

Andere Bedürfnisse sollten erfüllt werden, um zufrieden zu sein oder um ein angenehmes, fröhliches oder spannendes Leben zu führen. Das sind z. B. Spielen, Neues entdecken, etwas von der Welt und den Menschen verstehen, Erfolg haben. Wir nennen sie **Wohlfühlbedürfnisse**.

Wieder andere sind reiner Luxus, auf die wir – genau genommen – verzichten können. Wir nennen sie **Luxusbedürfnisse**.

7 Erkläre die verschiedenen Arten von Bedürfnissen in eigenen Worten und finde für jede Art ein passendes Beispiel.

8 Nenne die Bedürfnisse, die dir besonders wichtig sind, und begründe deine Auswahl.

9 Ordne die Bedürfnisse aus Aufgabe 1 den einzelnen Arten von Bedürfnissen zu und erläutere sie.
> Kompetenzbox

INTERAGIEREN UND SICH-MITTEILEN

So kannst du ein Bedürfnis erläutern

- Schreibe auf, was du mit den Gegenständen machen kannst, für was du sie brauchst oder wofür die Begriffe und Situationen stehen, die du aufgelistet hast.
- Notiere dann, welches Bedürfnis jeweils dahinter steckt. Nutze hierfür auch deine Ergebnisse aus Aufgabe 1.
- Ordne die Bedürfnisse den drei Arten von Bedürfnissen zu und begründe deine Zuordnung.
- Formuliere einen Satz in der Ich-Form, der das Bedürfnis beschreibt.
  Beispiel: *Essen ist ein Grundbedürfnis, denn ohne Essen kann ich nicht überleben.*

M4 Die Bedürfnisse eines Piraten

Jack Sparrow besitzt in „Fluch der Karibik" einen ganz besonderen Kompass, den er immer bei sich trägt. Anders als gewöhnlich, zeigt dieser Kompass nicht nach Norden, sondern auf das, was der Träger am meisten begehrt, z. B. in Richtung eines Schatzes oder einer wichtigen Person.

10 Formuliere eine Gedankenblase zum Bild. Berücksichtige dabei auch Jacks Gesichtsausdruck.

11 Stelle Vermutungen an, was der Kompass ihm zeigen könnte. Nenne drei verschiedene Dinge.

12 Benenne, worauf der Kompass in deinen Händen zeigen würde, und begründe deine Bedürfnisse.

Was Kinder hier und anderswo brauchen

M1 Wie Kinder schlafen ...

1 Vergleiche die Bilder.

2 Beschreibe, was die Kinder brauchen, damit es ihnen gut geht.

M2 Meine Bedürfnisse

Schlaf
Limonade
Brot
Wasser
Smartphone
Vitamine
Reis
Freunde
Familie
Fernseher
Schreibtisch
Tagebuch
Schokolade
Spiele
Bett
Sonne
Kleidung
Spielplatz
Haustier
Fahrrad

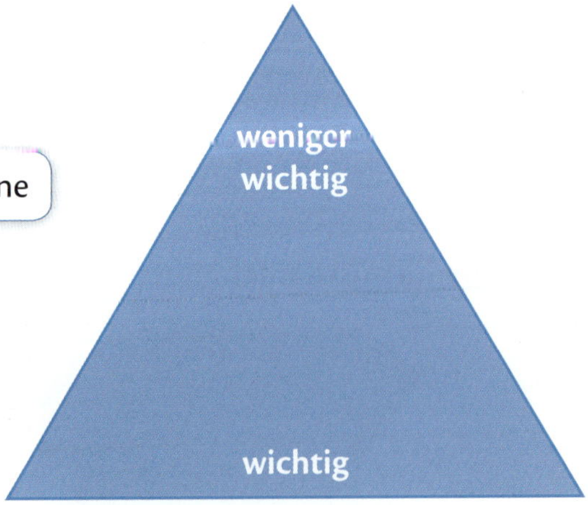

3 Notiere die Bedürfnisse aus dem Worthaufen in einer Pyramide und gewichte sie. Was für dich besonders wichtig ist, schreibst du ganz nach unten (= Basis), was weniger wichtig ist, schreibst du aufsteigend darüber, so dass ein Dreieck entsteht.

4 Notiere, was du auf die Frage „Was brauchst du unbedingt für ein gutes Leben?" antworten würdest.

M3 Was brauchst du für ein gutes Leben?

Kinder und Jugendliche aus Deutschland und anderen Ländern antworteten auf diese Frage:

Aylin	Internet und mein Smartphone, damit ich Nachrichten schreiben kann.
Emil	Ich brauche meine Spielkonsole und Spiele dazu.
Doaa (lebt als Flüchtling in Deutschland)	Sicherheit. Das ist mir am wichtigsten. Keine Angst mehr vor Krieg und Gewalt haben zu müssen, das ist das Wichtigste.
Mädchen aus Tansania	Wasser. Die Brunnen sind viel zu weit entfernt und wir bekommen deshalb nicht genug Wasser.
Flüchtlingskind im Südsudan	Ich wünsche mir, dass ich mit meinen Geschwistern in die Schule gehen könnte. Und genug zu essen.
Janina	Ich hätte gerne einen eigenen Computer.
Esra (Flüchtlingskind)	Für mich sind meine Freunde sehr wichtig, weil ich meine Familie nicht mehr sehe.

5 Ordne die Bedürfnisse der Kinder nach ihrer Wichtigkeit an.

6 Vergleiche deine Antwort aus Aufgabe 4 mit den Antworten der Kinder. Nenne Gemeinsamkeiten.

7 Gib für jedes Kind einen möglichen Grund für seinen Wunsch an. Vergleiche die Gründe.

8 Erläutere an einem Beispiel ein Bedürfnis, das für dich unverzichtbar ist. > Kompetenzbox

INTERAGIEREN UND SICH-MITTEILEN

So kannst du ein Bedürfnis erläutern

- Notiere Gegenstände oder Personen, auf die du nicht verzichten kannst. Gib an, wofür du sie brauchst.
- Begründe, warum das Bedürfnis wichtig ist.
  Tipp: Denke dabei an Bedürfnisse, die besonders wichtig sind (z.B schlafen, essen ...).
- Formuliere einen Satz in der Ich-Form, der dein Bedürfnis beschreibt. Beginne so: *Ich brauche ...*

M4 Kinder in Indonesien

Yeni lebt in Indonesien. Ihr Vater ist krank. Seit sie acht Jahre alt ist, muss sie deshalb arbeiten statt zur Schule zu gehen. So sieht ihr Tag aus:

7:00 Uhr: Aufstehen und Frühstück vorbereiten. Es gibt jeden Tag das Gleiche: Kochbananen und Kokosnuss.

7:45 Uhr: Meine Mutter, meine Geschwister und ich machen uns auf den Weg zum Steinbruch. […]

8:00 Uhr: Als erstes muss ich Steine aus dem Fluss […] zu einer Stelle oberhalb des Flusses transportieren. Danach muss ich die Steine in Stücke schlagen. Oft klopfe ich mir mit voller Kraft versehentlich auf die Finger oder auf die Hand. […]

17:30 Uhr: Wir packen unsere Sachen zusammen und gehen zurück nach Hause. […] Ich koche, meine Schwester spült. […] In unserem Dorf gibt es kein elektrisches Licht […].

20:00 Uhr: Wir liegen dicht gedrängt auf harten Holzlatten. Wenn es regnet oder stürmt, ist es ziemlich ungemütlich in unserer Hütte. *nach Wiebke Plasse*

9 Vergleiche den Tagesablauf mit deinem eigenen. Nenne Gemeinsamkeiten und Unterschiede.

10 Versetze dich in die Lage von Yeni und schreibe einen kurzen Tagebucheintrag. Sage deinem Tagebuch, welche Wünsche und Bedürfnisse du an diesem Abend hattest.

Bedürfnisse aufschieben

M1 Warten – sparen – Wunsch erfüllen?

Naomi freut sich. Sie bekommt zur Einschulung in die 5. Klasse von ihren Großeltern 150 Euro.

Klasse, von dem Geld kann ich mir alle neuen Filme kaufen! Und noch mit meiner Freundin ins Kino gehen.

Naomi

Raphael

Du wieder ... Mir kann Kino gestohlen bleiben. Ich spare mein Bares, damit ich mir bald das neue Fahrrad kaufen kann. Die Filme laufen später ja noch im Fernsehen.

1 Was würdest du mit 150 Euro machen? Gibst du das Geld aus oder hebst du es auf? Begründe deine Entscheidung.

2 Erläutere, wie die beiden Kinder jeweils mit ihren Bedürfnissen umgehen.

3 Beschreibe eine eigene Situation, in der du auch ein Bedürfnis hast warten lassen oder auf etwas gespart hast. Wie war das für dich?

M2 Bauchentscheidung

Folgende Geschichte wird in der Bibel erzählt:

Esau und Jakob waren Zwillinge, aber Esau wurde zuerst geboren, wodurch er das Erstgeburtsrecht erhielt. Erstgeborener zu sein war in den biblischen Zeiten nicht ohne Bedeutung, weil damit verbunden war, dass man eines Tages den gesamten Besitz [...] des Vaters erbte. Esau ging gerne auf die Jagd und wollte was erleben, während Jakob lieber zu Hause blieb und ab und zu etwas Köstliches kochte.

Einmal kehrte Esau müde und hungrig vom Feld zurück. Jakob hatte einen leckeren Linseneintopf gekocht, und seinem Bruder, kaum hatte er das Essen gerochen, lief das Wasser im Mund zusammen. Er verspürte große Lust mitzuessen und bat Jakob darum, ihn einzuladen. Der Bruder meinte: „Sehr gerne, aber nicht umsonst, sondern im Austausch für das Erstgeburtsrecht."

Esau dachte: „Worauf ich jetzt Lust habe, sind die Linsen. Das Erbe meines Vaters werde ich irgendwann in der Zukunft antreten. Wer weiß, womöglich sterbe ich noch vor ihm!" Und er stimmte zu, seine künftigen Rechte als Erstgeborener gegen die schmackhaften Linsen der Gegenwart zu tauschen.

nach Fernando Savater

4 Erläutere das Problem, vor dem Esau steht. Welche Bedürfnisse hat er?

5 Bevor Esau sein Recht auf das Erbe für den Linseneintopf eintauscht, überlegt er noch einmal kurz und fragt dich, was er tun soll. Formuliere den Ratschlag, den du ihm geben würdest.

M3 Warten können

Eigene Bedürfnisse können wir erfüllen, wenn uns klar ist, was für uns wichtig und gut ist. Oft spüren wir, dass uns mehrere Dinge gleichzeitig wichtig sind, zum Beispiel gute Noten haben und viel Zeit für Freunde und Freundinnen. Die Umstände erlauben es aber nicht, alle Bedürfnisse gleichzeitig zu verfolgen. Dann müssen wir uns überlegen, in welcher Reihenfolge wir am besten vorgehen. Ein Bedürfnis muss zurückgestellt werden, um ein anderes zu befriedigen. Man nennt dies Bedürfnisaufschub. Dadurch kann manchmal schlechte Laune und Ärger entstehen. Doch es kann auch Vorteile haben, nicht gleich einem ersten Bedürfnis nachzugeben. Wenn wir überlegt vorgehen, können wir am Ende größere Zufriedenheit erreichen. Denn das wichtigere Bedürfnis verlieren wir nicht aus den Augen. Wir werden es erfüllen, wenn es ohne üble Folgen möglich ist. Wenn es geht, entscheiden die Beteiligten gemeinsam, welche Bedürfnisse Vorrang haben, welche aufgeschoben werden müssen oder auf welche vielleicht sogar ganz verzichtet werden muss.

6 Erkläre mit Hilfe des Textes den Begriff „Bedürfnisaufschub".

7 Lass dir von einem Partner mit Hilfe des Textes den Begriff „Bedürfnisaufschub" erklären. Gib dann das Gehörte wieder. > Kompetenzbox

8 Beschreibe, was passiert, wenn man ein Bedürfnis aufschiebt und lange auf die Erfüllung eines Bedürfnisses warten muss. Wird der Wunsch größer oder kleiner? Nimmt die Freude zu oder ab?

9 Finde ein Beispiel, bei dem es sich lohnen könnte, ein Bedürfnis aufzuschieben (Geld für Computerspiele ausgeben usw.). Stelle die Vor- und Nachteile einander gegenüber. Was wäre gut daran? Was spricht dagegen?

INTERAGIEREN UND SICH-MITTEILEN

So kannst du Gehörtes wiedergeben

- Schau deinen Partner an, wenn er mit dir spricht.
- Falle ihm nicht ins Wort und zeige Interesse (z. B. durch Nicken).
- Frage nach, wenn du etwas nicht verstanden hast. Beispiel: *Wie meinst du das?*
- Notiere dir wichtige Stichwörter.
- Lies die Notizen noch einmal durch und formuliere daraus Sätze in der dritten Person. Beispiel: *Im Text wird gesagt, dass ...*

M4 Ich will Eis – und das jetzt!

10 Beschreibe das Bild und formuliere die Bedürfnisse der verschiedenen Personen (Verkäufer, Kunden, kleiner Junge ganz hinten in der Reihe). Was ist hier das Problem?

11 Formuliere einen Ratschlag, den du den Personen, die Eis essen möchten, geben würdest.

Wozu fasten?

M1 „7 Wochen ohne“

Die evangelische Kirche ruft jedes Jahr unter dem Leitspruch „7 Wochen ohne“ zu einem besonderen Fasten auf. Einige der Themen der letzten Jahre waren:

1 Erläutere, worauf in den Aktionen der evangelischen Kirche jeweils verzichtet werden soll.
2 Welches Motto gefällt dir am besten? Begründe deine Auswahl.
3 Trage zusammen, welche Formen des Fastens du kennst.

M2 Ziele der Aktion „7 Woche ohne“

Die Teilnehmerinnen und Teilnehmer verzichten bei dieser Aktion nicht nur auf Alkohol, Zigaretten oder Süßigkeiten oder auch alltägliche Bequemlichkeiten wie Fernsehkonsum, Internet oder Fertiggerichte. Vielmehr geht es auch um ein „Fasten im Kopf“: Die Menschen können und sollen in den sieben Wochen ihre Alltagsgewohnheiten überdenken. Sie können dabei auch neue Einsichten gewinnen. Denn „Weniger ist (oft) mehr“ und „7 Wochen OHNE sind auch 7 Wochen MIT“. Mit einem Verzicht kann auch Platz geschaffen werden für Neues …

4 Finde mit Hilfe des Textes mögliche Gründe dafür, warum man überhaupt fasten sollte und was das genau heißt.
5 „7 Wochen OHNE sind auch 7 Wochen MIT.“ Erläutere den Satz.
6 Was kann man durch Verzicht gewinnen? Nenne Beispiele.
7 Erläutere, welches Fasten für dich eine lohnende Herausforderung wäre.

M3 Fasten

Felix wundert sich, dass sein Schulfreund Baran heute fix und fertig ist, aber auch in der Mittagspause nichts isst und nichts trinkt. „Sag' mal, Baran", fragt er, „was ist los mit dir? Wieso hast du heute nichts zum Essen dabei? Hast du deine Sachen vergessen? Soll ich dir was leihen?" Da erklärt ihm Baran, dass heute der erste Tag im Fastenmonat Ramadan ist, der 9. Monat der islamischen Zeitrechnung. „Der Islam schreibt uns vor, während des Fastenmonats von Sonnenaufgang bis Sonnenuntergang weder zu essen noch zu trinken. Erst heute Nacht treffen wir uns mit unserer Familie zu einem großen Essen."

In der Tat schreiben manche Religionen ihren Gläubigen vor, auf Essen und manchmal auch Trinken in einer gewissen Zeit zu verzichten. Der Islam erinnert mit dem Ramadan an die Zeit, als der Religionsstifter Mohammed sich in die Wüste zurückzog, um zu beten, und ihm dort ein Engel mit Gottes Botschaft erschien.

Das Christentum kennt für Erwachsene ebenfalls eine Fastenzeit. Sie beginnt 40 Tage vor Ostern zur geistigen Vorbereitung auf das Osterfest, das an die Kreuzigung und Auferstehung von Jesus erinnert. Da Jesus an einem Freitag ans Kreuz geschlagen wurde, verzichtete man in früheren Zeiten freitags auf Fleisch.

8 Formuliere mit Hilfe des Textes mögliche Gründe für das Fasten.

9 Erarbeite Fragen zum Thema Fasten. Zum Beispiel: *Hast du schon einmal gefastet? Warum bzw. warum nicht? Wie war das Fasten?*

10 Lass dir von einem Partner die Ergebnisse der Aufgaben 8 und 9 darstellen. Gib dann das Gehörte wieder. > Kompetenzbox

INTERAGIEREN UND SICH-MITTEILEN

So kannst du Gehörtes wiedergeben

- Schau deinen Partner an, wenn er mit dir spricht.
- Falle ihm nicht ins Wort und zeige Interesse (z. B. durch Nicken).
- Frage nach, wenn du etwas nicht verstanden hast. Beispiel: *Wie meinst du das?*
- Notiere dir wichtige Stichwörter.
- Lies die Notizen noch einmal durch und formuliere daraus Sätze in der dritten Person. Beispiel: *Im Text wird gesagt, dass ...*

M4 Verzichten als Selbstversuch

In Horb startet ein einzigartiges Projekt, bei dem rund 250 Schülerinnen und Schüler eine Woche auf ihr Handy verzichten wollen. Teilnehmen werden alle 6. Klassen der weiterführenden Schulen der Stadt.

„Also ich finde es eigentlich eine gute Sache, weil unsere Eltern auch keine Mobiltelefone hatten", erklärt Schülerin Elisa ihre Motivation. Sie erhofft sich auch einen Lerneffekt, weil das eine ganz neue Situation für sie und ihre Mitschüler sei. Für ihre neu gewonnene Freiheit hat sie auch schon einige Ideen [...]: „Vielleicht einfach die Bücher lesen, die wir schon haben, oder mit Freunden und Nachbarn rausgehen, einfach Freizeitaktivitäten machen, die sonst eher zu kurz kommen" [...]. Sie sei zwar noch etwas skeptisch, ob es klappt, will aber auf jeden Fall durchhalten. *nach Radio Karlsruhe*

11 Erläutere, was die Schülerinnen und Schüler in diesem Fall dazu bringt, zu verzichten.

12 Überlege dir ein eigenes Projekt, bei dem du auf etwas verzichtest. Wofür würdest du sammeln wollen, worauf verzichten? Gestalte ein Infoblatt für die Aktion und stelle es vor.

Zeig, was du kannst!

Das Wichtigste in Kürze

Bedürfnisse – Wünsche – Grundbedürfnis – Wohlfühlbedürfnis – Luxusbedürfnis – Konflikte – fremde und eigene Bedürfnisse – brauchen – warten – Auszeit – aufschieben – Ramadan – fasten

Menschen und ihre Bedürfnisse

Alle Menschen auf der Welt haben Bedürfnisse. Ein Bedürfnis haben bedeutet, dass man einen Mangel spürt, den man gern beseitigen möchte, dass man z. B. etwas isst, wenn man Hunger hat. Wir können uns heutzutage vieles, was wir brauchen, einfach kaufen. Aber das ist nicht immer selbstverständlich, nicht hier und noch weniger in anderen Ländern.

Manche Bedürfnisse sind besonders wichtig (Grundbedürfnisse), andere machen uns zufriedener (Wohlfühlbedürfnisse) und wieder andere sind nur Luxus, auf den wir auch verzichten können (Luxusbedürfnisse). Wir kommen immer wieder in Situationen, in denen wir entscheiden müssen, welche Bedürfnisse weniger wichtig sind als andere. Wir müssen entscheiden, ob meine Bedürfnisse oder die anderer wichtiger sind. Wir können uns auch fragen, ob wir jedem Wunsch nachkommen wollen oder nicht, wie beispielsweise beim Fasten.

Kompetenz-Check

M (Un-)Verzichtbar

INTERAGIEREN UND SICH-MITTEILEN

1 Erkläre, woran du ein wichtiges Bedürfnis bei dir und anderen erkennst.

2 Nenne Bedürfnisse, die du nicht so leicht aufschieben kannst, und begründe deine Auswahl.

3 Wähle einen Gegenstand aus, den sich das Mädchen von den Eltern wünscht. Stell dir vor, du bist das Mädchen und erläuterst deinen Eltern dein Bedürfnis. Warum ist dieser Gegenstand so wichtig?

4 Formuliere einen Ratschlag für das Mädchen, damit es weniger tragen muss.

Werkstatt

Eine Bedürfnis-Liste für den Urlaub erstellen

Stell dir deinen Urlaub vor: drei Wochen in einem Zeltlager. Du kannst nur einen Rucksack mitnehmen. Für Essen und Trinken ist gesorgt. Schlafsack und Zelt werden dir zur Verfügung gestellt. Bedenke, dass du vom Bahnhof zum Zeltplatz zu Fuß mit dem Rucksack etwa eine Dreiviertelstunde laufen musst. Plane anschließend deine Bedürfnis-Liste.

Worauf es ankommt

- ☑ alle wichtigen Bedürfnisse berücksichtigen
- ☑ über Grund-, Wohlfühl- und Luxusbedürfnisse Bescheid wissen
- ☑ sinnvolle Reihenfolge festlegen
- ☑ übersichtlich gestalten

Inhalte festlegen

Triff eine Vorauswahl. Was möchtest du gerne mitnehmen, was ist dir wichtig?
Sammle alle wichtigen Bedürfnisse und berücksichtige dabei auch, was du für deinen Alltag brauchst. Notiere auch Dinge, die dir wichtig sind, obwohl du sie nicht zum Überleben brauchst.

Eine sinnvolle Reihenfolge finden

Am Anfang solltest du die Wünsche einkreisen, die dir am wichtigsten erscheinen, dann weniger wichtige und schließlich unwichtige markieren. Verwende dazu die Farben der Bedürfnisampel.

Stopp! Das brauche ich unbedingt!

Das ist nicht ganz so wichtig.

Darauf kann ich verzichten.

Nun prüfe, was davon in den Rucksack passt. Notiere, worauf du bei deiner Auswahl besonders achten musst. Berücksichtige dabei, dass das Wetter sich ändern kann, dass du dich vielleicht auch mal langweilst und dass verschiedene Aktivitäten geplant sind (Schwimmen, Wandern, …).

Liste gestalten

Erstelle deine Packliste und markiere die Dinge auf deiner Liste. Benutze die Ampelfarben, um deutlich zu machen, was besonders wichtig ist, und was weniger wichtig ist. Ergänze deine Bedürfnis-Liste durch ausgeschnittene Bilder oder Zeichnungen.

Wie gestaltet man ein Fest?

Was ist ein Fest?

Wo nimmt der Osterhase die bunten Eier her?

Wer bestimmt die Feiertage?

Feiern alle gleich?

Religionen, Weltbilder und Kulturen

> Feste feiern

WERKSTATT

Mein persönlicher Feste-Kalender

Ein Jahreskalender hilft, das Jahr zu planen. Wichtig sind dabei nicht nur die allgemeinen Feste, sondern auch besondere Ereignisse, die man dort eintragen kann. So weiß man, wann man etwas vorzubereiten hat und vergisst wichtige Dinge nicht. Erstelle einen Jahreskalender, der all die Feste enthält, die du feierst: Feste für dich, Familienfeste oder andere Feste, an denen du teilnimmst.

Berücksichtige dabei auch die Tage, an denen du schulfrei haben wirst oder an denen etwas Besonderes geschieht (z. B. eine Hochzeit, ein Ausflug, ein Gartenfest usw.). Gestalte den Kalender so, dass er dir gefällt und zugleich übersichtlich ist.

Ein Anlass zum Feiern!

M1 Ein Fest wird gefeiert

1 Beschreibe kurz, was auf dem Bild zu sehen ist.
2 Erkläre am Bild, woran man erkennen kann, dass hier eine Hochzeit gefeiert wird.
3 Beschreibe am Bild, was das Brautpaar von den anderen Gästen unterscheidet.

M2 Was wird hier gefeiert?

4 Beschreibe, was auf dem Bild zu sehen ist.
5 Gib dem Bild einen Titel.
6 Betrachte das Bild genauer und finde heraus, welches Fest gefeiert wird. Fasse deine Ergebnisse in einem Bericht zusammen. > Kompetenzbox
7 Überprüfe, ob dein Titel aus Aufgabe 5 noch passt. Falls nicht, gib dem Bild einen neuen Titel.
8 Schreibe eine kurze Geschichte zu dem Bild.

WAHRNEHMEN UND DEUTEN

So kannst du ein Bild deuten

- Beziehe dich nur auf das Bild – denke dabei nicht an dir bekannte Personen oder Ereignisse.
- Beschreibe genau die Einzelheiten. Benutze dabei die W-Fragen:
  Wer? (Personen und ihre Rollen)
  Wie? (Gesichtsausdruck – wer wird angeschaut und wer schaut zu?)
  Was? (Dinge ...)
  Wozu? (... und ihre Funktion – Dekoration beachten, d. h. die Gegenstände, mit denen etwas geschmückt wird!)
- Formuliere eine Vermutung über das gefeierte Fest, die sich nur auf Bestandteile des Bildes bezieht.

M3 Eine türkische Hochzeit

Einträge aus einem Tagebuch:

1 Wie damals, als meine Eltern nach ihrer Hochzeit zusammengezogen sind, habe auch ich in unser Haus einen Koran mitgebracht, damit unser Glaube an Allah stark bleibt, eine Kerze, damit wir immer Licht haben, ein bisschen Reis, damit es uns immer gut geht, Eier, damit ich bald schwanger werde, Salz, damit unsere Ehe harmonisch verläuft, und etwas Zucker für die Süße des Lebens.

2 Bei der Unterzeichnung habe ich Muzaffer leicht mit dem Fuß getreten. Ich hoffe, es hilft, denn es heißt, dass derjenige, der den anderen zuerst leicht tritt, angeblich der Chef in der Ehe sein soll.

3 Eintrag vom 25.04.09 – Gestern haben Muzaffer und ich geheiratet und sind danach direkt in unsere neue Wohnung gezogen.

4 Dass wir alle viel gegessen und getrunken haben, versteht sich ja von selbst. Als Hochzeitsgeschenke haben wir hauptsächlich Geld und Gold bekommen. Das ist Tradition bei uns, damit wir als Frischvermählte sozial abgesichert sind.

5 Die letzten drei Tage waren anstrengend. Viele Verwandte, Bekannte und Freunde haben die Hochzeit mit uns gefeiert. Es war schön, dass wir Frauen die ganze Zeit unter uns waren. Muzaffer hat mit den Männern gefeiert. Das hat ihm gut gefallen, weil sie zu traditionellen Liedern getanzt haben.

6 Die eigentliche Trauung fand gestern Abend in der Moschee statt. Sie wurde von unserem hoça (Religionslehrer) vollzogen. Heute Morgen sind wir direkt zum Standesamt gefahren und haben uns unsere Ehe durch einen Ehevertrag gesetzlich besiegeln lassen.

9 Die Tagebucheinträge sind etwas durcheinander geraten. Erstelle auf der Grundlage des Textes den Ablauf der Hochzeit. Fertige eine Liste der genannten Ereignisse an und ordne sie nach ihrer zeitlichen Abfolge.

10 In den Abschnitten 1 und 2 werden besondere Symbole beschrieben (z. B. eine Kerze). Erstelle eine Liste aller Symbole im Text und erläutere ihre Bedeutung.

11 Nenne weitere dir bekannte Symbole, die du von Hochzeiten oder anderen Festen kennst und erläutere sie.

M4 Etwas festlich gestalten

Nimm einmal an, ein Mitschüler oder eine Mitschülerin war für mehrere Monate im Krankenhaus. Nun kommt er oder sie zurück und du willst mit deinen Mitschülerinnen und Mitschülern ein kleines Fest aus diesem Anlass feiern.

12 Plane einen Ablauf für dieses Fest.

13 Überlege dir, wie sich der Anlass des Festes durch ein Geschenk oder eine Dekoration besonders gut darstellen lässt. Fertige ein Bild oder ein Modell hiervon an.

Was wird gefeiert und warum?

M1 Alles Gute zum Geburtstag!

1 Schlage vor, was der Mann denken könnte.
2 Nenne Dinge oder Ereignisse, die hinzukommen sollten, damit aus dieser Situation noch ein schönes Geburtstagsfest wird.

M2 Feste überall

1

2

3

4

3 Ordne den Bildern jeweils eines der folgenden Feste zu: a) Beschneidungsfest (Islam) – b) Lichterfest (Judentum) – c) Neujahrsfeier (China) – d) Unabhängigkeitstag (USA). Begründe deine Zuordnung.
4 Erfinde zu den Bildern passende Sprechblasen.
> Kompetenzbox
5 Beschreibe jeweils auf der Grundlage des Bildes das Fest und schreibe in einem Satz auf, was bei diesem Fest gefeiert werden könnte.

WAHRNEHMEN UND DEUTEN

So kannst du die Sichtweise eines anderen einnehmen

- Beschreibe, wie die Person (oder der Drache) auf dich wirkt.
- Bestimme ihr mögliches Alter und ob die Person alleine oder als Teil einer Familie lebt.
- Überlege, womit sie sich in ihrem Alltag beschäftigen könnte und erstelle eine kleine Sammlung von Tätigkeiten.
- Überlege nun, was sie dir aus ihrem Leben berichten könnte und weshalb sie dieses Fest feiert.
- Formuliere als Sprechblase einen kleinen Text, in dem die Person (oder der Drache) dir seine Freude über dieses Fest mitteilt.

M3 Was ist ein Fest?

Ein Fest (lateinisch *festum*: Fest, Feier) ist eine Unterbrechung des Alltags und wird gemeinschaftlich begangen. Die Teilnehmerinnen und Teilnehmer eines Festes gewinnen Abstand zu ihren alltäglichen Beschäftigungen und können sich in der Gemeinschaft erholen, selbst wenn manches Fest mit Anstrengungen verbunden ist. Meist werden bestimmte Regeln zum Ablauf eines Festes und zum Verhalten der Teilnehmerinnen und Teilnehmer befolgt; solche Regeln nennt man Riten (Einzahl: Ritus); das diesen Regeln entsprechende Verhalten wird als Ritual bezeichnet. Hierzu gehören z. B. eine bestimmte Kleidung, das Mitbringen von Geschenken, Glückwünsche, Ansprachen, bestimmte Speisen und Getränke, Wahl eines geeigneten Ortes. Man unterscheidet religiöse und profane, d. h. weltliche Feste (lateinisch *pro fano*: außerhalb eines Tempels). Der Anlass, der Zeitpunkt und der Kreis der Gäste eines Festes muss allen Teilnehmerinnen und Teilnehmern rechtzeitig bekannt sein.

6 Schreibe aus dem Text die Schlüsselwörte heraus und notiere jeweils eine kurze Erklärung dazu.

7 Überlege für jedes Bild in M2, ob ein profanes oder ein religiöses Fest dargestellt wird. Begründe deine Einordnung.

8 Nenne zu jedem der Schlüsselwörter aus Aufgabe 6 ein kleines Beispiel. Denke bei den Beispielen an dir bekannte Feste.

M4 Soll man den Geburtstag feiern?

Von vielen Menschen (in verschiedenen Kulturen oder Religionen) wird der Geburtstag nicht gefeiert.

9 Überlege, welche Bedeutung das Geburtstagsfest für die Person und welche es für seine Eltern hat. Formuliere jeweils einen Satz dazu.

10 Sollte man am Geburtstag nicht eher die Eltern feiern? Formuliere Gründe, die dafür, und Gründe, die dagegen sprechen.

11 Formuliere deinen Standpunkt zu der Frage, ob der Geburtstag gefeiert werden sollte.

Und was machst du zum Fest?

M1 Zwei Ansichten über Weihnachten

Ich lebe seit 22 Jahren in Deutschland, ich habe 22-mal Weihnachten mitgemacht. Weihnachten ist dunkel und kalt, alles ist voller Lichter. Die Geschäfte sind geschlossen. Man muss daran denken, genug Essen einzukaufen. Manchmal gibt es Schnee. Das ist schön. Heilig Abend und Weihnachten sind für mich ganz normale Tage. Ich sehe fern. Im türkischen Fernsehen spielt Weihnachten keine Rolle. Man vergisst einfach, dass für die Christen ein besonderer Tag ist.

Ich glaube nicht an Gott. Ich glaube auch nicht an die Zahnfee. Trotzdem lege ich meinen Töchtern einen Euro unters Kissen, wenn ein Milchzahn ausfällt. Das hat nichts mit Glauben zu tun, sondern mit Ritualen und Traditionen. Meiner Frau und unseren Kindern ist Weihnachten wichtig. Ich respektiere das. Meine Frau ist katholisch. Eine meiner Töchter geht auf ein christliches Gymnasium. Beide sind nicht getauft, das war mir wichtig. Ich möchte, dass sie später selbst entscheiden, an was sie glauben wollen und ob überhaupt.

Kathrin Spoerr

1 Gib die Ansichten in eigenen Worten wieder.
2 Nenne deinen Standpunkt zu der Frage, wie Muslime Weihnachten feiern sollten.

M2 Ein Fest der Farben

Beim Holi-Fest, das seinen Ursprung in Indien hat, bewirft man sich mit Farbpulver.

3 Beschreibe, was du auf den Bildern siehst.
4 Nenne Gemeinsamkeiten und Unterschiede.
5 Welches Bild stellt eher eine Party dar, welches eher ein religiöses Fest? Beantworte die Frage mit einer kurzen Begründung.
6 Erkläre, welches Bild dir besser gefällt und warum das so ist.
7 Bei welcher Feier möchtest du lieber dabei sein? Begründe deine Antwort.
8 Nenne etwas, das Inder beim Holi-Fest feiern könnten, und begründe deine Vermutung.

M3 Islamisches Opferfest – wen geht das an?

Zwei Monate und zehn Tage nach dem Ramadanfest feiern wir Muslime das Opferfest. Mein Vater sagt immer: „Für uns Muslime ist es in Deutschland fast unmöglich, das Opferfest richtig zu feiern. Wo und wie sollen wir hier ein Tier, z. B. ein Schaf, richtig schlachten?“ […] In diesem Jahr aber ist alles ganz anders. Mein Vater hat sich mit sechs Freunden zusammengetan. Vor vierzehn Tagen sind sie zu einem in der Nähe liegenden Bauernhof gefahren und haben sich dort eine von dreißig Kühen ausgesucht, lange mit dem Bauern gehandelt und sie schließlich gekauft. Der Bauer […] war damit einverstanden, dass wir die Kuh auf seinem Hofe schlachten und dass wir dort das Opferfest feiern. […] Ein Tierarzt, den mein Vater vorher benachrichtigt hatte, hat ein Stück der Leber untersucht, „gesund“ gesagt und damit die Kuh zum Verzehr freigegeben. Wir haben das Fleisch in sieben Teile aufgeteilt und Lose gezogen. So hat jede Familie ihren Anteil bekommen. Dann haben wir etwas vom Fleisch am offenen Feuer gegrillt. Es war sehr lecker. Den Rest des Fleisches haben wir nach Hause mitgenommen und es in drei Teile aufgeteilt. Einen Teil haben unsere türkischen Nachbarn bekommen, die in diesem Jahr kein Tier geschlachtet haben. Auch unsere deutschen […] Nachbarn haben sich gefreut, als wir ihnen ein Stück Fleisch von unserer Kuh gebracht haben. Am nächsten Wochenende werden wir den zweiten Teil zusammen mit Freunden essen, die meine Eltern eingeladen haben. Den dritten Teil wird meine Mutter einfrieren. So werden wir in den nächsten Wochen immer wieder ein Stück von „unserer Kuh“ essen, die wir am Opferfest geschlachtet haben.

nach Halim Cepni u. a.

9 Beschreibe den Ablauf des Opferfestes, wie es im Text erzählt wird.

10 Wenn man später wieder vom Fleisch des Festes isst, gehört das noch zum Fest oder ist das etwas anderes? Begründe deine Antwort.

11 Muslimische Kinder müssen am Tag des Opferfestes nicht in die Schule gehen. Sollten deshalb muslimische Kinder Weihnachten zur Schule gehen müssen? Formuliere zu dieser Frage deine Ansicht. Berücksichtige dabei die Bedürfnisse muslimischer und nicht-muslimischer Kinder.
> Kompetenzbox

WAHRNEHMEN UND DEUTEN

So kannst du unterschiedliche Kulturen verstehen

- Erkläre, weshalb muslimische Kinder besonders an diesem Tag schulfrei haben möchten. Berücksichtige dabei, dass das Opferfest für Muslime ebenso wichtig ist wie das Weihnachtsfest für Christen.
- Beschreibe die Gefühle der anderen Kinder, die am Opferfest zur Schule gehen müssen.
- Beschreibe, wie es wäre, wenn manche Kinder an Weihnachten zur Schule müssten, während alle anderen frei haben.
- Formuliere deine Ansicht. Berücksichtige dabei die unterschiedlichen Bedürfnisse der Kinder.

M4 Stell dir vor …

Nimm einmal an, du dürftest für deine Familie ein Fest bestimmen, das gefeiert wird. Die einzige Bedingung ist die, dass es kein bekanntes Fest sein darf.

12 Bestimme, was an diesem Fest gefeiert werden soll.

13 Lege den Tag fest, an dem das Fest gefeiert werden soll und beschreibe den Ablauf des Festes.

Immer nur Alltag?

M1 Immer wieder Weihnachten

In der Kurzgeschichte „Nicht nur zur Weihnachtszeit“ von Heinrich Böll aus dem Jahr 1953 passiert Folgendes:

Als der Weihnachtsbaum abgeräumt werden soll, schreit Tante Milla los und erleidet einen Nervenzusammenbruch. Ihr kann auch kein Arzt helfen. Onkel Franz kommt auf die Idee, einen neuen Tannenbaum aufzustellen und Weihnachten erneut zu feiern. Tante Milla beruhigt sich zwar, aber es stellt sich heraus, dass nun täglich „Weihnachten“ gefeiert werden muss, da Tante Milla ansonsten Schreikrämpfe bekommt.

1 Erkläre kurz, was an Weihnachten gefeiert wird.
2 Soll man jeden Tag Weihnachten feiern? Nenne Gründe, die dafür sprechen, und Gründe, die dagegen sprechen.
3 Überlege dir, weshalb Tante Milla jeden Tag Weihnachten feiern möchte. Formuliere Sätze, die Tante Milla sagen könnte.

M2 Samstags gehört Vati mir!

Lange war es auch in Deutschland üblich, dass an sechs Tagen in der Woche (48 Stunden) gearbeitet wurde. 1956 haben die Gewerkschaften die 5-Tage-Woche durchgesetzt.

Plakat des Deutschen Gewerkschaftsbundes zum 1. Mai 1956

4 Als das Plakat gemacht wurde, musste am Samstag grundsätzlich noch gearbeitet werden und Kinder hatten Unterricht in der Schule. Beschreibe, wie ein Schulkind zu dieser Zeit den Samstag erlebt hat.
> Kompetenzbox
5 Sollten alle Eltern am Wochenende frei haben? Beantworte die Frage aus der Sicht einer Person, die dagegen ist. Nenne mögliche Gründe.
6 Stell dir vor, es gäbe keine Feiertage – und auch keine Wochenenden. Die Menschen würden zwar nur fünf Stunden am Tag arbeiten, aber dafür jeden Tag. Beschreibe, was daran gut wäre und was dir an einer solchen Welt nicht gefallen würde.

WAHRNEHMEN UND DEUTEN

So kannst du die Sichtweise eines anderen einnehmen
- Beschreibe das Kind auf dem Bild. Wie wirkt es auf dich?
- Überlege dir, weshalb das Kind auf dem Plakat möchte, dass der Vater samstags nicht mehr arbeiten muss.
- Stell dir vor, wie der Samstag eines Kindes abläuft, wenn es noch Schule hat und die Eltern arbeiten müssen. Was macht es, wenn es von der Schule nach Hause kommt?
- Formuliere einen Text, der das Wochenende eines Schulkindes aus dieser Zeit beschreibt. Erkläre dabei, warum es sich ein längeres Wochenende wünscht.

M3 Feiertage in den USA

Die staatlichen Feiertage in den USA sind überwiegend nicht religiöser Natur. Viele erinnern an Ereignisse der nationalen Geschichte oder an gesellschaftliche Themen. Feiertage in den USA sind nicht generell arbeitsfrei; ob gearbeitet werden muss oder nicht, hängt von den Vereinbarungen des Arbeitsvertrags ab. Die folgenden zehn Feiertage wurden von der Regierung zu gesetzlichen Feiertagen erklärt.

- New Year's Day (Neujahr) – 1. Januar
- Martin Luther King Day – dritter Montag im Januar
- Washington's Birthday (Tag des Präsidenten) – dritter Montag im Februar
- Memorial Day (Gedenktag) – letzter Montag im Mai
- Independence Day (Unabhängigkeitstag) – 4. Juli
- Labor Day (Tag der Arbeit) – erster Montag im September
- Columbus Day (Kolumbus-Tag) – zweiter Montag im Oktober
- Veterans Day (Veteranentag) – 11. November
- Thanksgiving Day (Erntedankfest) – vierter Donnerstag im November
- Christmas Day (Weihnachten) – 25. Dezember

7 Wähle drei der Feiertage aus und beschreibe, was an ihnen gefeiert wird. Falls du es nicht weißt, mache einen Vorschlag, was an ihm gefeiert werden könnte.

8 Erstelle eine Liste der dir bekannten Feiertage. Vergleiche diese Liste mit den Feiertagen in M3. Beschreibe Unterschiede und Ähnlichkeiten.

9 Nenne mehrere Feste, die individuelle Feste sind, d. h. etwas Besonderes im Leben einer Person feiern (z. B. Geburtstag).

M4 Anders feiern

Während viele Menschen ein Fest feiern, gibt es immer wieder einige andere, die das Fest gar nicht kennen oder es aus anderen Gründen nicht feiern.

10 Einige Menschen müssen, während andere feiern können, ihre Arbeit tun (z. B. im Krankenhaus oder bei der Feuerwehr). Beschreibe in einer kurzen Geschichte, wie ein Krankenpfleger oder eine Krankenschwester die Silvesternacht im Krankenhaus erlebt.

11 Recherchiere (z. B. im Internet) zu einem der Feiertage in M3, der dir unbekannt ist. Berichte, worum es bei diesem Feiertag geht und wie er gefeiert wird.

Warum gibt es Ostereier zu Ostern?

M1 Wo kommen die Ostereier her?

Zu Ostern finden Kinder an merkwürdigen Orten bunt bemalte Eier.

1 Beschreibe die Bilder und erkläre an ihnen das „Ostereier-Suchen".

2 Erkläre, weshalb Kinder sich über die Ostereier freuen.

3 Warum könnte es zu Ostern Ostereier geben? Formuliere eigene Vermutungen zu dieser Frage.

M2 Feste und Brauchtum

Hochzeit – Weihnachten – Ostern – Martinsfest – Halloween

Feuer – Kürbisköpfe – Blumen – Hase – Laternen – grüne Farbe – Nadelbaum – Schlitten – Schokolade – Tuch – Kerzen – Marmelade – Fahrrad

4 Ordne den Festen links die Dinge und Begriffe auf der rechten Seite zu.

5 Nenne weitere Dinge, die zu bestimmten Festen gehören.

6 „Tradition und Brauchtum" sind übliche Dinge oder Vorgänge, die zu bestimmten Festen gehören. Beschreibe dir bekannte Vorgänge, die zu bestimmten Festen stattfinden (wie z. B. der Laternenlauf zum Martinsfest).

7 Ergänze M2 um weitere Feste und Dinge.

M3 Bunte Eier – warum eigentlich?

Es gibt verschiedene Deutungen, woher die bunten Ostereier kommen. Der Text stellt eine davon dar.

Im Mittelalter wurde vom Aschermittwoch bis zum Karfreitag, der Kreuzigung Jesu, eine strenge Fastenzeit eingehalten. Während dieser Periode durfte man keine Eier essen, da sie, wie Fleisch auch, unter das Abstinenzgebot fielen. Doch die Hühner hat das natürlich wenig beeindruckt: Sie legten eifrig weiter ihre Eier.

Alle Eier der letzten Fastenwoche – der sogenannten Karwoche – wurden deshalb gesammelt und aufbewahrt. Einen Kühlschrank gab es im Mittelalter noch nicht, deshalb kochte man die Eier, um sie länger haltbar zu machen. Damit man die „alten" Eier nach der Fastenzeit nicht mit den frischen verwechseln konnte, wurden sie zusätzlich rot eingefärbt. […]

Am Ostersonntag schließlich durfte man nach 40 Tagen Fasten endlich wieder Eier essen. […] Die Tradition des Eierfärbens ist uns bis heute geblieben.

Clea von Ammon

8 Gib wieder, warum erst zu Ostern Eier gegessen werden durften und warum die Ostereier gefärbt wurden.

9 Viele Menschen, die gar nicht gläubig sind, feiern Ostern. Sie machen Osterspaziergänge und lassen ihre Kinder Ostereier suchen. Erkläre, warum das so ist. > Kompetenzbox

10 Nenne andere Bräuche oder Feste, die mit dem Frühling zu tun haben.

WAHRNEHMEN UND DEUTEN

So kannst du unterschiedliche Kulturen verstehen

- Erkläre mit Hilfe des Textes, weshalb die gläubigen Menschen sich auf das Essen der Eier gefreut haben. Berücksichtige dabei, dass sie vorher gefastet haben.
- Erkläre, was Eier mit dem Thema Leben zu tun haben.
- Beschreibe, was den Menschen am Frühling gefällt.
- Formuliere eine Erklärung dafür, dass auch nichtgläubige Menschen sich mit Ostereiern beschenken. Beginne so: *Im Frühling freuen sich Menschen über geschenkte Ostereier, weil …*

M4 Piñatas – bunte Figuren

Piñatas sind farbige Figuren, die meist aus „Pappmaché" gemacht werden. Man füllt sie mit Süßigkeiten oder Früchten. Die Piñatas werden an einem Seil aufgehängt und sollen durch Schläge mit einem Stock so aufgerissen werden, dass Süßigkeiten, Früchte oder auch andere Überraschungen auf die Kinder „regnen".

11 Beschreibe, was auf dem Bild zu sehen ist.

12 Mache einen Vorschlag, zu welchem Fest Piñatas aufgehängt werden könnten, und begründe deinen Vorschlag.

13 Recherchiere Herkunft und Bedeutung der Piñatas.

Zeig, was du kannst!

Das Wichtigste in Kürze

Fest planen – Weihnachten – feiern – Ritual – Holi-Fest – Dekoration – Feiertag – religiöses Fest – 5-Tage-Woche – Hochzeit – Ostereier – Brauchtum – Festkleidung – Party – Opferfest

Feste feiern

Menschen in allen Kulturen feiern. In Festen erfahren wir uns, andere Menschen und manchmal die ganze Welt um uns einmal anders. Wir unterbrechen den Alltag aus einem besonderen Anlass und nehmen teil an einem Fest. Solche Anlässe sind z. B. religiöse Feste, Familienfeiern, persönliche Feste oder besondere Ereignisse (Einschulung, Richtfest, usw.). Wenn Feste gelingen, dann lassen sie uns den grauen Alltag vergessen und geben dem, was wir sonst im Leben tun, einen Sinn.

Kompetenz-Check

M Ein Anlass zum Feiern!

WAHRNEHMEN UND DEUTEN

1 Bringe die folgenden Ereignisse eines Festes in die richtige Reihenfolge:
a) das Essen zubereiten
b) die Gäste begrüßen
c) die Lebensmittel einkaufen
d) den Tisch decken
e) die Gäste verabschieden
f) das Essen bringen
g) die Gäste einladen

2 Beschreibe aus der Sicht der drei Personen, was sich in ihrem Leben durch das Einschulungsfest ändert.

3 Worüber freuen sich die Personen auf dem Bild? Formuliere für jede Person eine Sprechblase.

Werkstatt

Mein persönlicher Feste-Kalender

Dein Kalender sollte möglichst vollständig sein und er sollte auf das, was dir am wichtigsten ist, besonders eingehen. Wenn er gut gelingt, sagt der Kalender etwas darüber aus, wer du bist und was dir wichtig ist. Der Kalender kann außerdem sehr nützlich sein – er kann dir helfen, wichtige Tage nicht zu vergessen, damit du z. B. genügend Zeit hast, ein Geschenk zu besorgen oder etwas Besonderes vorzubereiten.

Worauf es ankommt

- ☑ alle wichtigen Feste aufnehmen
- ☑ über alle Feiern informieren, für die du etwas vorbereiten musst
- ☑ individuell und übersichtlich gestalten

Inhalte festlegen

Sammle alle wichtigen Feste und berücksichtige dabei deine Familie und deine Freunde. Freie Tage solltest du auch aufschreiben (insbesondere Ferien- und Feiertage). Hilfreich ist es hierfür, dass du dir einen Jahreskalender beschaffst, damit du nichts übersiehst. Schreibe alles, was du in deinem Kalender haben willst, zusammen mit dem Datum auf.

Aufbau planen (entwerfen)

Am Anfang solltest du verschiedene Möglichkeiten ausprobieren. Du setzt deine Idee versuchsweise um: nimm nur ein paar Kalendereinträge und schau dir an, ob dir das Ergebnis gefällt. Frag auch andere, welche Idee die beste ist!

Mit Farben und Formen gestalten

Du kannst wichtige Wochen / Monate hervorheben oder nach einem Motto (z. B. Ferienzeit) mit dazu passenden Bildern oder Formen gestalten.

Farben sind hilfreich, um verschiedene Arten von Festen oder Ereignissen gut voneinander unterscheiden zu können.

Wie weit kann man ins Universum schauen?

Wie soll man sich das Unendliche vorstellen?

Was suchen Menschen im Weltall?

Was war vor dem Urknall?

Wie viele Sterne gibt es?

Religionen, Weltbilder und Kulturen

> Vom Ursprung der Welt

WERKSTATT

Einen Schöpfungsmythos in Bildern erzählen

Stop-Motion-Film von Ahmet, Jessika und Nina aus einem Projekt zu Schöpfungsmythen in einer 5. Klasse

Wie ist die Welt entstanden? Diese Frage haben sich die Menschen schon immer gestellt. Ihre Antworten sind in mythischen Erzählungen aus aller Welt überliefert.

Wähle einen Schöpfungsmythos aus, der dir besonders gut gefällt und stelle diesen bildlich dar. Erzähle die Geschichte in einem Bild, einem Comic oder in einem Stop-Motion-Film nach.

Vielleicht hast du aber auch deine eigene Vorstellung über den Ursprung der Welt? Erstelle und gestalte dann deinen eigenen Schöpfungsmythos.

Geheimnisvolle Welten beobachten

M1 Himmelskörper

Die Schönheit und Rätselhaftigkeit der Ereignisse am Himmel zog die Menschen schon immer an. Seit Jahrtausenden beobachten sie den Himmel, den Stand und die Bewegung der Sterne, der Sonne und des Mondes.

1 Beschreibe das Bild und finde einen passenden Titel dafür.
2 Formuliere Fragen, die sich dir stellen, wenn du den Himmel oder Naturerscheinungen beobachtest.

M2 Fenster zum Kosmos

Beobachten ist nicht gleich beobachten. Je nachdem, ob wir mit bloßen Augen, mit einfachem Fernrohr oder mit technisch hoch entwickelten Instrumenten den Himmel betrachten, erscheint uns das Weltall unterschiedlich.

Mit bloßem Auge können wir ca. 5000 Sterne zählen. Das sind zwar viele, aber zugleich viel zu wenige, denn die meisten Sterne bleiben für das Auge unsichtbar: Sie leuchten zu schwach oder in viel zu großer Entfernung. Aber das ahnte bis vor etwa 400 Jahren niemand.

Erst als der berühmte italienische Physiker Galileo Galilei ein Fernrohr entwickelte, zeigte sich dem Himmelsbeobachter eine bis dahin unvorstellbare Welt: Etwa hundert- bis tausendmal mehr Sterne waren plötzlich sichtbar. Man sah, dass die Milchstraße kein milchiger Nebel ist, sondern ein unüberschaubares Meer an Sternen. Das „Gesicht" des Mondes entpuppte sich als eine Oberfläche voller Berge und Täler und die strahlende Sonne zeigte schwarze Flecken.

Seitdem wurden viele neuartige Instrumente entwickelt. Mit Hilfe verschiedener Teleskope (riesige Ferngläser) und Sternwarten können wir heute viel tiefer ins All blicken. Mit riesengroßen Antennen „belauschen" wir Radiosignale und spüren verschiedene unsichtbare kosmische Strahlen auf. So werden immer neue Geheimnisse des beobachtbaren Universums enthüllt.

3 Formuliere einen zusammenfassenden Satz darüber, welche Bedeutung die Beobachtungsinstrumente für die Forscherinnen und Forscher haben.
4 Stelle Vermutungen darüber an, warum es Menschen so wichtig ist, immer neue Beobachtungsinstrumente zu entwickeln.
5 Beschreibe an zwei Beispielen, wie du Dinge, die dich besonders interessieren, beobachten oder untersuchen würdest. Was kannst du ohne Hilfsmittel, was nur mit Instrumenten herausfinden?

M3 „Ein kleiner Schritt für einen Menschen …"

Die Raumfahrt war ein Meilenstein in der Weltraumforschung. Inzwischen kreisen Teleskope und andere Beobachtungsgeräte im All, wo sie die unsichtbaren Bereiche unserer Galaxien erforschen und Messungen vornehmen, die von der Erde aus nicht möglich sind. Am 20. Juli 1969 betrat mit Neil Armstrong zum ersten Mal ein Astronaut den Boden eines Himmelskörpers außerhalb der Erde: die erste bemannte Mondlandung war geglückt. Armstrong sagte damals einen Satz, der berühmt geworden ist: „Das ist ein kleiner Schritt für einen Menschen, aber ein großer Sprung für die Menschheit." Der Blick aus dem All auf unseren blauen Planeten stellte eine ganz neue Erfahrung dar. Bisher das Zentrum, von dem aus der Mensch ins All blickte, zeigte sich die Erde jetzt auch dem Menschen als das, was sie tatsächlich ist: nur einer von vielen Planeten.

6 Vergleiche das Bild M3 mit der Abbildung M1. Welche Ähnlichkeiten und welche Unterschiede siehst du?

7 Beschreibe, wie die technische Entwicklung unsere Erfahrungen über die Welt verändert hat.
> Kompetenzbox

8 Deute den Satz des Astronauten, indem du Vermutungen darüber formulierst, warum die Mondlandung für die Menschheit so bedeutend war.

ANALYSIEREN UND REFLEKTIEREN

So kannst du Antworten auf eine Frage vergleichen

- Lege eine Tabelle mit zwei Spalten an: *Wie* wurde beobachtet? *Was* wurde beobachtet?
- Liste in der ersten Spalte (*wie?*) mit Hilfe von M2 und M3 die wichtigsten technischen Entwicklungsschritte auf. Beispiel: *Auge, Fernrohr, …*
- Trage in die zweite Spalte die Beobachtungen über die Welt ein (*was?*).
- Finde Unterschiede zwischen den Beobachtungen von früher und heute.
- Fasse deine Ergebnisse zusammen.

M4 Sehen und gesehen werden

Die Menschen wollen nicht nur mehr über die Welt erfahren. Sie schicken auch Botschaften ins All in der Hoffnung, dass Außerirdische diese finden. Auf diese Weise möchten sich die Menschen ihnen vorstellen.

9 Stelle deine besondere Info-Box für Außerirdische zusammen. Wie würdest du ihnen die Erde und die Menschheit vorstellen? Formuliere Botschaften und/oder male Bilder.

10 Recherchiere, welche Botschaften bisher ins All verschickt wurden.

Der Blick ins All

M1 Warum? Warum? Warum?

1 Worüber unterhalten sich die beiden Personen? Formuliere eine passende Frage.
2 Welche Gedanken überzeugen dich mehr? Begründe deine Meinung.
3 Wie wichtig ist es, über das Universum nachzudenken? Setze den Dialog fort.

M2 Warum nach den Sternen greifen?

Schon in den frühesten Kulturen gaben die Sterne am Nachthimmel Orientierungshilfe für die Menschen. Diese haben früh den Einfluss der Planeten auf ihr Leben erkannt. Hier einige Beispiele, warum die Beobachtung der Sterne für sie so wichtig war.

Die Planeten sind Götter, sie bestimmen die Ereignisse am Himmel. Wir beobachten die Sterne, damit wir ihre Befehle und Wünsche besser verstehen können.

Mesopotamien, heute Irak

Wenn wir auf Reisen sind, beobachten wir die Sterne, damit wir die Himmelsrichtung nach Mekka, unserer heiligen Stadt, und unsere Gebetsstunden bestimmen können.

Arabische Welt

Die wiederkehrenden Himmelserscheinungen sind der Beweis für die Ewigkeit der Welt. Wir beobachten die Sterne, damit wir unser irdisches Leben im Einklang mit der Welt führen und die Feldarbeit nach dem ewigen Kreislauf der Jahreszeiten richten können.

Altes Ägypten

4 Nenne aus den Texten Gründe, warum sich Menschen früher mit Himmelserscheinungen beschäftigten.
5 Erläutere mit Hilfe der Texte, warum für die Menschen in früheren Zeiten die Beobachtung der Himmelskörper so wichtig war.
> Kompetenzbox

ANALYSIERENUND REFLEKTIEREN

So kannst du erläutern, warum eine Frage für das Zusammenleben wichtig ist

- Nenne mit Hilfe von Aufgabe 4 verschiedene Antworten auf die Frage, warum es den Menschen früher wichtig war, die Sterne zu erkunden. Beginne so: *Die Sterne zu beobachten, war für die Menschen früher wichtig, weil ...*
- Beschreibe die Folgen dieser Antwort für die Menschen. Beginne so: *Wenn die Menschen die Sterne richtig deuteten, dann konnten sie ...*

M3 Veränderung des Weltbildes

Die Menschen haben schon früh versucht, ihre Beobachtungen über den Lauf der Himmelskörper zu stimmigen Weltbildern zusammenzuführen. Diese verändern sich bis heute, weil wir immer neue Erkenntnisse und Erklärungen finden.

Im Altertum (3500–500 v. Chr.) stellte man sich die **Erde als eine flache Scheibe vor**, die auf riesigen Säulen steht. Eine durchsichtige Halbkugel, das Firmament, ist die Grenze des Weltalls. Darauf sind die Himmelskörper befestigt.

Seit der Antike (ab ca. 500 v. Chr.) war es bekannt, dass **die Erde eine Kugel** ist. Man glaubte aber, dass die Erde der Mittelpunkt des Universums ist, die von der Sonne und den Sternen umkreist wird.

Ab 1512 haben Sternenkundler durch Berechnungen nachgewiesen, dass **die Sonne das Zentrum der Welt** ist und die Erde sie umkreist.

Die heutige Wissenschaft sagt, dass **unsere Welt weder Zentrum noch Grenze hat**. Die Erde ist ein Planet des Sonnensystems. Die Sonne ist nur einer von unzähligen Sternen. Im Universum gibt es viele Milliarden solcher Sternensysteme, die Galaxien genannt werden.

6 Erstelle einen Zeitstrahl und markiere darauf die verschiedenen Weltbilder in der richtigen Reihenfolge.

7 Beschreibe, wie sich die Bedeutung der Erde in den verschiedenen Weltbildern bis heute verändert hat.

8 Wie stellst du dir die beschriebenen Weltbilder vor? Erstelle zu jeder Beschreibung eine Skizze.

M4 Das Universum von morgen?

Auch unser Weltbild wird sich in Zukunft ändern, sagen viele Forscherinnen und Forscher voraus.

9 Stelle Vermutungen an, wodurch sich unsere Vorstellungen über das Weltall ändern können.

10 Schreibe eine Fantasiegeschichte. Welche Vorstellungen werden wir über unser Universum in 100 Jahren haben?

Das Unerklärliche in der Welt deuten

M1 Eine Wolke ist (k)eine Wolke

Harry und Markus konnten sich noch nicht entschließen, nach Hause zu gehen. Sie legten sich auf eine Wiese, kauten Grashalme und blickten zum Himmel. Der Himmel war klar und blau, bis auf eine riesige weiße Wolke, die langsam über ihren Köpfen dahinzog.

Matthew Lipman

1 Beschreibe die Situation in eigenen Worten.
2 Beschreibe, was du in der Wolke siehst.

M2 Der Rätsel Lösung

Bei Naturereignissen, deren Ursache wir nicht kennen, suchen wir nach möglichen Erklärungen. Auch frühere Völker suchten Antworten auf rätselhafte Erscheinungen.

1 In der nordischen Mythologie ist der Gott Thor, auch Donar genannt, für Blitz und Donner zuständig. Auf seinem fliegenden Wagen, der von zwei Ziegenböcken gezogen wird, fährt er über den Himmel. Die Donnerschläge sind die dröhnenden Räder, das knisternde Geräusch der Blitze das Zähneknirschen der Böcke. Die Blitze erzeugt Thor, wenn er seinen unfehlbaren Hammer wirft, der nach jedem Wurf von allein zu ihm zurückkehrt. Besonders zerstörerisch werfen kann er, wenn er auch noch seinen Eisenhandschuh und kraftverdoppelnden Gürtel anzieht. Mit seiner Kraft beschützt Thor die Menschen, insbesondere gegen seinen Erzfeind, der Wasserschlange Midgard.

2 In den Erzählungen der Indianer ist der Donnervogel für Blitz und Donner verantwortlich. Weil er sich hinter den Wolken versteckt, können ihn die Menschen nur schwer entdecken. Sein Flügelschlag löst das Grollen des Donners aus. Blitze sprühen aus seinen Augen und erleuchten die ganze Erde. [...] Sie bauen ihre Nester weit oben in den Bergen und brüten dort riesige Eier aus.

Sylvia Baussier

3 Fasse zusammen, welche Merkmale eines Gewitters in den Texten beschrieben werden.
4 Finde eine Erklärung dafür, warum die gleiche Naturerscheinung mit unterschiedlichen Bildern erklärt wird.
5 Stell dir vor, du solltest jemandem, der noch nie ein Donnern oder einen Blitzschlag gehört oder gesehen hat, diese Naturerscheinungen erklären. Beschreibe ihre Merkmale möglichst anschaulich. Beginne so: *Es hört sich an wie ... – Du hast das Gefühl als ob ... – Es sieht aus wie/als ob ...*
6 Wähle eine der beiden Erklärungen über die Entstehung vom Donner und Blitz aus und gestalte dazu ein Bild.

M3 Götter wie wir

Überall auf der Welt haben die Völker versucht, die Rätsel der Welt zu lösen. Sie deuteten die Welt aus ihrer Erfahrung und aus ihrem Wissen heraus.

Alles, was die Menschen nicht begreifen können, zum Beispiel Wasser, das vom Himmel fällt, vergleichen sie mit etwas, das sie verstehen: Wasser, das aus einem Eimer geschüttet wird. Und das machen sie mit allem, was in der Natur um sie herum vorgeht. Auf diese Weise können sie sich sehr viele Naturerscheinungen erklären […]. Wenn ich heftig auf ein paar Blätter puste, werden sie weggeweht. Mein Atem versetzt die Blätter in Bewegung. Wenn der Wind weht, fliegen Blätter davon. Die Bäume biegen sich, manchmal gibt es auch einen Sturm, das Meer wird aufgewühlt, und die Wellen schwellen an. Folglich muss es auch jemand geben, der einen tausendmal größeren Mund hat als wir Menschen. Das kann nur der Gott des Windes sein.

So lässt sich erklären, was in unserer Umwelt vor sich geht: Für alles müssen unsichtbare Wesen verantwortlich sein, die Götter.

Brigitte Labbé/Michael Puech

7 Arbeite aus dem Text heraus, wie Menschen etwas für sie Unbekanntes zu erklären versuchten.
> Kompetenzbox

8 „Alles, was die Menschen nicht begreifen können, vergleichen sie mit etwas, was sie verstehen", heißt es im Text. Überprüfe diese Aussage an den Erklärungen von Blitz und Donner in M2. Wodurch wird dort das Unbekannte erklärt?

9 Finde lustige, aber nachvollziehbare Erklärungen für Naturereignisse (z. B. Erdbeben, Sonnenfinsternis oder Hagel) mit Beispielen aus deiner Alltagserfahrung. Beispiel: *Erdbeben > Wackeln und Klirren der Gläser auf dem Tisch, wenn jemand dagegen stößt > ein tollpatschiger Gott stößt an die Erde.*

ANALYSIEREN UND REFLEKTIEREN

So kannst du im Text die Antwort auf eine Frage finden

- Formuliere die Frage, die im Text beantwortet wird.
- Finde die Kernaussage im Text und notiere sie. Beginne so: *Im Text wird behauptet, dass …*
- Überprüfe an den Beispielen des Textes, ob sie die Kernaussage bestätigen. Was veranschaulicht das jeweilige Beispiel?
- Fasse zusammen, wie das unbekannte Naturereignis erklärt wird. Beispiel: *Der Wind wird erzeugt durch …*

M4 Was macht die Sonne in der Nacht?

1 Im alten Griechenland glaubte man, dass die Sonne jeden Tag vom Sonnengott in einem goldenen Pferdegespann von Osten nach Westen über den Himmel gezogen wird. Über Nacht kehrt er dann mit seinem Sonnenwagen durch das Weltmeer nach Osten zurück, um am nächsten Tag erneut den Menschen das Licht zu bringen.

2 Nach den alten Ägyptern setzt sich der Sonnengott im Osten in seine Morgen-Barke (ein Boot) und beginnt seine Reise über den Himmel. Abends kommt er im Westen an und steigt in seine Abend-Barke. Dann verschwindet die Sonne, um im Totenreich zu scheinen. In dieser Zeit ist die Erde in Dunkelheit getaucht.

10 Vergleiche die Erklärungen der Griechen und der Ägypter. Welche Ähnlichkeiten und welche Unterschiede erkennst du?

11 Erkläre, welche Beobachtungen der Menschen für diese Erklärungen als Vorbild dienten.

12 Stelle die Geschichten in Bildern dar.

Vom Ursprung des Unendlichen

M1 Viele Völker – ähnliche Vorstellungen

Seit Urzeiten beschäftigen sich die Menschen mit der Frage, wie die Welt entstanden ist. Deshalb gibt es bei allen Völkern Schöpfungsgeschichten, die vom Anfang der Welt erzählen.

finnische Schöpfungsgeschichte

Ganz am Anfang gab es nur den tiefen, dunklen, unendlichen Himmel. In diesem Himmel wohnte Wanna Issa, der Älteste.

chinesische Schöpfungsgeschichte

Im Ursprung war das Universum wie ein riesiges Ei, in dem ein großes Chaos herrschte. Aus diesem Chaos entstand Yin und Yang.

indianische Schöpfungsgeschichte

Einst lebte die Menschheit in einem himmlischen Paradies. Unter dem Himmel lag nicht die Erde, sondern soweit man blicken konnte, dehnte sich das Meer aus […] der Himmel war erleuchtet vom Baum des Lichtes, der vor dem Haus des Himmelsherren wuchs. *Frederik Hetmann*

1. Fasse in eigenen Worten zusammen, wie in den Erzählungen über den Anfang der Welt berichtet wird.
2. Nenne Gemeinsamkeiten zwischen den drei Geschichten.

M2 Woher kommt die Welt?

Sofie erhält einen Brief mit der rätselhaften Frage: „Woher kommt die Welt?"

Nein, das wusste sie wirklich nicht. Sofie wusste natürlich, dass die Welt nur ein kleiner Planet im riesigen Weltraum war. Aber woher kam der Weltraum?

Es war natürlich denkbar, dass der Weltraum immer schon da gewesen war; dann brauchte sie auch keine Antwort auf die Frage zu finden, woher er gekommen war. Aber konnte etwas denn ewig sein? Irgendetwas in ihr protestierte dagegen. Alles, was existiert, muss doch einen Anfang haben. Also musste irgendwann der Weltraum aus etwas anderem entstanden sein.

Aber wenn der Weltraum plötzlich aus etwas anderem entstanden war, dann musste dieses andere ebenfalls irgendwann aus etwas anderem entstanden sein.

Sofie begriff, dass sie das Problem nur vor sich hergeschoben hatte. Schließlich und endlich musste irgendwann irgendetwas aus null und nichts entstanden sein. Aber war das möglich? War diese Vorstellung nicht ebenso unmöglich wie die, dass es die Welt immer schon gegeben hatte? *Jostein Gaarder*

3. Gib in eigenen Worten wieder, welche zwei Antwortmöglichkeiten Sofie auf die Frage gefunden hat.
4. Begründe, warum Sofie mit beiden Antwortmöglichkeiten unzufrieden ist.
5. Sofie hatte zwar keine Antwort auf diese Frage, sie dachte aber, „dass es fast unmöglich war, auf einer Welt zu leben, ohne wenigstens zu *fragen*, woher wir stammen." Notiere deine Überlegungen, warum diese Frage Sofie so wichtig erscheint.
6. Formuliere weitere Fragen über die Welt, die Sofie wahrscheinlich ebenso wichtig finden würde.
7. Sofie hat die Frage „Woher kommt die Welt?" in einem Brief erhalten. Stell dir vor, du solltest in ihrem Namen auf den Brief antworten. Schreibe einen Antwortbrief, in dem du deine Überlegungen und Fragen formulierst.

M3 Wie ist die Welt entstanden?

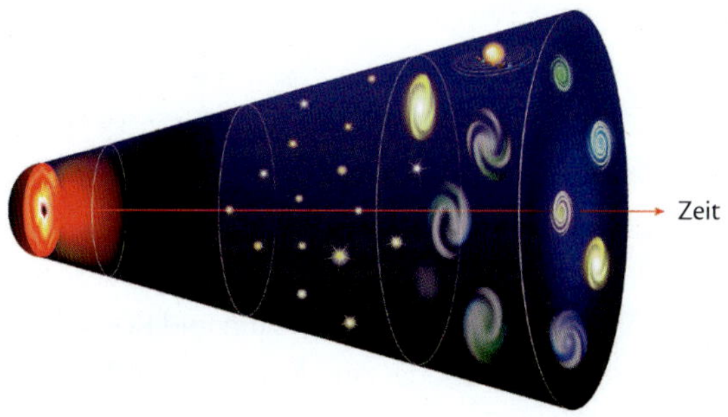

Im Anfang erschuf Gott Himmel und Erde. […] Und Gott schied das Licht von der Finsternis. […] Gott machte das Gewölbe und schied das Wasser unterhalb des Gewölbes vom Wasser oberhalb des Gewölbes. […] Die Erde brachte junges Grün hervor, Gewächs, das Samen nach seiner Art bildet, und Bäume, die Früchte tragen mit Samen darin nach ihrer Art.

Die Bibel

Das Universum entstand vor 13,7 Milliarden Jahren mit dem sogenannten Urknall. Alles im Universum wurde in diesem Moment geschaffen: die Materie, aus der die Sterne und die Planeten bestehen, die Energie, die den Raum erfüllt. Sogar der Raum selbst und die Zeit entstanden mit dem Urknall. Mit der Zeit dehnte sich das Universum immer weiter aus.

Dominic Walliman (Wissenschaftler)

8 Vergleiche die Aussagen der Texte mit den Bildern und ordne sie passend zu. > Kompetenzbox

9 Betrachte das Bild zur göttlichen Schöpfungsgeschichte der Welt. Setze den passenden Text fort.

ANALYSIEREN UND REFLEKTIEREN

So kannst du Antworten auf eine Frage vergleichen

- Lege eine Tabelle mit zwei Spalten an: eine Spalte für die Texte und eine für die Bilder.
- Trage in die Text-Spalte die Kernaussagen aus jedem Text ein.
- Beschreibe jedes Bild. Trage in die zweite Spalte die wichtigsten Inhalte aus jedem Bild ein.
- Finde Gemeinsamkeiten zwischen Bildaussagen und Textaussagen.
- Fasse deine Ergebnisse zusammen: Welches Bild passt zu welchem Text?

M4 Was war vor dem Urknall?

Was einen Anfang oder einen Ursprung hat, müsste doch auch ein Ende haben, oder?

10 Kann das Unendliche einen Anfang haben? Formuliere Fragen, die für dich unbeantwortet sind.

11 Umschreibe den Begriff „Unendlichkeit" und veranschauliche ihn durch Beispiele.

Kosmische Abenteuer

M1 Abenteuer Mars, einmal Hinflug bitte!

Das niederländische Projekt „MarsOne" hat sich zum Ziel gesetzt, eine bemannte Marsmission zu starten. Nach einem Aufruf haben sich 200 000 Freiwillige aus der ganzen Welt gemeldet, die sich auf den Weg zum Mars machen möchten. Das, obwohl das Projekt viele Risiken und Gefahren birgt: Allein der Flug soll sieben Monate lang dauern. Eine Rückkehr zur Erde ist nicht geplant.

1 Wärst du an einer solchen Mission interessiert? Begründe deine Meinung.
2 Wer könnte für eine solche Mission geeignet sein? Sammle Eigenschaften, Fähigkeiten und Können, die ein Astronaut oder eine Astronautin haben sollte, um in die engere Wahl zu kommen.
3 Stelle Vermutungen darüber an, was die Menschen an einer solch riskanten Marsmission so sehr begeistert, dass sie dafür all die Gefahren und Folgen in Kauf nehmen würden.

M2 Raumschiff Erde – Wasser, Luft und Energie

400 Kilometer über der Erde umkreist seit 1998 die internationale Raumstation ISS die Erde. Normalerweise leben sechs Crewmitglieder auf der Station.

Die Versorgungsschiffe, die Nachschub zur Raumstation bringen, können nur alle paar Monate starten. Deshalb gehört am Bord der ISS der sparsame Umgang mit Vorräten zum obersten Gebot. Dazu gehört zum Beispiel der Verbrauch von Wasser, das bekanntlich nicht nur auf der Raumstation, sondern auch in vielen Gegenden der Erde knapp ist. Auf der ISS wird dabei nicht nur die Feuchtigkeit aus der Luft, sondern auch das Wasser aus dem Urin wieder aufbereitet.

In einem Interview wurde der deutsche Astronaut Alexander Gerst gefragt, ob sich durch den Aufenthalt auf der ISS seine Sichtweise auf die Erde geändert habe. Seine Antwort:

Sehr sogar. […] Da wird einem nochmal bewusst: Wir haben nicht unendlich viele Flüsse, unendlich viele Seen und unendlich viele Ressourcen zur Verfügung. Wir haben von jedem Ort nur einen. Und unsere Erde ist in Wahrheit nicht so groß, wie sie uns von hier unten vorkommt.

4 Fasse in eigenen Worten zusammen, wie auf der Raumstation ISS mit lebensnotwendigen Vorräten umgegangen werden muss.
5 Versetze dich mit Hilfe des Bildes in die Sichtweise des Astronauten Alexander Gerst und deute seine Aussage in deinen eigenen Worten.
6 Erkläre, warum unser Planet Erde häufig mit einem Raumschiff verglichen wird.

M3 Der Blick auf die Erde

Als Astronauten unseren Planeten zum ersten Mal von außen sahen, waren sie davon beeindruckt, wie klein und zerbrechlich die Erde in dem großen schwarzen Universum erscheint.

„Mir wurde bewusst, dass wir alle Kinder unserer Erde sind. Es spielt keine Rolle, welches Land man sieht." Aleksandr Alexandrow

„Ich sah die Erde vom Weltraum aus; sie war unbeschreiblich schön, die nationalen Ländergrenzen waren verschwunden." Mohammed Ahmed Faris

„Als ich ihn [den Planeten Erde] in seiner unsagbaren Schönheit und Zartheit aus dem Weltraum sah, wurde mir klar, dass der Menschheit wichtigste Aufgabe ist, ihn zukünftige Generationen zu hüten und zu bewahren." Sigmund Jähn

„Für diejenigen, die die Erde aus dem Weltraum gesehen haben, und für die [...], die es noch tun werden, verändert das Erlebnis sehr wahrscheinlich ihre Weltsicht. Die Dinge, die wir auf der Erde miteinander teilen, werden viel wertvoller als jene, die uns trennen." Donald Williams

Kevin W. Kelley (Hg.)

7 Schreibe auf, welche Gemeinsamkeiten du in den Erfahrungsberichten der Astronauten findest.

8 Erläutere mit Hilfe der Aussagen der Astronauten, warum der Blick auf die Erde aus dem Weltraum so wichtig für die Menschen ist. > **Kompetenzbox**

ANALYSIEREN UND REFLEKTIEREN

So kannst du erläutern, warum eine Frage für das Zusammenleben wichtig ist

- Nenne mit Hilfe von Aufgabe 7 verschiedene Antworten auf die Frage, warum der Blick auf die Erde aus dem Weltraum so wichtig für die Menschen ist. Beginne so: *Die Erfahrung, aus dem Weltraum auf die Erde zu sehen, war für die Menschen wichtig, weil ...*
- Beschreibe die Folgen dieser Antwort für die Menschen. Beginne so: *Durch den Blick auf die Erde aus dem Weltraum, erkannten viele Menschen, dass ...*

M4 Ein Bild – eine Mission

Jede Crew, die ins All startet, hat ein Missions-Logo. Es wird auf den Raumanzügen angebracht. Die erste Weltraum-Mission des deutschen Astronauten Alexander Gerst hieß „blue dot". Das bedeutet „blauer Punkt", womit die Erde gemeint ist.

9 Logos sollten das Ziel der Mission gut verständlich zum Ausdruck bringen. Deute das Logo der Mission „blue dot". Mit welchem Motiv wird das Ziel dargestellt?

10 Entwirf ein eigenes Missions-Logo. Formuliere dazu mögliche Ziele der Raumfahrt und setze diese in ein Bild um.

11 Recherchiere weitere Logos von Raumfahrt-Missionen und deren Bedeutung.

12 Triff eine begründete Auswahl von fünf Gegenständen. Was würdest du für einen Aufenthalt auf der Raumstation ISS mitnehmen?

Zeig, was du kannst!

Das Wichtigste in Kürze

Himmelskörper – Weltbild – Universum – Naturerscheinungen – Rätsel der Welt – Chaos – Urknall
Schöpfungsgeschichten – Raumschiff Erde – Raumstation – Blauer Planet

Über Weltbilder und die Erforschung der Welt

Die beobachtbaren Ereignisse am Himmel beschäftigen die Menschen seit vielen Jahrtausenden. Zunächst mit bloßen Augen, später mit immer weiter entwickelten Instrumenten erforschen sie die Bewegungen der Sterne und Planeten. Sie suchen nach Erklärungen für das, was sie sehen, zum Beispiel für den Wechsel von Tag und Nacht, den Lauf der Sonne oder für die verschiedenen Jahreszeiten. Sie wollen nicht nur herausfinden, welchen Einfluss diese kosmischen Ereignisse auf das Leben der Menschen auf der Erde haben. Sie suchen auch Antworten auf grundlegende Fragen der Menschheit: Wie ist die Welt entstanden? Woher kommen wir Menschen? Sind wir die einzigen Lebewesen im Universum?

Die mythologischen, religiösen und wissenschaftlichen Erklärungsversuche zeigen, wie stark sich unser Weltbild, also unsere Vorstellung über das Universum, im Laufe der Zeit verändert hat. Durch die Raumfahrt dringen wir immer tiefer im Universum vor und kommen zu immer neuen Erkenntnissen. Durch sie haben wir aber auch einen ganz neuen Blick auf unseren blauen Planeten Erde entwickelt. Wir haben seine Einzigartigkeit und besonderen Wert als Lebensraum noch mehr schätzen gelernt.

Kompetenz-Check

M Sonne, Mond und Sterne

Vor 15 000 bis 20 000 Jahren waren die Menschen Jäger. Eine Jagd konnte Wochen dauern und führte die Menschen oft weit weg von zu Hause. Den Rückweg zu finden war nicht immer einfach […]. Aber wenn man z. B. in Richtung Sonnenaufgang unterwegs war, kam man zurück, indem man in Richtung Sonnenuntergang ging. […] Tausende Jahre später, als die Menschen längst Bauern geworden waren, […] maß man die Zeit mit Hilfe von Himmelserscheinungen: Bis zur Geburt eines Kindes etwa rechnete man mit einer bestimmten Zahl an Vollmonden. Und weil man bemerkt hatte, dass während des Jahres die Sonne immer an anderen Punkten auf- oder unterging, baute man in der Antike einen Sonnenkalender. […] Dadurch konnte man die richtigen Tage oder Wochen zum Säen finden, zum Ernten oder für andere Arbeiten. So entstanden aus praktischen Gründen astronomische Beobachtungsstationen für den Mond oder die Sonne.

nach Mario Rigutti

ANALYSIEREN UND REFLEKTIEREN

1 Erkläre, wie die Menschen in frühen Kulturen Naturereignisse deuteten, die sie nicht begreifen konnten.

2 Beschreibe, wie das Weltbild der Menschen sich über die Jahrhunderte verändert hat.

3 Erläutere mit Hilfe des Textes, warum im Alltag der Menschen die Beobachtung der Himmelserscheinungen so wichtig war.

4 Beschreibe, wie sich die Zeitmessung durch die Beobachtung der Himmelskörper verändert hat.

Werkstatt

Einen Schöpfungsmythos in Bildern erzählen

Auf die Frage, wie die Welt entstanden ist, haben die Menschen schon immer Antworten gesucht. Die Deutungsversuche wurden dann von Generation zu Generation weitergegeben. Diese Überlieferungen früherer Kulturen bezeichnen wir als mythische Erzählungen.

- Recherchiere Schöpfungsmythen und wähle eine Erzählung aus, die dir besonders gut gefällt.
- Lies diese aufmerksam durch. Achte dabei insbesondere auf die folgenden Fragen: Welche Figuren und Personen kommen in dieser Erzählung vor? In welchen Schritten wird die Schöpfung der Welt erzählt? Was war vor der Entstehung der Welt, was wurde zuerst, was wurde dann erschaffen? Woraus wurden diese Dinge erschaffen und von wem? Notiere die wichtigsten Informationen.
- Entscheide dich für eine Darstellungsform, in der du die Erzählung bildlich umsetzten möchtest: in einem Bild, in einem Comic oder in einem Stop-Motion-Film?

Bild:

Wenn du die Erzählung in einem Bild darstellen möchtest, wähle dafür eine Schlüsselszene aus, also ein Ereignis, das besonders viel über den gesamten Ablauf der Schöpfung verrät. Manchmal gelingt es auch, in einem Bild mehrere Ereignisse zusammenzufügen.

Comic oder Stop-Motion-Film:

– Wenn du die Schöpfungsgeschichte in einem Comic oder in einem Stop-Motion-Film wiedergeben möchtest, solltest du insbesondere darauf achten, dass die Reihenfolge der Ereignisse eingehalten wird. Als Vorbereitung kannst du für jedes Bild die passenden Textabschnitte markieren. So kannst du für jeden wichtigen Schritt in der Erzählung ein eigenes Bild entwerfen.

– Beachte, dass die Herstellung des Stop-Motion-Filmes einiger Vorbereitungen bedarf. Dafür stehen auch gute kostenlose Apps zur Verfügung. Es ist ratsam, dieses Projekt in Gruppenarbeit durchzuführen und auf eine gute Arbeitsteilung zu achten – umso mehr Spaß habt ihr dann bei der Vorführung des fertigen Films.

- Natürlich kannst du dir auch eine eigene Schöpfungsgeschichte ausdenken und sie dann umsetzen. Die Merkmale für eine mythische Erzählung kennst du durch die Recherchearbeit. Du brauchst diese nur richtig bei deiner Erzählung anzuwenden. Der Fantasie sind dabei keine Grenzen gesetzt.

Worauf es ankommt

- ☑ die passende mythische Erzählung auswählen
- ☑ den Inhalt und den Aufbau der Geschichte gründlich untersuchen
- ☑ eine aussagekräftige bildliche Umsetzung wählen
- ☑ sorgfältig arbeiten

Woran merkt man, ob jemand lügt?

Gibt es Tiere, die lügen?

Wie wäre es, wenn alle immer die Wahrheit sagen würden?

Ist jede Unwahrheit eine Lüge?

Warum soll ich eigentlich nicht lügen?

Wahrheit und Wirklichkeit

> Allerlei Unwahrheiten

WERKSTATT

Ein Logbuch für das „Meer der Unwahrheiten“

Wir sollen immer ehrlich sein und die Wahrheit sagen. Aber die Wirklichkeit sieht anders aus. Einige Wissenschaftlerinnen und Wissenschaftler behaupten sogar, manche Menschen würden bis zu 200 Mal am Tag nicht die Wahrheit sagen. Warum?

Ein Logbuch der Unwahrheiten kann dir helfen, Antworten auf diese und andere Fragen zu finden:

- Wie häufig wird im Alltag nicht die Wahrheit gesagt?
- Welche Unwahrheiten sind Lügen und welche nicht?
- In welchen Situationen wird gelogen? Und warum?
- Sind manche Lügen schlimmer als andere? Wenn ja, welche?

Ursprünglich ist ein Logbuch eine Art Tagebuch an Bord eines Schiffes. Dort kann man eintragen, welchen Kurs das Schiff nimmt und welche wichtigen Ereignisse sonst auf der Fahrt geschehen.

Erstelle ein Logbuch, um dich im „Meer der Unwahrheiten“ besser zurechtzufinden. Halte dazu Ereignisse in deiner Umgebung fest, bei denen jemand nicht die Wahrheit gesagt hat, und untersuche sie genauer.

Zeichen der Lüge

M1 Kurze Beine

1 Der Dackel „lügt". Erkläre, woran man das sehen kann.

2 Bekommt man wirklich kürzere Beine, wenn man lügt? Erläutere, was das Sprichwort bedeutet.

M2 Lange Nasen

Im Kinderbuch „Pinocchio" aus dem Jahr 1883 erzählt Carlo Collodi von den Abenteuern einer Holzpuppe, die zum Leben erwacht und sich verhält wie ein richtiger Junge. Mehrmals lügt Pinocchio, sogar gegenüber der Fee, die ihn immer wieder aus Schwierigkeiten rettet.

„Ach, jetzt erinnere ich mich wieder genau", erwiderte Pinocchio schwitzend vor Verlegenheit, „die vier Goldstücke habe ich ja gar nicht verloren! Ich habe sie verschluckt, ohne es zu merken, als ich Eure Medizin eingenommen habe." Bei dieser dritten Lüge wurde die Nase so unerhört lang, dass der arme Pinocchio sich nach keiner Seite mehr drehen konnte. Wandte er sich hierhin, stieß er mit der Nase ans Fenster und an die Fensterscheiben. Wandte er sich dorthin, stieß er an die Wände oder an die Tür […]. Die Fee schaute ihn an und lachte. „Warum lacht Ihr?", fragte Pinocchio ganz bestürzt und in Sorge um seine Nase, die zusehends länger wurde. „Ich lache über das Lügenmärchen, das du mir aufgetischt hast." „Woher wisst Ihr denn, dass ich gelogen habe?" „Lügen, mein liebes Kind, kann man immer gleich erkennen. Es gibt nämlich zwei Arten: Die einen haben kurze Beine und die anderen eine lange Nase. Deine Lüge gehört zu denen, die eine lange Nase haben." Pinocchio schämte sich so sehr, dass er nicht wusste, wo er sich verstecken sollte.

Carlo Collodi

3 Finde in Text und Bild Reaktionen, an denen du merkst, dass Pinocchio lügt

4 Die Fee behauptet, dass es zwei Arten von Lügen gibt: „Die einen haben kurze Beine und die anderen eine lange Nase." Versuche zu erklären, was sie damit meinen könnte.

5 Die allermeisten Menschen lügen, sogar mehrmals am Tag. Sammle Anzeichen fürs Lügen und Schwindeln. Ordne sie in zwei Bereiche ein:
1. Inhalt einer Lügengeschichte (was gesagt wird) und 2. Körpersprache (wie es gesagt wird). Trage deine Ergebnisse in eine Tabelle ein.

M3 Wie Lügner sich verraten

1 Amerikanische Wissenschaftler haben herausgefunden: Wer lügt, lächelt häufig, um seine wahren Gefühle, wie Unbehagen, Ekel, Wut oder Angst, zu überspielen. [...] Ein Heuchler wird versuchen, seine echten Emotionen mit einem künstlichen Lächeln zu verbergen: Die Mundwinkel ziehen sich nach oben, aber die Augen lachen nicht mit.

2 Lügner können sich auch durch ihr Verhalten verraten. Wer bei einem bestimmten Thema plötzlich leiser oder lauter spricht, lächelt oder sich anders hinsetzt, könnte die Unwahrheit sprechen. Auch Stressanzeichen verraten den Schwindler: Er spricht mit Verzögerungen, wiederholt sich [...] oder blinzelt besonders oft. [...]

3 Um Schwindler gezielt überführen zu können, hat James Mackenzie im Jahr 1902 den Lügendetektor erfunden. Der Polygraf – wie der Apparat auch heißt – erfasst körperliche Anzeichen fürs Lügen, er misst die Häufigkeit der Atemzüge, den Puls, den Blutdruck und die Veränderung der Haut durch Schwitzen. [...]

4 Schlaue Lügner können den Detektor aber überlisten, indem sie ihre Messwerte bewusst verzerren. Offenbar wird dieser Effekt schon erreicht, wenn sich Befragte auf die Zunge beißen oder die Zehen gegen den Boden drücken.

nach Ilona Kriesl

6 Fasse die wichtigsten Informationen jedes Abschnitts von M3 zusammen. > Kompetenzbox

7 Dem Text zufolge lügen Menschen häufig in Situationen, in denen sie Gefühle wie Unbehagen oder Angst verbergen wollen. Veranschauliche diese Beobachtung an einem Beispiel, indem du eine solche Situation beschreibst.

ANALYSIEREN UND REFLEKTIEREN

So kannst du einen Text zusammenfassen

- In jedem Absatz eines Textes beginnt ein neues Thema. Formuliere zu den Absätzen 1 bis 4 eigene Überschriften, die beschreiben, worum es geht.
- Schreibe unter jede Überschrift einige wenige besonders wichtige Wörter heraus (die Schlüsselwörter). Beispiele dafür sind die markierten Wörter aus Absatz 1.
- Gib dann mit Hilfe der notierten Wörter wieder, was in jedem Abschnitt wichtig ist.
- Stell dir dabei vor, du müsstest einer Freundin, die den Text nicht kennt, genau erklären, was im Text steht.

M4 Gute Lügner

Alle finden Ehrlichkeit wichtig. Aber es ist schwer, Lügen zu entlarven, weil die Menschen gute Lügner sind.

8 Beschreibe einen guten Lügner. Beginne so: *Wer gut schwindeln kann, der ...*

9 Finde weitere Sprichwörter über das Lügen und erläutere ihre Bedeutung.

Lügen und andere Unwahrheiten

M1 Zwergpiraten – eine Lüge?

Zu Beginn seiner Lebenserinnerungen berichtet Käpt'n Blaubär von den Zwergpiraten, die ihn als Findelkind entdeckt und dann großgezogen haben sollen.

Zwergpiraten waren, wie der Name schon unterstellt, von ziemlich geringem Wuchs. Ein Zwergpirat von zehn Zentimetern Größe galt unter seinesgleichen als Hüne [Riese]. Die Zwergpiraten befuhren die Meere auf winzigen Schiffen, immer auf der Suche nach etwas, das klein genug war, damit sie es kapern konnten. Was sehr selten geschah. Eigentlich nie. Um die Wahrheit zu sagen: In der ganzen Geschichte der Seefahrt wurde niemals auch nur ein einziges Schiff, nicht mal ein Ruderboot, von Zwergpiraten erfolgreich gekapert. Gelegentlich, meist aus Verzweiflung, griffen Zwergpiraten auch größere Schiffe, sogar Ozeanriesen an. In der Regel wurden ihre Bemühungen nicht einmal wahrgenommen. Die winzigen Seeräuber warfen ihre Enterhäkchen in das Holz der großen Schiffe und wurden dann so lange mitgeschleppt, bis sie endlich aufgaben. Oder sie feuerten ihre niedlichen Kanönchen ab, deren Geschosse nie das Ziel erreichten – schon nach wenigen Metern plumpsten sie wirkungslos ins Meer.

Walter Moers

1 Finde aus dem Text und dem Bild je drei Eigenschaften von Zwergpiraten heraus. Wie sehen sie aus? Was tun sie?

2 Diskutiere in der Gruppe, ob der Bericht über die Zwergpiraten eine Lüge ist. Was spricht dafür? Was dagegen?

M2 Allerlei Unwahrheiten

a Elli bedankt sich bei ihrer Freundin: „Marie, du bist ein Goldstück!"

b Verärgert über Stefans Verspätung schnauzt ihn Erkan an: „Echt super, du bist ein toller Freund, Stefan, ich warte schon seit über einer halben Stunde auf dich."

c „Ich kann nichts dafür, ich bin mit dem Bus gekommen, und der hatte Verspätung", verteidigt sich Stefan, obwohl er nicht mit dem Bus, sondern zu Fuß gekommen ist.

d „Es regnet", ruft Luisa, als sie Tropfen auf der Fensterscheibe sieht. Sie weiß nicht, dass die Wassertropfen tatsächlich aus dem Gartenschlauch kommen.

e „Ich könnte einen See austrinken!", keucht Jan erschöpft nach der Fahrradtour.

3 Bei einem der Beispiele geht es um eine Lüge. Finde heraus, bei welchem, und begründe deine Entscheidung.

4 Erkläre, warum die anderen Aussagen keine Lügen sind. Beginne so: a) *Ellis Aussage ist keine Lüge, denn …*

5 Erkläre mit Hilfe eines Schaubildes, welche unterschiedlichen Arten von Unwahrheit es gibt.
> Kompetenzbox

6 Finde weitere Beispielsätze, die unwahr, aber keine Lügen sind.

ANALYSIEREN UND REFLEKTIEREN

So kannst du Begriffe mit einem Schaubild erklären

- Schreibe in die Mitte deines Blattes eine passende Frage. Beispiel: *Welche Arten von Unwahrheit gibt es?*
- Notiere um die Frage herum Begriffe, die klar machen, welche Arten von Unwahrheit es gibt (z. B. Übertreibung, Ironie).
- Schreibe zu jeder Art von Unwahrheit ein Merkmal oder ein Beispiel (z. B. *Ironie: Das Gegenteil von dem sagen, was man meint.*).
- Teste dein Ergebnis: Erläutere anderen dein Schaubild.

M3 Irrtum und Lüge

Augustinus (354 – 430) war in der frühen Zeit des Christentums Bischoff von Hippo Regius, einer Stadt im heutigen Algerien. Er schrieb zwei Bücher über das Thema „Lügen". Warum nicht alle Unwahrheiten Lügen sind, erklärt er so:

Augustinus

Nicht jeder Mensch, der die Unwahrheit sagt, lügt. Manchmal glaubt jemand, es sei wahr, was er sagt, aber tatsächlich sagt er etwas Falsches. Dann ist er im Irrtum oder sagt etwas, ohne genau genug nachgedacht zu haben. Aber er lügt nicht. Denn er spricht nicht mit doppeltem Herz. Er will auch nicht täuschen, sondern er täuscht sich. Die Schuld des Lügners besteht in seiner Absicht und seinem Ziel, andere mit seiner Äußerung zu täuschen.

7 Erkläre, was der Unterschied ist zwischen jemandem, der sich irrt, und jemandem, der lügt. Notiere dazu wichtige Wörter aus dem Text.

8 Augustinus behauptet, der Lügner spreche „mit doppeltem Herz". Was könnte er damit meinen? Finde eine mögliche Erklärung.

9 Finde jeweils ein gutes Beispiel aus deiner Erfahrung: a) für eine falsche Aussage aufgrund eines Irrtums und b) für eine falsche Aussage aufgrund einer Lüge.

M4 Schöne Lügen

Käpt'n Blaubär meint, zu lügen sei manchmal so, „als würde man der Wirklichkeit ein schöneres Kleid geben".

10 Beurteile, ob Käpt'n Blaubär recht hat. Was spricht für seine Meinung? Was dagegen?

11 Jetzt kannst du Lügen von anderen Unwahrheiten besser unterscheiden. Würdest du bei Aufgabe 2 immer noch genauso antworten wie vorher? Begründe deine Meinung.

Für und Wider! Was noch?

Wenn alle immer ehrlich wären

M1 Peinliche Wahrheit

In dem Buch „Der verflixte Wahrheitszauber" von Bruce Coville stiehlt Henry aus einem Zauberladen einen Totenkopf mit dem Etikett „Schädel der Wahrheit". Seitdem kann Henry nur noch die Wahrheit sagen.

„Weißt du, was mir heute passiert ist?", schrie er außer sich vor Wut. Die Augenhöhlen des Schädels begannen hell zu leuchten. [...] „Nein, weiß ich nicht." „Ich habe zu Karen Ackermann gesagt, dass ich sie liebe! Auf dem Pausenhof konnte ich meinen dummen Mund nicht halten." [...]
Henry schwieg einen Augenblick und das peinliche Gefühl, das ihm auf dem Pausenhof in die Glieder gefahren war, durchflutete ihn wieder. Am liebsten hätte er auf der Stelle ein Loch gegraben und sich darin versteckt.

Bruce Coville

1 Lies den Text und beschreibe, was in der Szene auf dem Buch-Cover geschehen könnte.

2 Stell dir vor, dir erginge es wie Henry und du könnest nur noch die Wahrheit sagen. Schildere Situationen, in die du geraten könntest.

M2 Würdest du lügen?

1 Dein Vater will wissen, was du am Nachmittag gemacht hast. Du hattest deinen Eltern versprochen, für die Mathearbeit zu üben. Aber tatsächlich hast du die ganze Zeit mit Computerspielen verbracht.

2 Du bist bei den Eltern deiner besten Freundin Mia zum Essen eingeladen. Es gibt Blumenkohl. Den würdest du zu Hause niemals essen. Mias Mutter sieht dich lächelnd an und sagt: „Ich hoffe, es schmeckt dir."

3 Ein Junge deiner Schule, den du gar nicht leiden kannst, versteckt sich auf der Toilette im Zug vor der Fahrkartenkontrolle. Der Kontrolleur spricht dich an und will wissen, ob du den Jungen gesehen hast.

4 Deine Lehrerin fragt: „Haben das jetzt endlich alle verstanden?" Die meisten in der Klasse nicken. Du hast es immer noch nicht kapiert. Nickst du auch oder meldest du dich?

5 Mit ihrem neuen Haarschnitt sieht deine Freundin Ariana gar nicht gut aus. Natürlich stellt sie die Frage: „Wie findest du meine Haare?"

3 Entscheide, ob und in welchen Situationen du lügen würdest. Wenn ja, begründe, warum.

4 Wähle zwei Beispiele. Finde Gründe, die dafür sprechen könnten, in diesen Situationen zu lügen. Denke an die Folgen deiner Entscheidung. Notiere die Ergebnisse so: *Im Beispiel ... könnte es besser sein, nicht die Wahrheit zu sagen. Denn sonst ...*

5 Finde weitere Beispiele für Situationen, in denen es deiner Meinung nach gerechtfertigt sein kann zu lügen. Begründe auch, warum.

M3 Nichts als die Wahrheit?

Eine Notlüge ist eine Lüge, durch die in einem Notfall etwas Schlimmes verhindert werden soll. Der Philosoph Wilhelm Weischedel (1905 – 1975) meint dazu:

> Natürlich muss man nicht in jedem erdenklichen Fall die Wahrheit sagen [...]. Es gibt Situationen, in denen das verhängnisvoll wäre. Ein Arzt muss unter Umständen einen Patienten, um ihm nicht allen Lebenswillen zu nehmen, über den Ernst seiner Erkrankung täuschen. [...] Man darf ein Geheimnis, das einem anvertraut ist, nicht preisgeben und muss deshalb unter Umständen Ausflüchte suchen.

Wilhelm Weischedel

6 Erkläre mit Hilfe des Textes, in welchen Fällen es nach Meinung des Autors richtig sein kann zu lügen. > Kompetenzbox

7 Erzähle eine Geschichte, die zu einem Ausnahmefall aus dem Text passt.

8 Beurteile die Meinung von Wilhelm Weischedel. Bist du damit einverstanden oder nicht?

ANALYSIEREN UND REFLEKTIEREN

So kannst du etwas mit einem Text erklären

- Notiere zum Thema „Lügen in Notfällen" wichtige Wörter aus dem Text.
- Bilde aus diesen Wörtern neue Sätze.
- Formuliere deine Sätze so, dass du einer Freundin oder einem Freund erklären könntest, ob man nach der Ansicht des Autors immer die Wahrheit sagen muss.

M4 Eine Welt ohne Lügen

Stell dir eine Welt vor, in der alle Menschen, immer wenn sie lügen, lange Nasen bekommen. Deswegen lügen die Menschen, die in dieser Welt leben, nicht mehr und sagen nur noch die Wahrheit.

9 Möchtest du in einer Welt ohne Lügen leben? Begründe deine Antwort.

10 Schlage die Begriffe „Schmeichelei" und „Höflichkeitslüge" nach. Begründe, ob Schmeicheleien und Höflichkeitslügen erlaubt sein sollten.

Du sollst nicht lügen!

Marc Chagall, *Moses empfängt die Gesetzestafeln*, 1960 – 1966

M1 Das achte Gebot

„Du sollst nicht lügen!" lautet das achte der zehn biblischen Gebote. Sie stellen die wichtigsten Lebensregeln für Juden und Christen dar. Das Alte Testament, das auch von Muslimen verehrt wird, berichtet davon, wie Moses die Gebote auf zwei Steintafeln von Gott erhalten hat. Der Maler Marc Chagall (1887 – 1985) hat die Geschichte auf mehreren seiner Bilder festgehalten.

1 Beschreibe, wie das Bild auf dich wirkt. Welche Dinge fallen dir besonders auf?

2 Moses empfängt die Zehn Gebote direkt von Gott. Erkläre, was das für das achte Gebot bedeutet.

M2 Was ist schlimm daran, angelogen zu werden?

Tim: Wenn ich herausgefunden habe, dass ich angelogen worden bin, dann denke ich: Der Lügner hält mich für so dumm, dass ich die Lüge nicht bemerke. Für dumm gehalten zu werden, das empört mich einfach.

Christina: Ich habe Schwierigkeiten, auszudrücken, was ich empfinde. Ich will's versuchen. Ich fühle mich dann nicht ernstgenommen; das ist so, als ob ich nicht ich selbst wäre. Ich fühle mich so, als sei eine Wand heruntergelassen worden zwischen mir und der Lügnerin oder dem Lügner.

Katrin: Von Fremden angelogen zu werden, ist nicht gerade angenehm, aber von Menschen, die einem nahe stehen, das ist schlimm. Es wird ein Band zerrissen. Ich gehöre nicht mehr dazu. Anders ausgedrückt: Ich habe den Eindruck, dass mir eine Tür vor der Nase zugeschlagen worden ist.

Phil: Es gibt Leute, die mich belügen, um mich zu schonen. Die denken wahrscheinlich: Der Phil kann die Wahrheit nicht vertragen, die verkraftet er nicht. Die halten mich anscheinend für einen Schwächling. Das finde ich gar nicht gut. Ich halte mich selbst für stark genug, um auch mit unangenehmen Dingen fertig zu werden.

3 Beschreibe, welche Erfahrungen die Kinder mit Lügen jeweils gemacht haben.

4 Erstelle eine Rangliste: Welche der Lügen-Erfahrungen der Kinder sind besonders schlimm? Welche am zweitschlimmsten? Usw.

5 Erläutere, was du selbst schlimm daran findest, wenn du angelogen wirst.

M3 Nutzen und Schaden durch Lügen

1 Es gibt Lügen-Experten, die meinen nicht nur, Lüge und Täuschung seien etwas typisch Menschliches. Sie sind auch davon überzeugt, dass Lügen notwendig sind, damit gute Beziehungen unter den Menschen bestehen und es Frieden in der Gesellschaft gibt. Einige halten es sogar für ungesund, andere nicht anzulügen. Denn die wenigsten wollen von ihren Arbeitskollegen oder Freunden alles hören, was sie über einen denken.

2 Offensichtlich können bestimmte Lügen das Zusammenleben der Menschen auch leichter machen. Schwierig ist aber die Frage zu beantworten, wann Lügen moralisch in Ordnung sind. Denn normalerweise gehen wir davon aus, dass andere uns die Wahrheit sagen. Wenn wir nicht davon ausgehen könnten, so glauben einige Philosophinnen und Philosophen, könnten wir uns gar nicht mehr sinnvoll miteinander verständigen. Angenommen, ich kann nicht mehr sicher sein, ob mein Gegenüber auch wirklich sagt, was sie oder er denkt. Dann ergibt es eigentlich keinen Sinn mehr, überhaupt noch ein Gespräch zu führen. Die Lügengegner unter den Philosophen sind deshalb der Ansicht, Lügen sei ein Missbrauch der Sprache und zerstöre das notwendige Vertrauen für Gespräche mit anderen.

nach Tobias Hürter/Thomas Vašek

6 Fasse die wichtigsten Informationen aus den Abschnitten 1 und 2 des Textes zusammen.
> Kompetenzbox

7 Was überwiegt: der Nutzen oder der Schaden durch Lügen? Begründe deine Meinung.

8 Veranschauliche an einem Beispiel, wie Lügen das Vertrauen zwischen Menschen zerstören kann.

ANALYSIEREN UND REFLEKTIEREN

So kannst du einen Text zusammenfassen

- Formuliere zu den Absätzen 1 und 2 eigene Überschriften, die beschreiben, worum es geht.
- Schreibe unter jede Überschrift einige wenige besonders wichtige Wörter aus dem Absatz heraus (die Schlüsselwörter).
- Gib dann mit Hilfe der notierten Wörter wieder, was in jedem Abschnitt wichtig ist.
- Stell dir dabei vor, du müsstest einem Freund, der den Text nicht kennt, genau erklären, was im Text steht.

M4 Sich in die eigene Tasche lügen

Eigentlich kann man nicht Lügner und Belogener gleichzeitig sein. Oder vielleicht doch?

9 Was meinst du: Ist es möglich, sich selbst zu belügen? Begründe deine Antwort.

10 Schlage den Begriff „Schönfärberei" nach und finde Beispiele dafür. Berichte von eigenen Erfahrungen mit „Schönfärberei".

Lügen Tiere auch?

M1 Der Rabe und der Fuchs

Bettina Kumpe

1 Erzähle die Fabel mit Hilfe der Bilder und Sprechblasen nach.

2 Erkläre, welche menschlichen Eigenschaften Rabe und Fuchs in der Fabel darstellen.

M2 Täuschung und Tarnung

Wenn sich Lebewesen in ihrem Aussehen und ihrem Verhalten ihrem Lebensraum angepasst haben, nennt man das „Mimese". Lebewesen, die die Mimese beherrschen, sind in ihrem Lebensraum nur schwer zu erkennen. […] Besonders gut darin sind die Gespenstschrecken – große Insekten aus den Tropen, die wie Pflanzenteile aussehen. […]

Bei der Mimikry ahmen Lebewesen andere Lebewesen nach – zum Beispiel, um ihre Feinde zu täuschen oder um Beute anzulocken. Die Wespenschwebfliege ist völlig harmlos. Trotzdem wird sie von vielen Vögeln nicht gefressen. Das liegt daran, dass sie mit ihren schwarz-gelben Streifen kaum von einer Wespe zu unterscheiden ist. Im Laufe vieler Generationen hat sie sich so gut angepasst, dass ihre Tarnung fast perfekt ist. […]

Mimese und Mimikry sind Ergebnisse der Evolution – also der Veränderung und Anpassung der Lebewesen über einen langen Zeitraum hinweg. Wer sich am besten an seinen Lebensraum anpasst, wird nicht gefressen und überlebt.

www.naturdetektive.bfn.de

„Wandelndes Blatt"

Tagpfauenauge

3 Lies den Text. Ordne dann die beiden Bilder den Begriffen „Mimikry“ und „Mimese“ zu.

4 Erkläre mit Hilfe eines Schaubildes, wie und warum Tiere täuschen. Verwende dazu die Informationen aus dem Text. > Kompetenzbox

5 Finde weitere Beispiele für Tarnungen aus dem Tierreich.

6 Was meinst du: Ist es richtig, Mimikry und Mimese als „Lüge“ zu bezeichnen? Begründe deine Meinung.

ANALYSIEREN UND REFLEKTIEREN

So kannst du Begriffe mit einem Schaubild erklären
- Schreibe in die Mitte deines Blattes eine passende Frage. Beispiel: *Wie täuschen Tiere und warum?*
- Notiere um die Frage herum Begriffe, die klar machen, *wie* Tieren täuschen (z. B. durch Mimese) und *warum* manche Tiere andere Tiere täuschen (z. B. um sich vor Feinden zu tarnen).
- Teste dein Ergebnis: Erläutere anderen dein Schaubild.

M3 Pavian Paul

1 Einer der beeindruckendsten tierischen Lügner war Paul aus Südafrika, ein beinahe krimineller jugendlicher Pavian. Er hatte beobachtet, wie ein älteres Pavianweibchen feinschmeckende Pflanzenknollen aus der Erde ausgegraben hatte. Nachdem sich der kleine Lump sicher war, dass er unbeobachtet war, begann er so zu schreien, als wäre er in Gefahr. Dadurch alarmiert kam seine Mutter angerannt. Sie hielt fälschlicherweise das unschuldige Weibchen mit den Knollen für die Bedrohung und ging auf sie los. In der Zwischenzeit vertilgte Paul in aller Ruhe die leckeren Knollen.

2 Um seinen Diebstahl durchzuführen, schien Paul einen Plan entwickelt zu haben, der auf einer Lüge aufbaute. Dafür musste er genau wissen, dass seine Mutter ihm nach dem Schrei zur Hilfe kommen würde. Er hat also den Hilferuf absichtlich missbraucht. Um bewusst lügen zu können, muss Paul daher begriffen haben, dass ein anderes Tier von falschen Annahmen ausgehen kann. Pavian Paul machte durch seinen Schrei eine eindeutig falsche Aussage („Ich bin in Gefahr“). Die Täuschungsabsicht dahinter war, dem Weibchen den Lohn ihrer ehrlichen Arbeit, also die Knollen, zu rauben.

nach Markus C. Schulte von Drach

7 Formuliere je eine Frage, die in den Abschnitten 1 und 2 beantwortet wird.

8 Schreibe eine Gedankenblase für Paul (vor dem Diebstahl).

9 Erkläre mit Hilfe des Textes, worin der Unterschied besteht zwischen einem Tier, das andere täuscht, und einem Tier, das bewusst lügt. Ergänze: *Ein Tier, das bewusst lügt, muss …*

M4 Lügen so, wie wir es tun

So lügen wie wir Menschen können offensichtlich nur wenige Tiere. Aber Tiere können viele andere Dinge, die wir nicht können.

10 Beschreibe besondere Fähigkeiten von Tieren, die Menschen normalerweise nicht besitzen.

11 Nenne andere menschliche Fähigkeiten, die – wenn überhaupt – nur wenige Tiere beherrschen.

Zeig, was du kannst!

Das Wichtigste in Kürze

Kurze Beine – Lügendetektor – Unwahrheiten, die keine Lügen sind – Irrtum und Lüge – Notlügen – Schaden durch Lügen – Mimikry und Mimese

Lüge und Wahrheit

Es gibt einen wichtige Unterschied zwischen Lügen und anderen Arten der Unwahrheit: Jemand, der lügt, hat die Absicht, andere zu täuschen. Auch wenn wir uns irren sagen wir etwas Unwahres. Wir tun dies aber nicht, um andere zu täuschen, sondern weil wir es nicht besser wissen. Die meisten Menschen unterscheiden zwischen schlimmen und weniger schlimmen Lügen. Das hängt davon ab, welchen Schaden die Lüge anrichtet und wie sehr sie das Vertrauen zwischen Menschen zerstört. Es ist uns sehr wichtig, dass unsere Mitmenschen im Allgemeinen die Wahrheit sagen. Denn, wenn wir immer befürchten müssten, angelogen zu werden, hätte es überhaupt keinen Sinn mehr, mit anderen Gespräche zu führen.

Kompetenz-Check

M Arten der Lügen

Es gibt verschiedene Arten der Lüge. Die bekannteste ist das bewusste Aussprechen einer Unwahrheit. Diese Form der Lüge betrügt den anderen. Meistens wird sie benutzt, um Schaden vom Lügner abzuwenden und ihn in einem besseren Licht erscheinen zu lassen. Besonders verwerflich ist der Meineid vor Gericht, also die bewusste Unwahrheit unter Eid. Wesentlich häufiger sind jedoch die vielen Unterarten der Lüge: die Übertreibung, die Halbwahrheit, die Verleumdung, das Gerücht oder das gebrochene Versprechen. Von der Lüge abgrenzen muss man den Irrtum. Man sagt zwar auch hier die Unwahrheit, aber ungewollt, mangels besseren Wissens. Auch die „Scherzlüge" (Aprilscherz) ist im eigentlichen Sinn keine Lüge. Eine Art gerechtfertigte Lüge ist die Notlüge, wenn sie größeren Schaden abwenden will. Selbst die Ironie, also das bewusste Aussprechen des Gegenteils, darf man nicht mit einer Lüge verwechseln, weil das Gegenüber (meistens) die Absicht des Redners erkennt. Gleiches gilt für die Höflichkeitslügen („Mir geht's gut") und die Schmeicheleien („Das war ein schöner Abend"), obwohl die Grenze zur Lüge hier fließend ist.

nach Stephan Holthaus

ANALYSIEREN UND REFLEKTIEREN

1 Erkläre, warum hier nicht die Wahrheit gesagt wird, und entscheide, ob es um Lügen geht:
   a) Miguel kippt seine Wasserflasche über Steffis Schreibblock. Steffi ist sauer: „Na super, das hast du toll gemacht. Jetzt kann ich den ganzen Text nochmal abschreiben."
   b) Paul zu Ahmad, der die Matheaufgabe gelöst hat: „Du bist wirklich ein Fuchs!"

2 Notiere die markierten Schlüsselwörter aus dem ersten Abschnitt des Textes. Schreibe eigene Schlüsselwörter aus dem zweiten Abschnitt heraus. Fasse dann die wichtigsten Informationen mit Hilfe der Schlüsselwörter zusammen.

3 Erläutere mit Hilfe eines Schaubildes Unwahrheiten, die keine echten Lügen sind.

Werkstatt

Ein Logbuch für das Meer der Unwahrheiten

Wie die Fahrt eines Schiffes in einem Logbuch an Bord aufgezeichnet wird, soll dein Logbuch eine Reise durch das „Meer der Unwahrheiten" festhalten. Für dein Logbuch musst du zunächst eine schön gestaltete Tabelle anlegen. Du kannst sie später gerne mit Zeichnungen oder Mustern aus dem Meer der Unwahrheiten verschönern. Die Überschriften der Spalten und die Art der Informationen, die du in die Tabelle eingetragen sollst, übernimmst du aus dem folgenden Beispiel.

Logbuch der Unwahrheiten von ....

Zeitraum: von .... bis ....

Datum	Satz	Wer hat das gesagt?	Situation	Lüge: ja/nein	Begründung	Folgen
Donnerstag, 29.2.2020	„Ich werde die ganze Torte alleine aufessen. Die ist so lecker."	Mädchen	Geburtstagsfeier	nein	Übertreibung, Scherz	Alle Kinder bekamen trotzdem ein Stück Torte.
Montag, 4.3.2020	„Das war ich nicht. Die da war's."	Schüler	Der Mülleimer wurde umgestoßen und der ganze Müll auf dem Boden verteilt.	ja	Schüler versuchte die Lehrerin zu täuschen und einer Mitschülerin die Schuld zu geben.	Die Lehrerin hat's gemerkt. Der Schüler musste den ganzen Müll aufsammeln und den Mülleimer ausleeren.
Dienstag, 5.3.2020	„Danke, Oma, das Essen war wirklich sehr lecker, aber ich kann nicht mehr. Ich bin total satt."	ich	Mittagessen bei Oma, die mir noch mehr Rosenkohl auf den Teller geben wollte.	ja	Höflichkeit	Ich musste nicht mehr weiter essen. Oma hat es geglaubt und war nicht beleidigt.

Dein Logbuch sollte mindestens über fünf Unwahrheiten berichten, die du in einem Zeitraum von zwei bis drei Wochen gesammelt hast. Die Person, die die Unwahrheit gesagt hat, solltest du nicht mit ihrem Namen benennen. Denn sonst könnte sie sich angegriffen fühlen. Schreibe deshalb nicht einen Namen wie z. B. „Meike" oder „Melisa", sondern „Schülerin", „Bekannte", „Mädchen" oder ähnliches. Wenn du (bei „Lüge: ja/nein") nicht genau weißt, mit welcher Art von Unwahrheit du es zu tun hast, schlage auf den Seiten dieses Kapitels nach.

Am Ende vergleichst du dein Logbuch mit anderen. Findet heraus: Wie häufig wird im Alltag nicht die Wahrheit gesagt? Wie oft wird gelogen? Warum lügen die Menschen? Welche Lügen führen zu Problemen?

Worauf es ankommt

- ☑ Tabelle schön und ansprechend gestalten
- ☑ mindestens fünf Beispiele untersuchen
- ☑ alle Spalten ausfüllen
- ☑ keine Namen nennen
- ☑ am Ende Ergebnisse vergleichen

Wie kommt unser Wissen in den Kopf?

Wann können wir unseren Sinnen nicht mehr trauen?

Wie kann man lesen, wenn man blind ist?

Vermuten, glauben, wissen – wo liegt der Unterschied?

Welche Dinge nehmen wir mit welchem Sinn wahr?

Wahrheit und Wirklichkeit

> Die Welt wahrnehmen

WERKSTATT

Fußballregeln für Blinde und Sehende

In Deutschland fand das erste Internationale Blindenfußballturnier 2006 in Berlin statt. In Südamerika, England oder Spanien gibt es schon länger Blindenfußballvereine.

Stell dir vor, du möchtest zusammen mit blinden oder sehbehinderten Kindern eine Fußballmannschaft an eurer Schule gründen. Die Regeln für ein Spiel müssten ähnlich, aber natürlich auch anders sein als beim Fußball für Sehende.

Stelle Fußballregeln für blinde Mitspielerinnen und Mitspieler zusammen. Lege auch fest, welche Ausrüstung und welche Personen ihr zur Unterstützung für ein Blindenfußballspiel benötigt.

Mit wachen Sinnen

M1 Die Sinne schärfen

1 Beschreibe, was die Menschen auf den Bildern machen und welchen Sinn sie dabei hauptsächlich verwenden.
2 Schreibe zu jedem Sinn mindestens fünf passende Adjektive auf.
3 Notiere die Namen der Sinnesorgane. Formuliere dann mindestens eine interessante Forscher-Frage über eines oder mehrere Sinnesorgane.

M2 Der gefährlichste Schulweg der Welt

Der Schulweg der Kinder aus einem Dorf im Südwesten Chinas führte 800 Meter über eine steile Felsklippe: Mit den Schulranzen auf den Rücken mussten die Kinder im Alter zwischen sechs und 15 Jahren eine wackelige Leiter benutzen. Die tägliche Tour dauerte eineinhalb Stunden. Inzwischen reagierten die Politiker: Es wurde eine Stahltreppe gebaut.

4 Fasse zusammen, was den Schulweg der Kinder so gefährlich macht.
5 Versetze dich in die Lage der Kinder und beschreibe mit Hilfe des Bildes, was sie auf ihrem Weg zur Schule sehen, hören, fühlen oder auch riechen könnten. Notiere zu jeder Wahrnehmung passende Wörter.
6 Erkläre, warum die Sinne der Schulkinder hundertprozentig funktionieren müssen. Was könnte sonst alles passieren?
7 Berichte von deinen Erfahrungen auf dem Schulweg. Was nimmst du wahr? > Kompetenzbox
8 Berichte von möglichen Gefahren auf deinem Schulweg und den Stellen, wo du besonders aufmerksam sein musst.

WAHRNEHMEN UND DEUTEN

So kannst du deine Erfahrungen beschreiben
- Notiere drei oder vier wichtige Stellen des Schulweges. Du kannst auch eine Zeichnung anfertigen.
- Beschreibe, welche Dinge du an diesen Orten siehst, hörst oder riechst.
- Beschreibe auch, welche Bedeutung diese Dinge für dich haben. Sind sie beispielsweise angenehm oder unangenehm?

M3 Ronja und ihre Welt

Ronja wächst bei ihren Eltern Lovis und Mattis in einer Steinhalle in der Mattisburg auf. Endlich erhält sie die Erlaubnis, die Mattisburg zu verlassen und draußen frei herumzustreunen.

Und Ronja ging. Ihr wurde bald klar, wie dumm sie gewesen war. Wie hatte sie nur glauben können, dass die große Steinhalle die ganze Welt sei? Nicht einmal die gewaltige Mattisburg war die ganze Welt. Nicht einmal der hohe Mattisberg war die ganze Welt, nein, die Welt war viel größer. Sie war so, dass einem der Atem stockte. Natürlich hatte Ronja gehört, wie Mattis und Lovis über das sprachen, was es außerhalb der Mattisburg gab. Vom Fluss hatten sie gesprochen. Aber erst, als sie ihn mit seinen wilden Strudeln tief unter dem Mattisberg hervorschäumen sah, begriff sie, was Flüsse waren. Vom Wald hatten sie gesprochen. Aber erst, als sie ihn so dunkel und verwunschen mit all seinen rauschenden Bäumen sah, begriff sie, was Wälder waren. Und sie lachte leise, weil es Flüsse und Wälder gab. Es war kaum zu glauben – wahr und wahrhaftig, es gab große Bäume und große Gewässer, und alles war voller Leben, musste man da nicht lachen!

Astrid Lindgren

9 Zähle die Dinge auf, die Ronja wahrnimmt, nachdem sie ihr Zuhause, die Mattisburg, verlassen hat.

10 Erläutere, warum die neuen Wahrnehmungen für Ronja so wichtig sind. Was lernt sie dadurch?

11 Finde eine Erklärung dafür, dass Ronja am Ende loslachen muss.

M4 Wahrnehmbar?

Walnuss – Spürsinn – erkennen – sauer – Gestank – Erlebnis – Blick – Gefühle – Sinneseindruck – Wissen – rauh – aufmerksam – Zuhören – rot – Erfahrung

12 Erstelle einen Begriffskreis zum Thema „Wahrnehmung“. Verwende dabei Wörter aus dem Wortspeicher und ergänze weitere.

13 Finde Gründe, warum eine aufmerksame Wahrnehmung auch wichtig für den Umgang mit anderen Menschen ist.

14 Nenne drei Dinge, die du nicht mit den Sinnen wahrnehmen kannst.

Was weiß ich (nicht)?

M1 Das ist sicher

Im Sokrates-Club diskutieren Kinder miteinander über die Frage, was wir sicher wissen. Einige Antworten lauten:

Wenn ich sehe, dass es draußen schön ist, dann weiß ich das auch.

Also, man kann ganz sicher etwas wissen, wenn man es selber getan hat. Wenn ich die Hausaufgaben gemacht hab, weiß ich, dass sie gemacht sind.

Ich weiß aber zum Beispiel auch, wie alt ich bin!

Also, ich weiß, was ich gelernt hab.

Aber eins plus eins ist doch zwei, das weiß ich doch!

Hexen gibt's doch gar nicht!

Julian Nida-Rümelin/ Natalie Weidenfeld

1 Wähle aus den Antworten zwei aus, denen du zustimmst. Begründe deine Auswahl.
2 Ordne die Aussagen zu: Was weißt du sicher? Wobei könntest du dich täuschen?

M2 Ein Rätsel

Bettina Kumpe

Was Wissen ist und was nicht, kann man mit Hilfe der folgenden Geschichte zu klären versuchen:

Peter fragt Barbara: „Wie spät ist es?" Barbara sieht aus dem Fenster und stellt fest, dass es auf der Kirchturmuhr acht Uhr ist. Sie sagt zu Peter: „Es ist acht Uhr." Nehmen wir einmal an, dass es in diesem Moment *wirklich* acht Uhr ist, dass aber die Kirchturmuhr gar nicht geht, sondern seit einem Monat ständig acht Uhr anzeigt. Dieser Sachverhalt ist Barbara und Peter jedoch nicht bewusst. *Wissen* die beiden unter diesen Umständen, wie spät es ist? *Hans-Ludwig Freese*

3 Beschreibe, was auf dem Bild zu sehen ist. Erkläre dann, um welches Problem es in der Geschichte geht.
4 Beurteile, ob Barbara weiß, wie spät es ist. Was spricht dafür? Was dagegen?
5 Stell dir nun Folgendes vor: Barbara hat keine Informationen über die Uhrzeit (weder von einer Uhr noch aus dem Radio oder Fernsehen). Sie sagt trotzdem: „ Es ist acht Uhr." Beurteile wieder, ob sie weiß, wie spät es ist.

M3 Wissen bedeutet ...

Die Kinder aus dem Sokrates-Club sind sich nicht einig, ob man überhaupt etwas wissen kann:

„Also, so richtig wissen kann man eigentlich nie was!", sagt der Junge mit dem schwarzen Piratenpulli. Und warum nicht? „Na ja, weil man nie alles wissen kann. Der Pulli von der Sarah zum Beispiel, der ist grün, aber ich kann ja nicht wissen, ob da nicht auch ein bisschen Gelb drin ist, das ich halt nur nicht sehe."
„Genau! Ich kann zwar glauben, dass ich blonde Haare hab, aber in Wirklichkeit hab ich auch ein paar braune!", sagt ein Mädchen und zeigt dabei auf ihre blonden Zöpfe. „Vielleicht kann das so ein Wissenschaftler sagen, wenn der so ein Gerät hat, mit dem er sich die Haare ganz genau ansehen kann."
Wahrheit ist also nicht unbedingt das, von dem ich überzeugt bin, dass es wahr ist. Können wir sagen: Wissen ist, wenn man von etwas überzeugt ist, das wahr ist, und ich außerdem gute Gründe für diese Überzeugung habe? Die Kinder nicken.

Julian Nida-Rümelin/Natalie Weidenfeld

6 Erkläre, auf welches Problem aus dem Text das Bild aufmerksam macht.

7 Berichte von einer Situation, bei der du – ähnlich wie der Junge und das Mädchen – dich gefragt hast: Kann man das überhaupt wissen?
> Kompetenzbox

8 Am Ende des Textes heißt es: Um etwas zu wissen, muss man gute Gründe dafür haben. Finde gute Gründe für deine Überzeugung, dass Wiesbaden die Hauptstadt von Hessen ist. Beginne so: *Ich bin überzeugt, dass Wiesbaden die Hauptstadt von Hessen ist, weil ...*

9 Erläutere, unter welchen Bedingungen jemand weiß, dass morgen die Schule ausfällt. Was ist dafür notwendig?

WAHRNEHMEN UND DEUTEN

So kannst du deine Erfahrungen beschreiben

- Denke dir eine Situation aus, bei der du dich fragst: Kann man das wissen?
- W-Fragen helfen dir dabei: Wo und wann war das? Wer war dabei? Woran hast du gezweifelt? Warum hast du gezweifelt?
- Beschreibe auch, wie du dich dabei gefühlt hast. Warst du verwirrt, erstaunt oder enttäuscht?

M4 Das Meer des Wissens

Was wir wissen
ist ein Tropfen,
was wir nicht wissen
ist ein Ozean.

Isaac Newton

10 Beschreibe, welche Vorstellungen der Ausdruck „Meer des Wissen" bei dir weckt. Erläutere dann, was er bedeutet.

11 Hattest du schon einmal einen ähnlichen Gedanken wie der englische Wissenschaftler Newton? Berichte von deiner Erfahrung.

Wirklich?

M1 Ich traue meinen Augen nicht

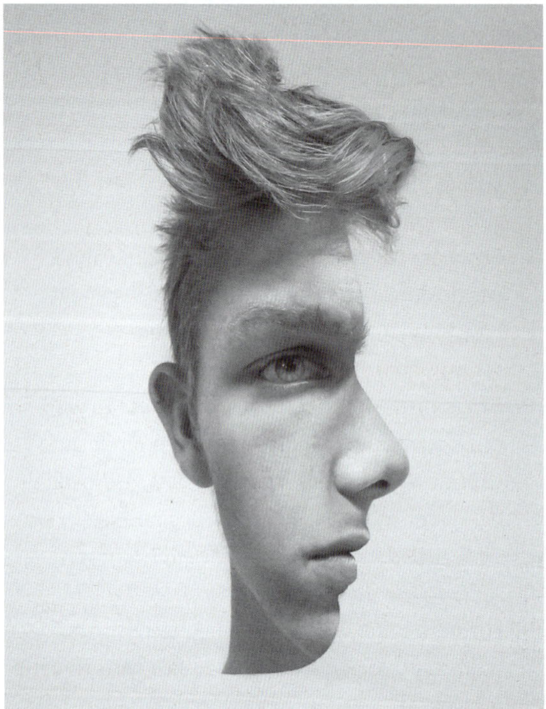

1 Beschreibe, wie das Bild auf dich wirkt.
2 Nenne Beispiele aus dem Alltag: Wo und wann konntest du einmal deinen Augen nicht trauen?
3 Berichte von Situationen, als du dich beim Riechen, Schmecken oder Tasten getäuscht hast.

M2 Täuschend echt

Straßenmalerei des Künstlers Edgar Müller während des Streetart-Festivals der Stadt Geldern

4 Stell dir vor, du biegst mit dem Rad in die Straße ein, die auf dem Bild zu sehen ist. Beschreibe, wie du reagieren würdest. Erkläre auch, warum.
5 Wenn wir meinen, Dinge zu sehen, die in Wirklichkeit nicht da sind, spricht man von optischen Täuschungen. Erläutere, was du aus ihnen über unsere Sinneswahrnehmung lernen kannst. Beginne so: *Optische Täuschungen zeigen, dass …*
6 Nenne drei Dinge, bei denen man sich leicht täuschen kann (z. B. welche Person da in der Ferne zu sehen ist), und drei Dinge, bei denen man sich nur schwer täuschen kann (z. B. ob ich jetzt gerade in der Schule bin).

M3 Alles nur ein Traum?

Manchmal zweifelt man daran, ob einzelne Sachen, die man gerade sieht, hört oder fühlt, wirklich so sind, wie sie scheinen. Aber könnte auch alles, was ich erlebe, eine Täuschung sein? Das fragt sich der Junge in der folgenden Geschichte.

Tim ist gerade damit beschäftigt, einen Pudding-Topf auszulecken. Plötzlich stoppt er und fragt seinen Papa: „Kann ich mir eigentlich sicher sein, dass alles nicht nur ein Traum ist?" Die Frage ist wirklich wichtig. Denn wenn man nicht zwischen Traum und Wirklichkeit unterscheiden kann, könnte es passieren, dass man aus dem schönen Traum, gerade einen Topf auszulecken, wieder herausgerissen wird. Tim zweifelt: „Könnte es sein, dass ich jetzt gar nicht in der Küche bin und einen Topf in der Hand halte, sondern das alles nur träume? Oder sogar noch schlimmer: Könnte es sein, dass das ganze Leben nur ein Traum ist? Vielleicht sogar ein Albtraum!"

Sein Vater kann ihm leider nicht weiterhelfen: „Ich weiß auch nicht. Was meinst du denn dazu?" Tim denkt angestrengt eine Weile nach, während der er den Grund des Topfes von den letzten Puddingresten säubert. Dann zieht ein Lächeln über sein Gesicht. „Das alles kann nicht bloß ein Traum sein", erklärt er stolz, „denn in einem Traum würden die Leute nicht herumlaufen und sich fragen, ob sie das alles gerade träumen."

frei nach Gareth B. Matthew

7 Gib Tims Lösungsvorschlag in deinen Worten wieder.

8 Beurteile seinen Lösungsvorschlag. Was hältst du davon?

9 Hattest du schon einmal ein ähnliches Problem wie Tim? Berichte von deinen Erfahrungen.

10 Vergleiche das, was du erlebst, wenn du träumst, mit dem, was du erlebst, wenn du wach bist.
> Kompetenzbox

11 Nenne verschiedene Arten von Träumen.

WAHRNEHMEN UND DEUTEN

So kannst du unterschiedliche Erfahrungen vergleichen

- Lege eine Tabelle mit drei Spalten an.
- Schreibe in die erste Spalte die Vergleichspunkte a) Was erlebst du? b) Wie nimmst du die Dinge um dich herum wahr? c) Welche Fähigkeiten hast du?
- Schreibe in die zweite Spalte („wach sein") und die dritte („träumen"), was dir zu den Punkten a), b) und c) einfällt.
- Fasse am Ende zusammen, was ähnlich und was unterschiedlich ist.

M4 Träum weiter!

Manchmal denkt man: Ich glaub, ich träume! Oder auch: Träum ich oder bin ich wach?

12 Hast du schon mal etwas Ähnliches erlebt? Berichte von deinen Erfahrungen.

13 Schreibe eine kurze Geschichte über etwas, das du nur geträumt haben kannst. Beginne so: *Eines Nachts lag ich in meinem Bett und hörte im Halbschlaf meine Musik. Plötzlich ...*

Aus eigener Erfahrung

M1 Saurer Apfel

1 Versetze dich in das Mädchen auf der Treppe und beschreibe, was es wahrnimmt. Beginne so: *Ich fühle …, rieche …, schmecke …*

2 Stell dir vor, du isst etwas mit verbundenen Augen. Plötzlich weißt du: was ich da esse, ist nicht ein Stück Banane oder Birne, sondern Apfel. Formuliere dazu eine Forscher-Frage, die neugierig macht.

3 „Da muss ich wohl in den sauren Apfel beißen!" Erläutere an einem Beispiel, was die Redensart bedeutet.

M2 Fruchtsalat

Kumquats sind eine Art von Zitrusfrucht. Sie kommen ursprünglich aus China. Inzwischen wachsen sie aber in vielen warmen Ländern (allen Ländern, in denen auch Orangen wachsen). Die Früchte haben eine Eierform, sind höchstens 5 cm lang und haben eine leuchtende orange Farbe. Die Schale kann man mitessen. Sie duften süß. Das Fruchtfleisch schmeckt süß-säuerlich. Die weichen Kerne sind etwas bitter.

Die **Physalis** kommt ursprünglich aus Südamerika und wird heute auch in vielen tropischen Ländern Afrikas und Asiens angebaut. Um die einzelnen Beeren herum befindet sich eine Blütenhülle. Sie sind reif, wenn sie orange sind, und haben einen angenehm süß-säuerlichen Geschmack.

4 Lies die Beschreibungen und finde die entsprechenden Früchte im Bild wieder.
5 Wähle aus dem Bild eine Frucht, die du kennst, und beschreibe ihr Aussehen, die Oberfläche ihrer Schale und ihren Geschmack.
6 Vergleiche das, was du aus eigener Erfahrung über eine Frucht lernst, wenn du sie probierst, mit dem, was du aus einem Text über sie lernst.
> Kompetenzbox
7 Was ist wichtiger: das Wissen, das wir aus Texten und Büchern erwerben, oder das Wissen, das aus unserer eigenen Erfahrung kommt? Beziehe Stellung zu der Frage und begründe deine Meinung.

WAHRNEHMEN UND DEUTEN

So kannst du unterschiedliche Erfahrungen vergleichen

- Lege eine Tabelle mit drei Spalten an.
- Schreibe in die erste Spalte die Vergleichspunkte: a) Wie bekomme ich dieses Wissen? b) Welche Dinge lerne ich? c) Wozu brauche ich dieses Wissen?
- Schreibe in die zweite Spalte („aus eigener Erfahrung") und in die dritte („aus Büchern"), was dir zu den Punkten a), b) und c) einfällt.
- Fasse am Ende zusammen, was ähnlich und was unterschiedlich ist.

M3 Nur aus Erfahrung klug?

Viele Dinge wissen wir aus eigener Erfahrung. Zum Beispiel weißt du, dass Vögel fliegen können, dass Schokolade süß ist und dass alle Menschen älter werden. Du weißt das deshalb, weil du es schon selbst gesehen, geschmeckt oder an dir beobachtet hast. Deswegen sagt man auch: Aus Erfahrung wird man klug. Doch kommt jede Art von Wissen aus der Erfahrung? Einige Philosophinnen und Philosophen behaupten das: Wir können nur das wissen, was wir vorher durch die Sinne wahrgenommen haben. Zum Teil leuchtet das ein. Dass Schokolade süß ist, weißt du normalerweise erst dann, wenn du welche probiert hast. Auch was „süß" bedeutet, kannst du dir erst dann richtig vorstellen, wenn du schon mal etwas Süßes im Mund hattest. Aber ist das so bei allem, was wir wissen?

8 Gib in einem Satz wieder, wo nach Meinung mancher Philosophen unser ganzes Wissens herkommt.
9 Überprüfe, ob die Philosophen recht haben. Du weißt zum Beispiel, was 122 + 3 ist, wie viele Ecken ein Quadrat und welche Farbe ein Schimmel (das Pferd!) hat. Kommt auch dieses Wissen aus der Sinneserfahrung? Begründe deine Meinung.
10 Manche Dinge weißt du, auch ohne etwas Bestimmtes gesehen, gehört, geschmeckt, gerochen oder gefühlt zu haben. Finde eigene Beispiele.

M4 Tabula rasa

„Tabula rasa" ist lateinisch und bedeutet soviel wie „unbeschriebene Tafel". Der Philosoph John Locke (1632 – 1704) behauptet, jeder Mensch werde als *tabula rasa* geboren. Die Seele, meint er, sei bei der Geburt leer wie ein unbeschriebenes Blatt Papier.

11 Bist du einverstanden mit John Lockes Ansicht über Neugeborene? Begründe deine Meinung.
12 Manche schwangere Mütter spielen ihren Kindern absichtlich vor der Geburt schöne Musik vor, z. B. Mozart. Warum tun sie das? Finde eine Erklärung. Beurteile dann, wie du diese Idee findest.

Anders wahrnehmen

M1 Nicht sehen können

1 Nenne mit Hilfe des Fotos Dinge, die Sehbehinderte und Blinde im Alltag unterstützen.

2 Versuche eine oder mehrere der folgenden Aufgaben mit verbundenen Augen auszuführen:
a) einen Gegenstand erkennen,
b) etwas vom Boden aufheben,
c) einen bestimmten Geldbetrag abzählen,
d) von deinem Platz zur Türe gehen und wieder zurück.

3 Beschreibe, welche Handlungen dir bei der Aufgabe 2 besonders schwergefallen sind und was dir geholfen hat.

M2 Leas Schultag

Wenn morgens um sieben Uhr mein Wecker klingelt, öffne ich die Augen und kann trotzdem nichts sehen. Ich bin blind. Mit den Fingern taste ich den Wecker ab. Der Wecker hat kein Glas vor dem Ziffernblatt. Ich kann fühlen, wie spät es ist. Zum Frühstück gieße ich mir Milch ein. Damit sie nicht überläuft, stecke ich einfach einen Finger in den Becher. So spüre ich, wann der Becher voll ist. Ich schmiere mir mein Frühstücksbrot allein.

Dann gehe ich zur Schule. Meine Schule ist eine Blindenschule. Die Kinder schreiben mit Schreibmaschinen. Damit werden Buchstaben zum Fühlen gedruckt. Jeder Buchstabe besteht aus Punkten. Ich habe lange gebraucht, bis ich diese Schrift mit den Fingern lesen konnte. Es gibt aber auch Hörbücher auf CD in unserer Klasse.

Wenn ich nachmittags aus der Schule komme, spiele ich mit meinen Geschwistern. Wir spielen gern „Mensch, ärgere dich nicht". Damit ich mitspielen kann, haben wir ein besonderes Spielbrett. Kleine Vertiefungen markieren die Spielfelder. Ich kann meine Spielsteine allein setzen, weil sie unterschiedliche Formen haben. Auf meinem Würfel kann ich die Zahlen fühlen.

Sigrid Voigt

4 Gib wieder, was Lea im Alltag anders macht als Kinder, die sehen können.

5 Dass Lea nicht sehen kann, gleicht sie durch andere Fähigkeiten aus. Beschreibe die Dinge, die Lea besser kann als Sehende.

6 Mache einen Vorschlag, wie ein Kartenspiel verändert werden muss, damit ein blindes Kind mitspielen kann.

M3 Mit den Fingern lesen

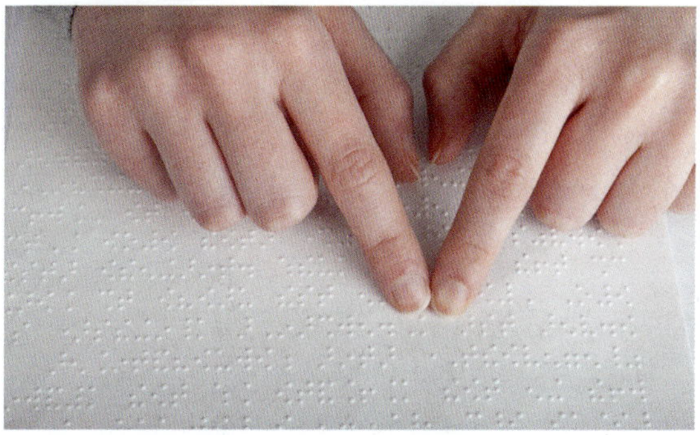

A	B	C	D	E	F	G	H	I	J
⠁	⠃	⠉	⠙	⠑	⠋	⠛	⠓	⠊	⠚
K	**L**	**M**	**N**	**O**	**P**	**Q**	**R**	**S**	**T**
⠅	⠇	⠍	⠝	⠕	⠏	⠟	⠗	⠎	⠞
U	**V**	**X**	**Y**	**Z**					
⠥	⠧	⠭	⠽	⠵					

Der große Traum von Louis Braille war es, lesen zu können. Louis wurde am 4. Januar 1809 bei Paris in Frankreich geboren und erblindete mit drei Jahren. Mit 16 Jahren erfand er eine Schrift für Blinde, die nach ihm benannte Braille-Schrift.

Das Prinzip ist einfach: Buchstaben werden auf der Papier-Rückseite eingedrückt, so dass sie auf der Vorderseite als Erhebungen zu ertasten sind. Das ist mit einem Blatt Papier und einem Bleistift leicht auszuprobieren.

Bei der Blindenschrift werden aber nicht die Buchstaben verwendet, die du aus der Schule kennst, sondern die Buchstaben aus dem Braille-Alphabet. Sie bestehen aus bis zu sechs Punkten, die im Quadrat angeordnet sind. Je nach Kombination und Anzahl der Punkte wird ein anderer Buchstabe dargestellt.

Sandra Goller

7 Erkläre mit Hilfe des Textes und der Bilder, wie man die Braille-Schrift liest.

8 Schreibe Wörter in Braille-Schrift. Notiere dazu die Buchstaben zuerst mit dem Bleistift auf ein Blatt Papier, und zwar so, dass man die Punkte auf der Rückseite sieht. Drehe das Blatt um. Drücke dann die Punkte auf der Rückseite mit einem spitzen Gegenstand (z. B. Geodreieck oder einer Prickelnadel) so ins Papier, dass man sie fühlen kann.

9 Übersetze die Braille-Schrift-Wörter eines Partners in lateinische Buchstaben.

10 Vergleiche die Schrift, die du kennst, mit der Braille-Schrift. Berücksichtige dabei, a) welche Sinne dafür besonders gut trainiert sein müssen und b) welche Schwierigkeiten sich beim Erlernen der Schrift ergeben können. > Kompetenzbox

M4 Smartphones für Blinde

Anders als zur Zeit von Louis Braille gibt es heute nicht nur Bücher zum Lesen. Wie stellst du dir ein Smartphone für Blinde vor? Oder einen Computer?

11 Beschreibe, wie ein Smartphone für Blinde gestaltet sein müsste.

12 Notiere drei Fragen zum Thema Computer für Blinde. Wenn möglich, recherchiere im Internet nach Antworten.

WAHRNEHMEN UND DEUTEN

So kannst du unterschiedliche Erfahrungen vergleichen

- Lege eine Tabelle mit drei Spalten an.
- Schreibe in die erste Spalte die Vergleichspunkte: a) verwendete Sinnesorgane, b) Schwierigkeiten.
- Schreibe in die zweite Spalte („Braille-Schrift") und in die dritte („lateinische Schrift"), was du zu a) und b) beobachtet hast.
- Fasse am Ende zusammen, was ähnlich und was unterschiedlich ist.

Zeig, was du kannst!

Das Wichtigste in Kürze

Sinneswahrnehmung – wissen und vermuten – optische Täuschung – Traum und Wirklichkeit – aus Erfahrung klug – tabula rasa – Braille-Schrift

Wahrnehmung und Wissen

Eine aufmerksame Sinneswahrnehmung ist wichtig, um sich zu orientieren und um neues Wissen zu erwerben. Wissen ist mehr als vermuten oder glauben. Damit ich etwas weiß, muss ich erstens gute Gründe dafür haben und zweitens muss das, was ich zu wissen glaube, wahr sein.

Das meiste, was wir über die Welt wissen, haben wir mit unseren Sinnen erfahren. Aber wir können auch nur durch Nachdenken Wissen erwerben, zum Beispiel beim Kopfrechnen. Unsere Sinne können getäuscht werden. Deswegen ist es manchmal wichtig daran zu zweifeln, ob das, was wir gerade sehen oder hören, wirklich so ist. Wenn die Augen oder das Gehör nicht richtig funktionieren, kann man das durch andere Sinnesorgane ausgleichen.

Kompetenz-Check

M Erlebnisse und Erfahrungen

WAHRNEHMEN UND DEUTEN

1 Finde zu jedem der fünf Sinne fünf passende Adjektive.

2 Cora behauptet: „Ich weiß, dass Darmstadt in Hessen liegt." In einem Atlas oder auf einer Landkarte nachgesehen hat sie aber nie. Beurteile, ob Cora wirklich weiß, wo Darmstadt liegt. Was spricht dafür? Was dagegen?

3 Vergleiche die Bilder. Untersuche dabei besonders, was die Kinder tun und was sie in der Situation empfinden.

4 Hast du schon einmal etwas Ähnliches wie die Kinder auf den Bildern erlebt? Berichte von deinen Erfahrungen.

Werkstatt

Fußballregeln für Blinde und Sehende

Stell dir vor, neue Mitschülerinnen oder Mitschüler kommen zu dir in die Klasse. Die Kinder sind blind oder stark sehbehindert. Deine Klasse spielt leidenschaftlich gerne Fußball. Jetzt müssen die Spielregeln geändert werden, damit alle mitspielen können.

- Für diese Werkstatt-Aufgabe ist Teamgeist erforderlich. Bilde also mit anderen ein Team. Bei der Zusammenstellung des Teams sollte darauf geachtet werden, dass einige Fußballexpertinnen oder Fußballexperten dabei sind.
- Im Team besprecht ihr, welche Besonderheiten bei einem Fußballspiel mit Blinden beachtet werden müssen. Dann stellt ihr eure eigenen Regeln auf.
- Gemeinsam gestaltet ihr ein Regel-Plakat für Fußball mit Blinden. Dieses stellt ihr am Ende der ganzen Lerngruppe vor.
- Euer Regelwerk muss auf die besonderen Bedürfnisse von Blinden Rücksicht nehmen. Sie brauchen zum Beispiel einen besonderen Ball. Außerdem müssen Verletzungsgefahren beseitigt werden. Ein solches Spiel kostet Blinde viel Konzentration, darf also nicht zu lange dauern. Einige sehende Personen sollten das Spiel unterstützen. Usw.
- Klärt gemeinsam, welche Aufgaben die Sehenden übernehmen sollten. Sagt auch etwas zur Anzahl der Spielerinnen und Spieler sowie der Größe des Spielfeldes.

Worauf es ankommt

- ☑ alle wichtigen Regeln festlegen, aber nicht zu viele
- ☑ Ausrüstung und notwendige Begleitpersonen bedenken
- ☑ das Fußballspiel muss funktionieren und Spaß machen
- ☑ Plakat schön und ansprechend gestalten

Methodenübersicht

Toolbox

Begriffskreis

Durch einen Begriffskreis kannst du besser verstehen, worum es bei bestimmten Begriffen geht.

- **Sammeln:** Schreibe den Begriff, um den es geht, oben auf ein Blatt. Sammle dann alle Begriffe, die dir dazu einfallen. Schreibe diese Begriffe auf das Blatt dazu.
- **Ordnen:** Nimm ein zweites Blatt. Schreibe erneut oben den Begriff hin, um den es geht. Male einen mittelgroßen Kreis auf das Blatt und einen zweiten großen Kreis mit genügend Abstand um den ersten Kreis herum. Trage nun die Begriffe vom ersten Blatt in die Kreise ein. In den inneren Kreis (Begriffskern) kommen die Begriffe, die am wichtigsten sind. Die restlichen Begriffe kommen in den Außenkreis.
- **Ergänzen:** Betrachte das Ergebnis mit allen Begriffen. Welche Fragen oder Aussagen fallen dir dazu ein? Schreibe diese unter die Kreise auf das Blatt.

> Beispiele: S. 107 A12 – S. 217 A11

Cluster

Mit Hilfe eines Clusters kannst du deine Gedanken ordnen und so besser erkennen, worum es z. B. in einem Text geht.

- Schreibe in die Mitte eines Blattes den wichtigsten Schlüsselbegriff auf.
- Ordne andere Begriffe des Textes um ihn herum.
- Verbinde die Begriffe mit Strichen.

> Beispiele: S. 49 A9/A10/A11 – S. 50 A6 – S. 55 A11

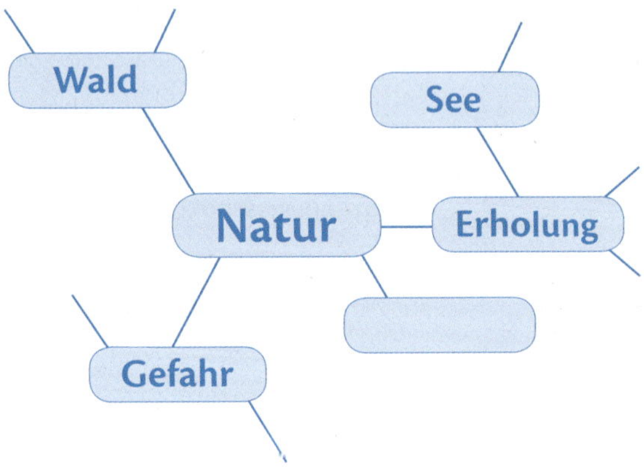

Zwickmühle

Die Beschäftigung mit einer Zwickmühle hilft dir, darin besser zu werden, schwierige Situationen zu erkennen und zu meistern.

Bei einer Zwickmühle geht es um ein Problem, bei dem es verschiedene Möglichkeiten gibt, sich zu entscheiden – aber einfach keine gute Lösung zu finden ist. Jede Lösung hat Nachteile. Zum Beispiel könnten dich zwei deiner Freunde rufen, um einen Streit zu schlichten und zu entscheiden, wer von beiden Recht hat. Du weißt, dass danach einer von beiden beleidigt sein wird. Du sollst dennoch überlegen, was am besten zu tun ist und deinen Vorschlag begründen.

- **Zwickmühle erkennen:** Eine Zwickmühle liegt vor, wenn du etwas Gutes erreichen willst – und wenn nun das, was du dafür tun musst, zu etwas Schlechtem führt. Anderen erscheint es dann oft so, als ob du ihnen etwas Schlechtes antun willst.
- **Möglichkeiten unterscheiden:** Schau dir jetzt jede Möglichkeit der Entscheidung genau an. Auch wenn es keine wirklich gute Entscheidung gibt – welche Möglichkeit ist für dich die erträglichste? Gehe am besten so vor, dass du die aus deiner Sicht schlimmsten Möglichkeiten ausschließt. Was übrig bleibt, ist dann das, wofür du dich entscheiden solltest.

- **Eine Entscheidung treffen:** Nun kennst du die Entscheidungsmöglichkeiten und ihre Folgen und musst dich entscheiden. Wenn du auf diese Weise eine Entscheidung triffst, kannst du sie auch anderen erklären. Du kannst sagen, dass du weißt, dass sich aus deiner Entscheidung Folgen ergeben, die du nicht willst, und du kannst sagen, weshalb du dennoch diese Entscheidung getroffen hast.

> Beispiele: S. 63 A9 – S. 81 A10 – S. 94 A1 – S. 137 A12 – S. 139 A12

Mit Gedanken spielen

Mit dem Gedankenspiel kommst du auf neue Ideen. Deine Fantasie hilft dir, eine Situation oder ein Problem zu erkunden. Du kannst so neue Möglichkeiten entdecken, auf die du allein durch Nachdenken nicht kommst.

- **Einstieg:** Die Situation oder das Problem wird dargestellt und du stellst dich selbst vor dieses Problem (oder in die Situation).
- **Erkunden:** Stell dir vor, was du dabei siehst und erlebst. In einer kleinen Zeitreise kannst du dir vorstellen, was vorher passiert ist und was in den darauf folgenden Tagen und Wochen noch passieren könnte. Du kannst dabei auch andere Personen erfinden und dir vorstellen, was ihr gemeinsam erlebt.
- **Darstellen:** Was du erlebt hast, kannst du aufschreiben, malen, mit einer Collage wiedergeben usw.

> Beispiele: S. 23 A10/A14 – S. 29 A10 – S. 67 A13/A14 – S. 77 A9 – S. 127 A11

Anleitung zur Diskussion

Bei einer Diskussion kannst du andere von deinen Ansichten überzeugen oder etwas Neues von anderen erfahren.

- **Eigene Position bestimmen:** Lege fest, welche mögliche Ansicht dir richtig erscheint.
- **Formulieren:** Schreibe einen Satz auf, in dem du zu dem vorgegeben Thema deine Meinung formulierst. Beispiel: *Jede Familie braucht ein Haustier.*
- **Begründen:** Ergänze den Satz mit einer Begründung. Setze dafür den Satz mit „weil …" oder „denn …" fort. Beispiel: *Jede Familie braucht ein Haustier, weil man sonst den Umgang mit Tieren nicht lernt.*
- **Ergänzen:** Überlege nun zusammen mit anderen, ob es weitere Gründe gibt, die für die verschiedenen Ansichten angeführt werden können. Formuliere passende „Weil-Sätze".

> Beispiele: S. 81 A10 – S. 106 A7 – S. 136-137 A6/A12

Formen der Zusammenarbeit

Think-Pair-Share

Bei der Methode Think-Pair-Share (übersetzt: „denken – austauschen – teilen") kannst du zusammen mit einem Partner oder einer Partnerin arbeitsteilig eine Aufgabe lösen.

- **Think:** Löse die dir gestellte Teilaufgabe erst einmal alleine. Halte die vorgegebene Zeit ein.
- **Pair:** Nun tausche zusammen mit deinem Partner oder deiner Partnerin die Ergebnisse aus. Stellt euch nacheinander die Ergebnisse vor. Höre hierbei dem oder der anderen genau zu und halte fest, was gesagt wird. Am Ende solltest du in der Lage sein, nicht nur das eigene Thema darzustellen, sondern auch das Thema deines Partners oder deiner Partnerin.
- **Share:** Stelle die Ergebnisse in einer Gruppe (oder gleich im ganzen Kurs) vor. In der Gruppenphase entwickelt ihr ein gemeinsames Ergebnis. Hierfür gibt es viele Möglichkeiten: ein Plakat oder eine Folie erstellen, Stichpunkte sammeln, um sie vorzutragen usw.

Bei vielen Aufgaben kannst du in den drei Schritten Think – Pair – Share vorgehen. Du hast dabei deine Aufgabe gut gelöst, wenn du

- den vorgegebenen Zeitrahmen eingehalten hast,
- auf Nachfragen meist gut antworten kannst,
- darstellen kannst, was die ganze Gruppe erarbeitet hat.

> Beispiele: S. 37 A9 – S. 43 A9 – S. 139 A8 – S. 151 A10 – S. 225 A10

Deckchenmethode

In einer Gruppe kannst du bessere Ergebnisse erzielen als alleine. Dabei hilft die Deckchenmethode.

- Du sitzt an einem gemeinsamen Tisch in einer Dreier- oder Vierergruppe.
- Unterteile das Blatt in Linien so, dass jeder ein gleich großes Feld vor sich hat. In der Mitte bleibt ein Gruppenfeld frei (siehe Bild).
- Trage in Einzelarbeit deine Ergebnisse, Ideen oder Fragen passend zur Aufgabenstellung in deinem Feld ein.
- Drehe das Blatt im Uhrzeigersinn, so dass du lesen kannst, was dein Nachbar oder deine Nachbarin geschrieben hat. Das kannst du jetzt kommentieren oder ergänzen.
- Drehe das Blatt erneut und kommentiere, was in dem nächsten Feld steht. Dies wiederholt sich bis jeder die Felder der anderen gelesen und kommentiert hat.
- Formuliere nun zusammen mit den anderen ein Ergebnis und trage dieses in das Feld in der Mitte ein.
- Stelle das Ergebnis den anderen Gruppen vor.

> Beispiele: S. 95 A7 – S. 96 A6 – S. 119 A8 – S. 133 A8 – S. 138 A5

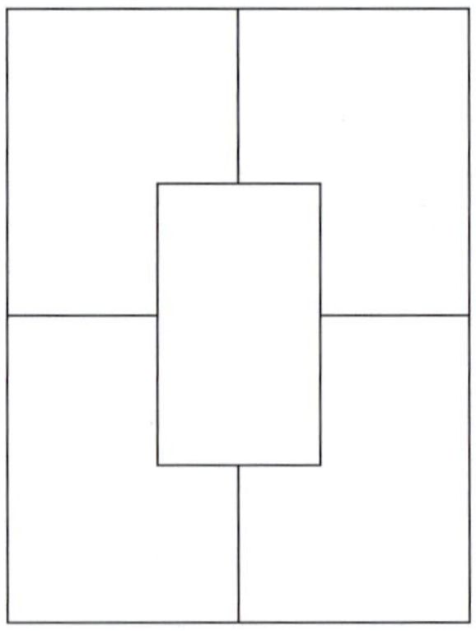

Pantomime

Eine Pantomime ist die Darstellung einer Szene ohne gesprochene Sprache. Hier kannst du alleine durch Körperhaltung, Gesichtsausdruck und Bewegungen (Gesten) darstellen, was dir bzw. deiner Gruppe besonders wichtig ist.

- **Erproben:** Probiere in der Gruppe verschiedene Körperhaltungen (aufrecht, gebückt usw.), Gesichtsausdrücke oder Gesten aus. Was kann man dadurch mitteilen? Wie wirken sie auf die Betrachter?
- **Situation:** Nun überlege dir, welche Situation du darstellen willst. Was willst du damit zeigen? Welche Handlungen und Reaktionen sollen gezeigt werden?
- **Auswerten:** Überprüfe, ob das, was du zeigen wolltest, auch verstanden wurde. Überlege mit den anderen zusammen, ob und wie man etwas verbessern kann.

> Beispiele: S. 27 A13 – S. 82 A6 – S. 104 A7 – S. 160 A6

Plakat

Auf einem Plakat kannst du ansprechend präsentieren, was du alleine oder mit deiner Gruppe herausgefunden hast.

- **Thema herausstellen:** Durch eine große Überschrift wird das Thema auf einen Blick erkennbar.
- **Ansprechend gestalten:** Durch Bildelemente, Farben, Bilder, Linien usw. gibst du dem Plakat einen klaren Aufbau und eine ansprechende Gestaltung.
- **Deutlich machen:** Andere sollen durch dein Plakat etwas gut und schnell erfassen können. Mache durch wenige Worte klar, worum es geht.

> Beispiele: S. 105 A12 – S. 121 A10 – 169 A12

Textnachweise

Kompetenzbereiche

S. 8/9: M1 Anna Eifert (Originalbeitrag)

S. 10/11: M1 Roland Simon-Schaefer: Kleine Philosophie für Berenike. Stuttgart: Reclam 1996, S. 15; M2/M3 Tomi Ungerer: Warum bin ich nicht du? Philosophische Fragen von Kindern. Beantwortet von Tomi Ungerer. Übersetzt von Alexandra Beilharz, Grit Fröhlich und Margaux de Weck. Zürich: Diogenes 2016 (auch: Kinder fragen Tomi Ungerer. In: Philosophie Magazin 02/2016, S. 7); M4 Matthew Lipman: Harry Stottelmeiers Entdeckung. Philosophieren mit Kindern. Hg. und bearbeitet von Daniela G. Camhy. Übersetzt aus dem Amerikanischen von Ursula Scheer. 2. überarbeitete Auflage 2009. St. Augustin: Academia Verlag, S. 45

S. 12/13: M2 René Goscinny/Jean-Jaques Sempé: Der kleine Nick und die Schule – Sechzehn prima Geschichten vom kleinen Nick und seinen Freunden. Deutsch von Hans Georg Lenzen. Zürich: Diogenes 2006, S. 138; M3 Stichwort Zehn Gebote. In: Weltreligionen ABC. Autorinnen: Lisa Fuderer, Sandra Goller, Simone Nürnberger, Ursula Schachenhofer, Jenny Weber-Reiß. Online: https://www.kindernetz.de/infonetz/laenderundkulturen/weltreligionen/-/id=23528/vv=print/nid=23528/did=37312/1dl1bhr/index.html (abgerufen am 31.01.2019); M4 nach Rainer Erlinger: Lügen haben rote Ohren. Gewissensfragen für große und kleine Menschen. 2. Auflage. Berlin: Ullstein 2006, S. 35-37

S. 14/15: M2/M3 Michael Ende: Momo. Neuausgabe. Stuttgart: Thienemann 2005, S. 14, 15; M4 nach Michael Ende: Momo. Neuausgabe. Stuttgart: Thienemann 2005, S. 15

S. 16/17: M1/M3/M4 Stephan Körnig (Originalbeiträge)

Mein Ich

S. 18/19: Anna Priemer (Originalbeiträge)

S. 20/21: M2 Anna Priemer (Originalbeitrag); M3 Nora Schultz: Was ist dieses Ich? Online: https://www.dasgehirn.info/wahrnehmen/ich/was-ist-dieses-ich (abgerufen am 01.04.2019)

S. 22/23: M2 Anna Priemer (Originalbeitrag); M3 Besser Gesund Leben: Was dich „anders" macht, macht dich einzigartig! Online: https://bessergesundleben.de/dich-anders-macht-macht-dich-einzigartig/ (abgerufen am 18.10.2018); M4 Verlagsredaktion, Idee nach und basierend auf https://www.spiesser.de/meinung/was-macht-dich-zu-etwas-besonderem (abgerufen am 18.10.2018)

S. 24/25: M2 (Z. 1-11) nach Radio SRF 1: Polo, Pepe oder Joschi. Online: https://www.srf.ch/radio-srf-1/radio-srf-1/polo-pepe-oder-joschi (abgerufen am 16.05. 2018); M3 Claudia Buchzcik: Indianische Namen. Online: http://www.kidsweb.de/schule/kidsweb_spezial/indianer_spezial/indianische_namen.htm, (abgerufen am 13.02.2018); M4 Anna Priemer, basierend auf https://www.vorname.com/verbotene_vornamen.html (abgerufen am 16.02.2018)

S. 26/27: M2 Anna Priemer (Originalbeitrag); M3 Andrea Gehwolf: „Schulkleidung – Wie geht ihr in die Schule?". Online: http://www.pasch-net.de/de/mag/dos/20814733.html (abgerufen am 18.10.2018); M4 „Wir pinkeln alle dieselbe Farbe" basierend auf einem Zitat im Film „Hidden Figures" (übersetzt von Anna Priemer); „Einer Mücke ist egal, ob sie einen König oder einen Bettler sticht" basierend auf Peter Bamm. Online: https://zitatelebenalle.com/8241/ (abgerufen am 16.02.2018); „Wir lächeln alle in der gleichen Sprache": Majoe: Wenn die Sonne aufgeht. Text: Mayjuran Ragunathan © Hanseatic Musikverlag GmbH & Co. KG, Hamburg

S. 28/29: M3 UN-Kinderrechtskonvention: Artikel 7. Online: https://www.unicef.de/blob/9364/a1bbed70474053cc61d1c64d4f82d604/d0006-kinderkonvention-pdf-data.pdf (abgerufen am 01.04.2019); Julia Wolke: Artikel 7: Jedes Kind hat das Recht auf Namen, Familie und Staatsbürgerschaft. Online: http://www.fuer-kinderrechte.de/wissen/recht-auf-name-familie-und-staatsangeh%C3%B6rigkeit (abgerufen am 01.04.2019); M4 Barbara Hans: Land der namenlosen Kinder. In: Spiegel online, 18.10.2005. Online: http://www.spiegel.de/panorama/gesellschaft/fluechtlinge-in-deutschland-land-der-namenlosen-kinder-a-377791.html (abgerufen am 01.04.2019)

S. 30/31: Das Ich/Werkstatt Anna Priemer (Originalbeiträge)

Meine Familie

S. 32/33: Hannelore Piehler (Originalbeiträge)

S. 34/35: M2 Hannelore Piehler (Originalbeitrag); M3 Elisabeth Schwiontek: Bunt und vielfältig: Familien in Deutschland. Online: http://www.pasch-net.de/de/pas/cls/sch/jus/sdz/20757729.html (abgerufen am 01.04.2019); M4 Julia Schaaf: „Wir sind eine bewegliche, kleine Zelle". In: Frankfurter Allgemeine Sonntagszeitung, 15. Mai 2016, S. 17 (auch online: http://www.faz.net/aktuell/gesellschaft/menschen/alleinerziehend-die-arme-von-wegen-14234116.html; abgerufen am 01.04.2019)

S. 36/37: M2 Harald Rost. Zitiert nach Elisabeth Schwiontek: Bunt und vielfältig: Familien in Deutschland. Online: http://www.pasch-net.de/de/pas/cls/sch/jus/sdz/20757729.html (abgerufen am 01.04.2019); Jane Elson:

Wenn das Leben wie Schokolade schmeckt. Aus dem Englischen von Bettina Obrecht. München: cbj 2014, S. 239; Familie ist alles, oder? (Redaktion: Berit Schwetzke). Online: https://www.kindersache.de/bereiche/kinderrechte/thema-des-monats/familie-ist-alles-oder (abgerufen am 01.04.2019); Hannelore Piehler (Originalbeitrag); M3 Was macht eine Familie aus? Online: https://www.demokratiewebstatt.at/thema/thema-familie-und-demokratie/wer-gehoert-zur-familie/was-macht-eine-familie-aus/ (abgerufen am 30.01.2018)

S. 38/39: Hannelore Piehler, basierend auf Fliegen lernen: Was machen deutsche Eltern besonders gut? Ein Gespräch mit einer amerikanischen Mutter (Gespräch: Katrin Hörnlein). In: Die Zeit, 22. März 2018; M2 Sabine Kuegler: Dschungelkind. München: Knaur Taschenbuch Verlag 2006, S. 232; M3 Wie sieht Familienleben woanders aus?! (Redaktion: Berit Schwetzke). Online: https://www.kindersache.de/bereiche/wissen/andere-laender/wie-sieht-familienleben-woanders-aus (abgerufen am 01.04.2019); M4 Angelika Hacker: Aufwachsen in einer afrikanischen Familie. Online: http://www.afrika-junior.de/inhalt/wissen/familien.html (abgerufen am 01.04.2019)

S. 40/41: M1 Paul Maar: Große Schwester, fremder Bruder. Hamburg: Oetinger 2013, S. 141-142; M2-M4 Isabell Wohlfarth: In dieser britischen Familie dürfen die Kinder alles. In: Kölnische Rundschau online, 02.11.2017. Online: https://www.rundschau-online.de/ratgeber/familie/keine-regeln--keine-verbote-in-dieser-britischen-familie-duerfen-die-kinder-alles-28755610 (abgerufen am 11.02.2018); M3 Sebastian Bröder: Feste Regeln für ein lockeres Familienleben. Online: https://www.kizz.de/erziehung/regeln-und-grenzen/wie-kinder-regeln-lernen-feste-regeln-fuer-ein-lockeres-familienleben (abgerufen am 11.02.2018)

S. 42/43: M2 Anna Gavalda: 35 Kilo Hoffnung. Aus dem Französischen von Ursula Schregel. Berlin: Berlin Verlag/Bloomsbury Kinderbücher & Jugendbücher 2004 S. 28-29; M3 Familienzeit – haben Familien zu wenig Zeit füreinander? Online: https://www.jako-o.de/magazin-familienleben-familienzusammenhalt-familienzeit--00133890/ (abgerufen am 01.04.2019)

S. 44/45: Die Familie/Werkstatt Hannelore Piehler (Originalbeiträge); M Ida-Marie Rendtorff/Daniel Zimakoff: Donnerschnitzel. Mein Opa ist ein Papagei! Aus dem Dänischen von Friederike Buchinger. Hamburg: Carlsen 2018, S. 5

Neue Wege gehen

S. 46/47: Klaus Mulzer (Originalbeiträge)

S. 48/49: M2 Finn-Ole Heinrich: Die erstaunlichen Abenteuer der Maulina Schmitt. Mein kaputtes Königreich. 6. Auflage. München: Hanser 2018, S. 30-31; M3 nach Lucia Schmidt: Wie erklär ich's meinem Kind? Was es heißt, neu zu sein. In: www.faz.net, 28.08.2015. Online: http://www.faz.net/aktuell/feuilleton/familie/wie-erklaere-ich-s-meinem-kind/angst-vor-unbekanntem-was-es-heisst-neu-zu-sein-13772369.html#void (abgerufen am 07.01.2019); M4 Klaus Mulzer (Originalbeitrag)

S. 50/51: M2/M4 Klaus Mulzer (Originalbeiträge); M3 Brigitte Labbé/Michel Puech: Was verbindet die Welt? Ethik für Kinder. Übersetzt von Anne Braun. Bindlach: Loewe 2005, S. 119-120

S. 52/53: M2 Mark Haddon: Supergute Tage oder Die sonderbare Welt des Christopher Boone. Aus dem Englischen von Sabine Hübner. München: Goldmann Verlag 2005, S. 9; M3 Siobhan Dowd: Der Junge, der sich in Luft auflöste. Übersetzt von Salah Naoura. Hamburg: Carlsen Verlag 2008, S. 10

S. 54/55: M2 Karl Valentin: Die Fremden. In: Ders.: Sämtliche Werke in neun Bänden. Hg. von Helmut Bachmeier und Manfred Faust. Band 4. Dialoge. München: Piper 2007, S. 176-177; M3 Alice Bota: „Ich hab Heimweh". In: Die Zeit 32/2017. Online: https://www.zeit.de/2017/32/urlaub-heimweh-gefuehl-ferien (abgerufen am 07.01.2019); M4 Klaus Mulzer (Originalbeitrag)

S. 56/57: M2 Klaus Mulzer (Originalbeitrag); M3 nach Christine Schulz-Reiss: Nachgefragt: Philosophie. Basiswissen zum Mitreden. Bindlach: Loewe 2010, S. 12; M4 Christine Schulz-Reiss: Nachgefragt: Philosophie. Basiswissen zum Mitreden. Bindlach: Loewe 2010, S. 13

S. 58/59: Neue Wege gehen/Werkstatt Klaus Mulzer (Originalbeiträge); M Ina Schmidt: Kleine und große Fragen an die Welt: Phil und Sophie. Philosophie für Kinder. Hamburg: Carlsen Verlag 2017, S. 66

Das Gewissen spricht

S. 60/61: Stephan Körnig (Originalbeiträge)

S. 62/63: M1-M3 Heribert Haberhausen: Bitterschokolade. In: Dietrich Steinwede/Renate Schupp (Hg.): Abel steh auf. Geschichten zur Zivilcourage für junge Menschen ab 8. Lahr: Verlag Ernst Kaufmann 2002, S. 52

S. 64/65: M2 Monika Sänger; M3 Stephen Law: Philosophie. Denken ohne Grenzen. Aus dem Englischen von Anne Braun. Würzburg: Arena 2004. S. 66-68

S. 66/67: M3 Stephan Körnig (Originalbeitrag); M4 nach Winfried Böhm

S. 68/69: M2 Stephan Körnig (Originalbeitrag); M3 Brigitte Labbé/Michel Puech: Was verbindet die Welt? Ethik für Kinder. Übersetzt von Anne Braun. Bindlach: Loewe 2005, S. 45-45; M4 nach Martin Gründl: Soziale Wahrnehmung. Online: http://www.uni-regensburg.de/Fakultaeten/phil_Fak_II/Psychologie/Psy_II/beautycheck/sozialewahrnehmung/sozialewahrnehmung.htm (abgerufen am 01.04.2019)

S. 70/71: M2 Laura Kingston: Die Büchse der Pandora öffnen. Online: https://www.geo.de/geolino/redewendungen/1623-rtkl-redewendung-die-buechse-der-pandora-oeffnen (abgerufen am 01.04.2019); M3 Rita Sandbrink

S. 72/73: Das Gewissen und der Unterschied zwischen „gut" und „böse"/M/Werkstatt Stephan Körnig (Originalbeiträge)

Verantwortung übernehmen

S. 74/75: Stephan Körnig (Originalbeiträge)

S. 76/77: M2 Stephan Körnig (Originalbeitrag); M3 Gerd Schneider/Christiane Toyka-Seid: Solidarität. In: HanisauLand: Lexikon. Hg. von der Bundeszentrale für politische Bildung. Online: https://www.hanisauland.de/lexikon/s/solidaritaet.html (abgerufen am 01.04.2019); M4 Alexander S. Neill: Die grüne Wolke. Den Kindern von Summerhill erzählt. Übersetzt von Harry Rowohlt. Reinbek bei Hamburg: Rowohlt 1992, S. 23f.

S. 78/79: M2 Martina Peters; M3 Fernando Savater: Tu, was du willst. Ethik für Erwachsene von morgen. Aus dem Spanischen von Wilfried Hof. 9. Auflage. Frankfurt/Main, New York: Campus 2007, S. 88; M4 Stephan Körnig (Originalbeitrag)

S. 80/81: M2 Stephan Körnig (Originalbeitrag); M3 Gerd Schneider/Christiane Toyka-Seid: Geschäftsfähigkeit. In: HanisauLand: Lexikon. Hg. von der Bundeszentrale für politische Bildung. Online: https://www.hanisauland.de/lexikon/g/geschaeftsfaehigkeit.html (abgerufen am 01.04.2019); M4 Brief der Fußball-Nationalmannschaft, 27.06.2018 (veröffentlicht auf der Facebookseite des DFB-Teams). Online: https://www.facebook.com/DFB-Team/photos/a.1592945241482O5/179583751716O556/?type=3&theater (abgerufen am 22.11.2018)

S. 82/83: M2-M4 Brigitte Labbé/Michel Puech: Denk dir die Welt. Philosophie für Kinder. Aus dem Französischen übersetzt von Anne Braun. Bindlach: Loewe 2003, S. 92, 106-107,107

S. 84/85: M2 Redaktion ELTERN online: „Die Abenteuer des starken Wanja" (Inhaltsangabe zum Hörbuch von Ottfried Preußler). Online: https://www.eltern.de/urlaub_freizeit/freizeit/fendl_wanja.html (abgerufen am 01.04.2019); M3 nach Jean-Bernard Puoy/Serge Bloch/Anne Blanchard: Lexikon der Faulpelze. Von Albert Einstein bis Leonardo Da Vinci. Übersetzung Fischer-Verlag. Frankfurt/Main: Fischer Verlag 2008. S. 112-115; M4 Stephan Körnig, basierend auf http://www.show-des-scheiterns.de/ (abgerufen am 01.04.2019)

S. 86/87: Verantwortung/M/Werkstatt Stephan Körnig (Originalbeiträge)

Regeln folgen

S. 88/89: Anna Eifert (Originalbeiträge)

S. 90/91: M3 nach Rainer Erlinger: Lügen haben rote Ohren. Berlin: Ullstein 2005, S. 67f.; M4 Anna Eifert (Originalbeitrag)

S.92/93: M1 Anna Eifert (Originalbeitrag); M2/M3 nach Dieter Kopriwa; M4 nach Bernd Rolf

S. 94/95: M2 Anna Eifert; basierend auf Informationen in: https://www.sueddeutsche.de/reise/tischsitten-welt-weit-fuer-mich-bitte-das-fettnaepfchen-1.2249473 und https://web.de/magazine/gesundheit/laender-tischsitten-13402582 und http://www.christophbfuchs.ch/assets/cbf-doc-tischsitten-weltweit.pdf (jeweils abgerufen am 25.10.2018); M3 nach Roman Leuthner: Nackt duschen – streng verboten: Die verrücktesten Gesetze der Welt. München: Bassermann Verlag 2009, S. 59, 51, 98; M4 Anna Eifert (Originalbeitrag)

S. 96/97: M2 Anna Eifert (Originalbeitrag); M3 nach Paul McKenna: The Golden Rule Acrossthe World's Religions. Online: http://www.scarboromissions.ca/wp-content/uploads/2015/01/item_34_lg.jpg (abgerufen am 22.01.2015; Übersetzung Jörg Peters); Zitat aus Neuem Testament (Matthäus 7,12): Die Bibel. Einheitsübersetzung der Heiligen Schrift. Vollständig durchgesehene und überarbeitete Ausgabe © 2016 Katholische Bibelanstalt, Stuttgart. Alle Rechte vorbehalten; M4 Anna Eifert (Originalbeitrag)

S. 98/99: M2 Tonio Postel: Lernen! Zack, zack! In: Kinder-ZEIT-Blog, 26.03.2009. Online: https://blog.zeit.de/kinderzeit/2009/03/26/lernen-zack-zack_937 (abgerufen am 30.10.2018); M3 „An meiner Schule bestimm ich mit!": Zwei Schüler erzählen, wie sie das machen Protokolle: Katja Bosse. In: Zeit Leo 01/2017, S. 34-35

S. 100/101: Regeln des Zusammenlebens/Werkstatt: Anna Eifert (Orginalbeiträge); M nach Rainer Erlinger: Lügen haben rote Ohren. Berlin: Ullstein 2005, S. 65

Fair handeln

S. 102/103: Anna Eifert (Originalbeiträge)

S. 104/105: M2/M4 Anna Eifert (Originalbeiträge); M3 Harald Poeplau: Rote Karte für Benne. In: Dietrich Steinwede/Renate Schupp (Hg.): Abel steh auf. Geschichten zur Zivilcourage für junge Menschen ab 8. Lahr: Verlag Ernst Kaufmann 2002, S. 61-64

S. 106/107: M1 Anna Eifert, basierend auf http://www.manager-magazin.de/lifestyle/artikel/gruene-karte-belohnt-fair-play-beim-fussball-a-1051497.html; https://www.blick.ch/sport/fussball/international/italiener-schreiben-geschichte-erste-gruene-karte-fuer-fairplay-gezeigt-id5587773.html (abgerufen am 26.08.2018); M2 Anna Eifert (Originalbeitrag); M3 Was bedeutet Fairness? Online: https://www.demokratiewebstatt.at/thema/fussball/fair-play-spiel-fair/was-bedeutet-fairness/; Fair Play gilt überall! Online: https://www.demokratiewebstatt.at/thema/fussball/fair-play-spiel-fair/wo-ist-fair-play-wichtig/ (jeweils abgerufen am 01.04.2019); M4 Anna Eifert (Originalbeitrag)

S. 108/109: M1-M4 Janosch: Die Fiedelgrille und der Maulwurf. Zürich: Diogenes 1985 (ohne Seitenangabe). Online: http://janosch-gesellschaft.de/wp-content/uploads/2015/11/Die_Fiedelgrille_und_derMaulwurf.pdf (abgerufen am 08.11.2018)

S. 110/111: M2 nach Brigitte Labbé/Michel Puech: Was verbindet die Welt? Ethik für Kinder. Übersetzt von Anne Braun. Bindlach: Loewe 2005, S. 66; M3/M4 Anna Eifert (Originalbeiträge)

S. 112/113: M1 Ursi Zeilinger: Olympia – Unglaubliches. Online: https://www.kindernetz.de/infonetz/sport/olympia/olympia__kuriositaeten/-/id=42656/nid=42656/did=42626/1mg9eev/index.html (abgerufen am 01.04.2019); M2 Anna Eifert, u. a. basierend auf https://www.planet-wissen.de/gesellschaft/sport/geschichte_der_olympischen_spiele/pwiebaronpierredecoubertinvaterderspiele100.html und https://www.demokratiewebstatt.at/fileadmin/ebooks/pdf/eBook_-_Der_olympische_Gedanke.pdf (jeweils abgerufen am 01.04.2019); M3 Olympische Flagge (Autoren: Hannah Maag, Linn Theiler, Tahmee Theiler-Dengl, Bärbel Theiler, Mareike Müller, Marc Brandstetter). Online: http://www.lernspass-fuer-kinder.de/THEMEN-UEBERSICHT/SPORT/SPORTLICHE-EREIGNISSE/OLYMPISCHE-SPIELE/INPAGE/303/OLYMPISCHE-FLAGGE (abgerufen am 01.04.2019); Olympisches Feuer: Anna Eifert, basierend auf Rebecca Müller: Friedenszeichen im Stadion. Online: https://www.kindernetz.de/infonetz/tiereundnatur/elementfeuer/olympischesfeuer/-/id=108992/nid=108992/did=109962/4gajcu/index.html (abgerufen am 01.04.2019); M4 Anna Eifert (Originalbeitrag)

S. 114/115: Fairness und Gerechtigkeit/Werkstatt Anna Eifert (Originalbeiträge); M Entscheide dich: Was heißt hier Respekt? Online: https://www.planet-schule.de/fileadmin/dam_media/wdr/entscheide-dich/img/respekt/AB6_Fair_Play.pdf © wdr Planet Schule 2012 (abgerufen am 18.12.2018)

Natur bewahren

S. 116/117: Joe Miller. In: Jonathon Porritt: Rettet die Erde. Mit einem Vorwort von Hrh The Prince of Wales. Deutsch von Hans Heinrich Wellmann. Hamburg-Remseck: RVG-Interbook 1991, S. 24; Monika Rhein (Originalbeiträge)

S. 118/119: M2 Sabine Kuegler: Dschungelkind. München: Knaur Taschenbuch Verlag 2006, S. 127-128; M3 Elke Leger: Warum Kinder die Natur brauchen. Online: https://www.kizz.de/erziehung/familienalltag/raus-ins-gruene-warum-kinder-die-natur-brauchen (abgerufen am 01.04.2019); M4 Monika Rhein, basierend auf Julia Gerbeth: Warum nur fünf Minuten im Wald so gesund sind. Online: https://www.brigitte.de/gesund/gesundheit/raus-in-die-natur--warum-nur-fuenf-minuten-im-wald-so-gesund-sind-10169360.html (abgerufen am 30.11.2018)

S. 120/121: M2 Monika Rhein (Originalbeitrag); M3 Ariadne von Schirach: Du sollst nicht funktionieren. Für eine neue Lebenskunst. Stuttgart: Tropen Sachbuch/J. G. Cotta'sche Buchhandlung Nachfolger GmbH 2014, S. 55f.

S. 122/123: M3 Planet Schule: Wissensbausteine: Was verschmutzt die Luft? Textautoren: Claudia Heidenfelder, Kirsten Röber, Kristof Köhler. Online: https://www.planet-schule.de/mm/die-erde/Barrierefrei/pages/Was_verschmutzt_die_Luft.html (abgerufen am 05.12.2018)

S. 124/125: M2 Monika Rhein (Originalbeitrag); M3 Regina Oehler: Natur im Griff? Christine von Weizsäcker im Gespräch. HR-Interview zum Abschluss des Funkkollegs „Biologie und Ethik" am Samstag, 07.07.2018. Online: https://www.hr-inforadio.de/programm/wissenswert/wissenswert-natur-im-griff-christine-von-weizsaecker-im-gespraech,epg-so-8456.html (auch Podcast: http://mp3.podcast.hr-online.de/mp3/podcast/hrinfo_wissenswert/hrinfo_wissenswert_20180707_79205842.mp3) (jeweils abgerufen am 11.07.2018); M4 Bundesamt für Naturschutz (Hg.): Stechmücken. Online: https://naturdetektive.bfn.de/lexikon/tiere/insekten-spinnen/stechmuecken.html (abgerufen am 05.12.2018)

S. 126/127: M3 Rita Gudermann: Bäume. In: Planet Wissen, 19.10.2018. Online: https://www.planet-wissen.de/natur/pflanzen/baeume/index.html (abgerufen am 05.12.2018); M4 Jahresringe. In: Zzzebra.de Das Webmagazin für Kinder. Hg. von Micha Labbé. Online: http://www.labbe.de/zzzebra/index.asp?themaid=248&titelid=617 (abgerufen am 05.12.2018)

S. 128/129: Natur schützen und bewahren: Monika Rhein (Originalbeitrag); Werkstatt Anna Eifert/Stephan Körnig/Klaus Mulzer (Originalbeitrag); Steckbrief: Die Muschel. In: http://kinder.niedersachsen.de, Internetseite der Niedersächsischen Staatskanzlei. Redaktion: Inka Burow, Sascha Aust, Markus Franke, Stefanie Kleine. Online: http://kinder.niedersachsen.de/natur/tiere-in-niedersachsen/die-muschel/ (abgerufen am 05.02.2019)

Natur gestalten

S. 130/131: Anna Priemer (Originalbeiträge)

S. 132/133: M2 nach Deutsches Zentrum für Luft- und Raumfahrt e. V. (DLR): Die Kraft der Sonne. Online: http://www.dlr.de/next/desktopdefault.aspx/tabid-

6726/11040_read-25236/ (abgerufen am 10.09.2017); M3 nach Medienwerkstatt Mühlacker: Vulkane – Nutzen und Gefahren für den Menschen. Online: http://www.medienwerkstatt-online.de/lws_wissen/vorlagen/showcard.php?id=15564 (abgerufen am 10.09.2017); M4 Anna Eifert (Originalbeitrag)

S. 134/135: M1 Anna Priemer, Idee nach und basierend auf Was-ist „Technik"? Online: https://kybernetiks.wordpress.com/2012/06/10/was-ist-technik/ (abgerufen am 11.10.2017); M3 Gerhard Friedrich: Was ist Technik? Online: http://www.technikmacher.com/die-technikmacher/technik-theorie_was-ist-technik.html (abgerufen am 11.10.2017); M4 Tobias Gillen: Alptraum. Ein Tag ohne geliebte Technik. In: Kölner Stadtanzeiger online, 28.07.2011. Online: http://www.ksta.de/alptraum-ein-tag-ohne-geliebte-technik-12336136 (abgerufen am 11.10.2017)

S. 136/137: M2 Anna Priemer, basierend auf: Informationsblatt „Katzen in Bergkamen". Hg. von der Stadt Bergkamen Bürgerbüro. Online: http://bergkamen-infoblog.de/wp-content/uploads/2016/09/faltblatt.katzen.pdf (abgerufen am 23.11.2018); M3 Anna Priemer, basierend auf http://www.spiegel.de/wissenschaft/natur/waschbaer-marderhund-mink-bedrohen-heimische-tiere-a-1019632.html und https://www.wp.de/region/sauer-und-siegerland/eingeschleppte-tierarten-bedrohen-heimische-flora-und-fauna-id210501563.html und http://www.faz.net/aktuell/wissen/natur/wie-der-waschbaer-nach-deutschland-kam-13764015.html (jeweils abgerufen am 23.11.2018); M4 Lara Malberger: Invasive Arten. Sorry, ihr seid hier falsch! In: Die Zeit online, 19.04.2016. Online: http://www.zeit.de/wissen/umwelt/2016-04/invasive-arten-europa-naturschutz (abgerufen am 08.01.2018)

S. 138/139: M1 Matthias Claudius: Urians Reise um die Welt. In: Freiburger Anthologie (Projekt der Freiburger Universität). Online:: http://freiburger-anthologie.ub.uni-freiburg.de/fa/fa.pl?cmd=gedichte&sub=show&add=&id=413 (abgerufen am 29.03.2019); M2 Zitiert nach Huffington Post: Blog „11 Gründe, warum Reisen dich zu einem glücklicheren Menschen macht", 21.01.2016. Übersetzerin: Susanne Raupach. Online: http://www.huffingtonpost.de/jacada-travel/gruende-warum-reisen-gluecklich-macht_b_9040842.html (abgerufen am 11.01.2018); M3 nach Sebastian Kühn: „Nachhaltig reisen: Wie schädlich fliegen wirklich ist". Online: https://wirelesslife.de/nachhaltig-reisen-fliegen/ (abgerufen am 23.11.2018); M4 Stefanie Jakob: „7 Orte, die der Tourismus zerstört hat". In: utopia.de, 25.08.2016. Online: https://utopia.de/orte-tourismus-zerstoert-28777/ (abgerufen am 11.01.2018)

S. 140/141: M2 Dimiter Inkiow: Die spannendsten griechischen Sagen. Hamburg: Dressler Verlag 2007, S. 48-49; M3 Anna Priemer (Originalbeitrag); M4 Verlagsredaktion, basierend auf „Der Flugschein – die Fluglizenz machen". Online: http://www.fahrschule-123.de/flugschule/flugschein/ und https://offeneseite.de/was-kostet-ein-flugschein/ (jeweils abgerufen am 23.04.2019)

S. 142/143: Natur und Technik/Werkstatt Anna Priemer (Originalbeiträge); M Anna Priemer, basierend auf https://www.bfn.de/themen/gebietsschutz-grossschutz gebiete/naturschutzgebiete.html (abgerufen am 18.12.2018)

Meine Stärken erkennen

S. 144/145: Melanie Heise (Originalbeiträge)

S. 146/147: M2/M3 Gabriele Münnix: Anderwelten. Eine fabelhafte Einführung ins Philosophieren. München: dtv (Reihe Hanser) 2009, S. 121-122; M4 Melanie Heise (Originalbeitrag)

S. 148/149: M2 Wie Fußballtalente Karriere machen. In: Geolino extra 45/2014: Fußball. (Redaktion: Solvejg Hoffmann). Online: https://www.geo.de/geolino/mensch/1834-rtkl-fussball-wie-fussballtalente-karriere-machen (abgerufen am 29.01.2019); M3 Klaus Mulzer, basierend auf: Julia Nikoleit: Was ist eigentlich Talent? In: Netzathleten Magazin, 21.01.2016. Online: https://www.netzathleten.de/lifestyle/sports-inside/item/5962-was-ist-eigentlich-talent-annaeherungsversuch-an-eine-erklaerung (abgerufen am 11.11.2018); M4 Melanie Heise (Originalbeitrag)

S. 150/151: M2 nach Johanna Land/Nina Reinecke; M3 Klappentext zu Andreas Schlüter: Mörfi – Falsch, falscher, fabelhaft. Berlin: Altberliner Verlag 2004; M4 Johanna Land/Nina Reinecke

S. 152/153: M2 nach Lewis Carroll: Alice im Wunderland. Übersetzung von Lieselotte Remané. Nachdichtung von Martin Remané. Leipzig. Reclam 1990, S. 59; M3 nach Lothar Seiwert: Die Bären-Strategie. In der Ruhe liegt die Kraft. Kreuzlingen, München: Heinrich Hugendubel Verlag 2005, S. 33-36 (Ariston)

S. 154/155: M2 Gina Ruck-Pauquèt Freunde. In: Dietrich Steinwende/Renate Schupp (Hg.): Abel steh auf. Geschichten zur Zivilcourage für junge Menschen ab 8. Lahr: Verlag Ernst Kaufmann, 2002, S. 13f.; M3 Thomas Lemken: Warum sieht der Mann so komisch aus? Wenn Kinder auf Menschen mit Behinderung treffen. Interview mit Raúl Krauthausen. In: Blog „Ich bin dein Vater", 17.08.2015. Online: http://ichbindeinvater.de/interview-raul-krauthausen/ (abgerufen am 30.01.2019); M4 Zitate von Verena Bentela nach Ursula von Arx: Ein gutes Leben. 20 Begegnungen mit dem Glück. Zürich: Kein & Aber 2010,S. 181-182

S. 156/157: Stärken erkennen – Chancen nutzen – mit Misserfolgen umgehen/Werkstatt Melanie Heise (Originalbeiträge)

Auf Bedürfnisse achten

S. 158/159: Melanie Heise (Originalbeiträge)

S. 160/161: M2/M4 Melanie Heise (Originalbeiträge); M3 Dieter Kopriwa

S. 162/163: M2 Fernando Savater: Tu, was du willst. Ethik für die Erwachsenen von morgen. Aus dem Spanischen von Wilfried Hof. 9. aktualisierte Auflage. Frankfurt/Main: Campus 2007, S. 63; M3 Dieter Kopriwa; M4 Melanie Heise (Originalbeitrag)

S. 164/165: M2 Melanie Heise (Originalbeitrag); M3 Melanie Heise, basierend auf Schülerantworten, Global lernen 03/2002 und https://www.uno-fluechtlingshilfe.de/fluechtlinge/fluechtlinge-erzaehlen.html (abgerufen am 29.05.2018); M4 Wiebke Plasse: Kinderarbeit ist trauriger Alltag. Online: https://www.geo.de/geolino/mensch/3307-rtkl-kinderarbeit-ist-trauriger-alltag (abgerufen am 17.12.2018)

S. 166/167: M1 Melanie Heise (Originalbeitrag); M2 Fernando Savater: Tu, was du willst. Ethik für Erwachsene von morgen. Aus dem Spanischen von Wilfried Hof. 9. Auflage. Frankfurt/Main, New York: Campus 2007, S. 56-57; M3 nach Dieter Kopriwa

S. 168/169: M1 Melanie Heise, basierend auf https://de.wikipedia.org/wiki/7_Wochen_Ohne (abgerufen am 17.12.2018); M2 Melanie Heise, basierend auf https://7wochenohne.evangelisch.de/die-evangelische-fastenaktion-7-wochen-ohne und https://de.wikipedia.org/wiki/7_Wochen_Ohne (jeweils abgerufen am 17.12.2018); M3 Dieter Kopriwa; M4 Selbstversuch: Sechstklässler wollen auf Smartphones verzichten. (Autorenkürzel: che) In: Radio Karlsruhe, 20. Juni 2016. Online: https://www.die-neue-welle.de/schwarzwald/selbstversuch-sechstklaessler-wollen-auf-smartphones-verzichten (abgerufen am 23.04.2019)

S. 170/171: Menschen und ihre Bedürfnisse/Werkstatt Melanie Heise (Originalbeiträge)

Feste feiern

S. 172/173: Stephan Körnig (Originalbeiträge)

S. 174/175: M3 nach Jörg Peters; M4 Stephan Körnig (Originalbeitrag)

S. 176/177: M3 Werner Fuß; M4 Stephan Körnig (Originalbeitrag)

S. 178/179: M1 Kathrin Spoerr: „Was tun die Deutschen an Weihnachten? Keine Ahnung". In: www.welt.de, 25.12.2016. Online: https://www.welt.de/vermischtes/article160546063/Was-tun-die-Deutschen-an-Weihnachten-Keine-Ahnung.html (abgerufen am 12.10.2018); M3 nach Halim Cepni/Manfred Etscheid/Christophoros Papakonstantinou/Inga Schubert-Hartmann: Gemeinsam feiern. Band 2: Essen und Trinken im Judentum, Christentum und Islam. Ein Ergänzungsheft zur Gestaltung eines thematischen Schwerpunktes in einem interreligiösen Kalender. Landesinstitut für Schule und Weiterbildung: Soest 1994, S. M 2/4 (gekürzt); M4 Stephan Körnig (Originalbeitrag)

S. 180/181: M1/M4 Stephan Körnig (Originalbeiträge); M3 Stephan Körnig, basierend auf https://usa.usembassy.de/feiertage.htm und https://de.wikipedia.org/wiki/Staatliche_Feiertage_in_den_Vereinigten_Staaten (abgerufen am 12.10.2018 und 23.04.2019)

S. 182/183: M2 Stephan Körnig (Originalbeitrag); M3 Clea von Ammon: Ostern Bunte Eier! Warum eigentlich? Online: https://www.geo.de/geolino/mensch/3690-rtkl-ostern-bunte-eier-warum-eigentlich (abgerufen am 12-10.2018); M4 Stephan Körnig, basierend auf Felicia Chacón Díaz/Björn Pawlak: „Piñatas": Mit Süßigkeiten gefüllte bunte Figuren. Online: https://www.helles-koepfchen.de/artikel/3003.html (abgerufen am 12.10.2018)

S. 184/185: Feste feiern/Werkstatt Stephan Körnig (Originalbeiträge)

Vom Ursprung der Welt

S. 186/187: Anna Eifert (Originalbeiträge)

S. 188/189: M1 Anna Eifert (Originalbeitrag); M2 Anna Eifert, basierend auf: Jürgen Teichmann/Katja Wehner: Die überaus fantastische Reise zum Urknall. Astronomie von Galilei bis zur Entdeckung der Schwarzen Löcher. Würzburg: Arena 2017, S. 6-10, Mario Rigutti: Das Universum. Vom Urknall bis zur Marssonde. Übersetzt von Luitgard Künzel. Köln: Schwager & Steinlein Verlag 2010, S. 33, 42-50; M3 Anna Eifert (Originalbeitrag); Zitat Neil Armstrong basierend auf https://www.welt.de/vermischtes/article112442893/Neue-Wahrheiten-ueber-Armstrongs-legendaeren-Satz.html (abgerufen am 29.03.2019); M4 Anna Eifert (Originalbeitrag)

S. 190/191: M1 Anna Eifert, Idee nach: Tobias Hürter/Greta Lührs: Wow! In: Hohe Luft. Philosophie-Zeitschrift 04/2018, S. 17; M2 Anna Eifert, basierend auf: http://www.kinderzeitmaschine.de/fruehe-kulturen/lucys-wissensbox/kategorie/wissenschaft-von-sternenlisten-weltkarten-und-teufelsaustreibern/frage/astronomie-sternenlisten-und-himmelserscheinungen.html?no_cache=1&ht=2&ut1=4 (abgerufen am 06.02.2019) und Francoise Ancey/Servane Bayle/Mathilde Kressmann: Das Universum. Entdeckungsreise mit Fleurus. Köln: Fleurus Verlag 2004. S. 10-28; M3 Rita Sandbrink; M4 Anna Eifert (Originalbeitrag)

S. 192/193: M1 Matthew Lipman: Harry Stottelmeiers Entdeckung. Philosophieren mit Kindern. Hg. und bearbeitet von Daniela G. Camhy. Übersetzt aus dem Amerikanischen von Ursula Scheer. 2. überarbeitete Auflage 2009. St. Augustin: Academia Verlag, S. 47; M2 Text 1:

Anna Eifert, basierend auf http://www.wikingerzeit.net/kultur-der-wikinger/glaube-der-wikinger/goetter/asen/thor.html (abgerufen am 07.02.2019), Text 2: Sylvie Baussier: Welt der Mythen. Übersetzt von Katja Massury. Köln: Fleurus Verlag 2001, S. 110; M3 Brigitte Labbé/Michael Puech: Denk dir die Welt. Philosophie für Kinder. Aus dem Französischen übersetzt von Anne Braun. Bindlach: Loewe 2003, S. 40-41; M4 Anna Eifert, basierend u.a. auf https://www.univie.ac.at/rel_jap/kami/Sonne_und_Mond (abgerufen am 07.02.2019; Griechenland), Sylvie Baussier: Welt der Mythen. Übersetzt von Katja Massury. Köln: Fleurus Verlag 2001, S. 26-27 (Ägypten)

S. 194/195: M1 Finnland/China: Rita Sandbrink; indianischer Mythos: Frederik Hetmann: Indianermärchen aus Nordamerika. Frankfurt/Main 1970; M2 Jostein Gaarder: Sofies Welt. Ein Roman über die Geschichte der Philosophie. Aus dem Norwegischen von Gabriele Haefs. München, Wien: Carl Hanser 1993, S. 14; M3 Die Bibel. Einheitsübersetzung der Heiligen Schrift. Vollständig durchgesehene und überarbeitete Ausgabe © 2016 Katholische Bibelanstalt, Stuttgart. Alle Rechte vorbehalten; Dominic Walliman: Professor Astrokatz. Universum ohne Grenzen. Übersetzt von Sylvia Prahl. Zürich: NordSüd Verlag 2014 (ohne Seitenangabe); M4 Anna Eifert (Originalbeitrag)

S. 196/197: M1 Anna Eifert, basierend auf Andreas Oswald/Ralf Nestler/Katharina Wiechers/Joachim Mahrholdt: 200 000 Menschen wollen auf den Mars. In: der Tagesspiegel, 05.01.2014. Online: https://www.tagesspiegel.de/weltspiegel/marsone-200-000-menschen-wollen-auf-den-mars/9290250.html (abgerufen am 07.02.2019); M2 Anna Eifert, basierend auf: Deutsches Zentrum für Luft- und Raumfahrt (DLR) Köln u.a. (Hg.): Mit Astronauten ins Weltall. Stuttgart: Klett MINT 2017, S. 64-65; Alexander Gerst zitiert nach Sybille Möckl: Alex Gerst: „Die Erde ist für mich kleiner geworden". In: Focus online, 21.11.2014. Online: https://www.focus.de/wissen/weltraum/raumfahrt/deutscher-astronaut-im-interview-alex-gerst-die-erde-ist-kleiner-geworden_id_4283332.html (abgerufen am 07.02.2019); M3 zitiert nach Kevin W. Kelley (Hg.) Der Heimatplanet. Im Auftrag der Association of Space Explorers. Deutsch von Winfried Petri. Arabisch von Wagih Saad. Frankfurt/Main: Zweitausendeins 1989 (ohne Seitenangaben; Zitate bei den Abbildungen 76, 141, 110, 139); M4 Anna Eifert (Originalbeitrag)

S. 198/199: Über Weltbilder und die Erforschung der Welt/Werkstatt Anna Eifert (Originalbeiträge); M nach Mario Rigutti: Das Universum. Vom Urknall bis zur Marssonde. Übersetzt von Luitgard Künzel. Köln: Schwager & Steinlein Verlag 2010, S. 12f.

Allerlei Unwahrheiten

S. 200/201: Klaus Mulzer (Originalbeiträge)

S. 202/203: M2 Carlo Collodi: Pinocchio. Deutsch von Paula Goldschmidt. Nachwort von Birgit Dankert. Hamburg: Cecile Dressler Verlag 2001, S. 79-80; M3 nach Ilona Kriesl: Lügen. In: www.planet-wissen.de, 13.11.2018. Online: https://www.planet-wissen.de/gesellschaft/kommunikation/koerpersprache/pwieluegen100.html (abgerufen am 29.03.2019); M4 Klaus Mulzer (Originalbeitrag)

S. 204/205: M1 Walter Moers: Die 13 ½ Leben des Käpt'n Blaubär. München: Goldmann 2002, S. 18-19; M2/M4 Klaus Mulzer (Originalbeiträge); M3 Klaus Mulzer, basierend auf Augustinus, Aurelius: Die Lüge und Gegen die Lüge. Übersetzt und hg. von Paul Keseling. Würzburg: Augustinus Verlag 1986, S. 2-3

S. 206/207: M1 Bruce Coville: Der verflixte Wahrheitszauber. Aus dem Amerikanischen von Petra Wiese. Mit Illustrationen von Almud Kunert. Ravensburg: Ravensburger Buchverlag Otto Maier GmbH 2004, S. 61-62, 222; M2/M4 Klaus Mulzer (Originalbeiträge); M3 nach Wilhelm Weischedel: Skeptische Ethik. Frankfurt/Main: Suhrkamp 1980, S. 202-203

S. 208/209: M1 nach Jörg Peters; M2 Helmut Engels; M3 nach Tobias Hürter/Thomas Vašek: Du sollst nicht lügen! Aber warum eigentlich nicht? In: Hohe Luft Magazin 01/2012, S. 15-24. Online: http://www.hoheluft-magazin.de/wp-content/uploads/2017/05/HL-1-11-Lügen.pdf (abgerufen am 24.01.2018); M4 Klaus Mulzer (Originalbeitrag)

S. 210/211: M1/M4 Klaus Mulzer (Originalbeiträge); M2 Bundesamt für Naturschutz (Hg.): Mimikry und Mimese. Online: https://naturdetektive.bfn.de/lexikon/sonstiges/mimikry-und-mimese.html (abgerufen am 29.03.2019); M3 nach Markus C. Schulte von Drach: Lügen Tiere? In: www.sueddeutsche.de, 17.05.2010. Online: http://www.sueddeutsche.de/wissen/frage-der-woche-luegen-tiere-1.286479#redirectedFromLandingpage (abgerufen am 09.02.2018)

S. 212/213: Lüge und Wahrheit/Werkstatt Klaus Mulzer (Originalbeiträge); M nach Stephan Holthaus: Lügen haben kurze Beine. In: Pro – Christliches Medienmagazin 01/2010, S. 21

Die Welt wahrnehmen

S. 214/215: Klaus Mulzer (Originalbeiträge)

S. 216/217: M2 Klaus Mulzer, basierend auf http://www.sueddeutsche.de/bildung/china-der-wohl-gefaehrlichste-schulweg-der-welt-1.3008052-2 und https://www.hna.de/welt/china-gefaehrlichste-schulweg-welt-6443944.html (jeweils abgerufen am 19.11.2018); M3 Astrid Lindgren: Ronja Räubertochter. Deutsch von

Anna-Liese Kornitzky. Hamburg: Oetinger 1982, S. 19; M4 Klaus Mulzer (Originalbeitrag)

S. 218/219: M1 nach Julian Nida Rümelin/Natalie Weidenfeld: Der Sokrates-Club. Philosophische Gespräche mit Kindern. München: Albrecht Knaus Verlag, S. 21-22; M2 Hans Ludwig Freese: Abenteuer im Kopf. 2. Auflage. Berlin, Weinheim: Beltz/Quadriga Verlag 1996, S. 79; M3 Julian Nida Rümelin/Natalie Weidenfeld: Der Sokrates-Club. Philosophische Gespräche mit Kindern. München: Albrecht Knaus Verlag, S. 21-22; M4 Isaac Newton: Brief an Robert Hooke, 05.02.1676. Zitiert nach Richard S. Westfall: Isaac Newton. Eine Biographie. Übersetzt von Heiner Must. Heidelberg, Berlin, Oxford: Spektrum Akademischer Verlag 1996, S. 143

S. 220/221: M3 Klaus Mulzer, basierend auf Gareth B. Matthews: Socratic perplexity and the Nature of Philosophy. Oxford: OUP 1999 (Kapitel 1) und Ekkehard Martens: Philosophieren mit Kindern. Eine Einführung in die Philosophie. Stuttgart: Reclam 1999, S. 125-132; M4 Klaus Mulzer (Originalbeitrag)

S. 222/223: M2 Klaus Mulzer, basierend auf Unser kleines Früchtelexikon. Online: https://www.eineweltladen.info/downloads/fruitlex.pdf (abgerufen am 19.11.2018); M3/M4 Klaus Mulzer, Idee nach und basierend auf: Christine Schulz-Reiss: Nachgefragt: Philosophie. Basiswissen zum Mitreden. Bindlach: Loewe 2010, S. 79-80

S. 224/225: M2 Sigrid Voigt: Text: Leas Schultag. In: Deutscher Blinden- und Sehbehindertenverband e. V. (Hg.): Schulaktion: Schülermaterialien, S. 4 (Redaktion: Volker Lenk). Online: https://www.dbsv.org/schulaktion.html (abgerufen am 19.11.2018); M3 Sandra Goller: Der Traum vom Lesen. Online: https://www.kindernetz.de/infonetz/technikundumwelt/erfindungen/brailleschrift/-/id=297144/nid=297144/did=50318/1yo0n10/index.html (abgerufen am 12.11.2018); M4 Klaus Mulzer (Originalbeitrag)

S. 226/227: Wahrnehmung und Wissen/Werkstatt Klaus Mulzer (Originalbeiträge)

Methodenübersicht

Stephan Körnig (Originalbeiträge)

Bildnachweise

123rf.com / Oliver Nowak – S. 28; - / Romolo Tavani – S. 189 · Adobe Stock / Kzenon – Umschlag; - / Africa Studio – S. 74; - / biker3 - S. 174; - / Binder Medienagentur – S. 92; - / cevahir87 – S. 92; - / detailblick-foto – S. 172; - / fotogestoeber – S. 68; - / fotoskaz – S. 176; - / Gina Sanders – S. 64; - / Janni – S. 64; - / Kzenon – S. 184; - / Michael Stifter – S. 66; - / Monkey Business – S. 183; - / pete paham – S. 60; - / photophonie – S. 66; - / photoschmidt – S. 16, 84; - / R.-Andreas Klein – S. 80; - / stas111 – S. 103; - / strauchburg.de – S. 76; - / Thomas Hansen – S. 142; - / Trepalio – S. 173; - / yagabunga – S. 162; - / Kzenon – S. 90 · akg-images, Berlin – S. 186, 195 · Albrecht-Dürer-Schule, Weiterstadt – S. 187 · Renate Alf, Weimar – S. 43 · Boris Braun, Hamburg – S. 156 · chainimage / http://citywindsor.ca – S. 94 · Bruce Coville, Der verlixte Wahrheitszauber aus der Reihe „Der geheime Zauberladen", Ravensburger Buchverlag Otto Maier GmbH – S. 206 · © Deutsche Bahn AG – S. 92 · © Disney – S. 163 · dpa Picture-Alliance / akg-images – S. 180; - / AP images – S. 113; - / Bert Reisfeld – S. 85; - / Fotoreport – S. 113; - / Henning Kaiser – S. 149; - / imagechina – S. 216; - / Peer Grimm – S. 9; - / ZUMA Press, Paul Gordon – S. 116 · dpa-Kindergrafik / Kindernachrichten – S. 227 · © ESA – S. 197 · fotolia / AlienCat – S. 68; - / animaflora – S. 132; - / Nerjon Photo – S. 133; - / Sergi Figurnyi – S. 132; - / thechatat – S. 132; - / yelantsevv – S. 132 · Francois Robert Photography – S. 52 (2) · Frank Boxler, Lauf – S. 78 · Getty Images / Hero Images – S. 102 · Getty Images Plus / Digital Vision – S. 120; - / Digital Vision, D Anschutz – S. 176; - / DigitalVision, James Woodson – S. 22; - / DigitalVision, Thomas Northcut – S. 30; - / iStockkphoto, Grandfailure – S. 59; - / iStockphoto, -1001- - – S. 24; - / iStockphoto, 3DSculptor – S. 196; - / iStockphoto, 9171yes – S. 130; - / iStockphoto, AbbieImages – S. 127; - / iStockphoto, AbiWarner – S. 124;- / iStockphoto, aedkais – S. 210; - / iStockphoto, agafapaperiapunta – S. 139; - / iStockphoto, Anna_Om – S. 122; - / iStockphoto, Annashou – S. 119, - / iStockphoto, azzzya – S. 170; - / iStockphoto, belchonok – S. 224; - / iStockphoto, BeylaBalla – S. 162; - / iStockphoto, Brandonkauffman – S. 54; - / iStockphoto, chatismo – S. 225; - / iStockphoto, Chilkoot – S. 131; - / iStockphoto, cullenphotos – S. 137; - / iStockphoto, cyano66 – S. 61; - / iStockphoto, DariaRen – S. 131; - / iStockphoto, DariaRen – S. 143; - / iStockphoto, Deklofenak – S. 144; - / iStockphoto, den-belitsky – S. 190; - / iStockphoto, Dimitry Berkut – S. 136; - / iStockphoto, dobok – S. 131, 143; - / iStockphoto, dolgachov – S. 162; - / iStockphoto, Domenikach – S. 120; - / iStockphoto, domoyega –

S. 216; - / iStockphoto, DTatiana8 – S. 126; - / iStockphoto, enterphoto – S. 64; - / iStockphoto, EvgeniiAnd – S. 182; - / iStockphoto, francescoch – S. 153; - / iStockphoto, franz12 – S. 88; - / iStockphoto, GlobalP – S. 75, 87; - / iStockphoto, gyro – S. 202; - / iStockphoto, hannurama – S. 210; - / iStockphoto, Highwaystarz-Photography – S. 27; - / iStockphoto, HOMONSTOCK –S. 136; - / iStockphoto, Hung_Chung_Chih – S. 123; - / iStockphoto, igreen images – S. 124; - / iStockphoto, Ingram Publishing – S. 124; - / iStockphoto, JackF – S. 146; - / iStockphoto, jacoblund – S. 216; - / iStockphoto, Janina Voskuhl – S. 129; - / iStockphoto, joshuaraineyphotography – S. 182; - / iStockphoto, Juanmonino – S. 38; - / iStockphoto, juefraphoto – S. 124; - / iStockphoto, junce – S. 153; - / iStockphoto, Karin de Mamiel – S. 70; - / iStockphoto, KI SUNG SONG – S. 120; - / iStockphoto, kobeza – S. 216; - / iStockphoto, krugli – S. 47; - / iStockphoto, kwanchaichaiudo – S. 46; - / iStockphoto, leolintang – S. 18; - / iStockphoto, LittleBee80 – S. 216; - / iStockphoto, Ljupco- S. 159; - / iStockphoto, LuckyTD – S. 64; - / iStockphoto, malija – S. 214; - / iStockphoto, marcouliana – S. 70; - / iStockphoto, maxsattana – S. 134; - / iStockphoto, monkeybusinessimages – S. 162; - / iStockphoto, Motortion – S. 219; - / iStockphoto, mycola – S. 188; - / iStockphoto, n1kcy – S. 120; - / iStockphoto, nd3000 – S. 34; - / iStockphoto, NiDerLander – S. 222; - / iStockphoto, noblige – S. 78, 126, 226; - / iStockphoto, patat – S. 146; - / iStockphoto, PeterHermesFurian – S. 123; - / iStockphoto, Pillcsi – S. 124; - / iStockphoto, piratedub – Umschlag, S. 176; - / iStockphoto, primovich – S. 92; - / iStockphoto, Rawpixel – Umschlag, S. 26; - / iStockphoto, Ridofranz – S. 28; - / iStockphoto, Romolo Tavani – S. 200; - / iStockphoto, RugliG – S. 124; - / iStockphoto, S_A_N – S. 51; - / iStockphoto, saraTM- S. 124; - / iStockphoto, se_bra – S. 138; - / iStockphoto, sergeyryzhov – S. 78; - / iStockphoto, SergiyN – S. 166; - / iStockphoto, SerrNovik – S. 178; - / iStockphoto, sokoziurke – S. 118; - / iStockphoto, solarseven – S. 133; - / iStockphoto, stevanovicigor – S. 63, 66; - / iStockphoto, StockRocket – S. 145; - / iStockphoto, Studia72 – S. 128; - / iStockphoto, sureshsharma – S. 92; - / iStockphoto, szeyuen – S. 34; - / iStockphoto, Tamara528 – S. 37; - / iStockphoto, Thiagoclick – S. 131; - / iStockphoto, tinnapong – S. 158; - / iStockphoto, tintin 75; - / iStockphoto, ttsz – S. 195; - / iStockphoto, Tverdohlib – Umschlag, S. 216; - / iStockphoto, vejaa – S. 146; - / iStockphoto, venakr – S. 171; - / iStockphoto, vitapix – S. 20; - / iStockphoto, xana UKR – S. 45; - / iStockphoto, yacobchuk – S. 78; - / iStockphoto, YanLev – S. 146; - / iStockphoto, Yauhen44 – S. 92; - / iStockphoto, Yayasya – S. 33; - / iStockphoto, YiorgosGR – S. 14; - / iStockphoto, Yobro10 – S. 226; - / iStockphoto, yozachika – S. 192; - / Photodisc, David de Lossy – S. 56; - / Photodisc, Digital Vision – S. 174; - / PHOTOS.com, Jupiterimages – S. 28, 222; - / Stockbyte – S. 28; - / stockbyte, Comstock Images – S. 176; - / Stockbyte, George Doyle – S. 166; - / stockbyte, ImageSource – S. 22; - / Zoonar RF – S. 201 · Isabelle Göntgen, Oberkirch – S. 32 · Soufeina Hamed – S. 9 · © HUBBE Cartoons / www.hubbe-cartoons.de – S. 154 · iStockphoto / bubaone – S. 111; - / kosmos111 – S. 94; - / RuneLights – S. 66 · © Janosch film & medien AG, Berlin – S. 108 · © Carsten Kobow / Sepp-Herberger-Stiftung – S. 215 · Brigitte Labbé, Michel Puech: Denk dir die Welt. Philosophie für Kinder (c) 2002 Editions MILAN, Frankreich; illustriert von Jaques Azam (c) für die deutschsprachige Ausgabe 2003 Loewe Verlag GmbH, Bindlach – S. 82 · mauritius images / Alamy Stock Photo, Chad Ehlers – S. 98; - / Alamy Stock Photo, Jochen Tack – S. 164; - / Alamy Stock Photo, Photosindia.com LLC – S. 178; - / Alamy Stock Photo, The Photo Library Wales – S. 34; - / imageBROKER, WaltEr G. Allgöwer – S. 164 · Helene Mitter, Augsburg – S. 42 · Walter Moers, Die 13 1/2 Leben des Käpt'n Blaubär, © Penguin Verlag, München, in der Verlagsgruppe Random House GmbH – S. 204 · © Edgar Müller, Bad Ems – S. 220 · Jörg Müller, Alle Jahre saust der Presslufthammer nieder oder Die Veränderung der Landschaft, 17. April 1966 // © VG Bild-Kunst, Bonn 2020 – S. 121 · Elie Nasser/toonpool.com – S. 202 · Riad Sattouf, Esthers Tagebücher 1: Mein Leben als Zehnjährige, Reprodukt Verlag, Berlin – S. 160 · Riad Sattouf, Esthers Tagebücher 2: Mein Leben als Elfjährige, Reprodukt Verlag, Berlin – S. 48 · Rosan Bosch Studio / Photo: Kim Wendt – S. 99 · Schlüter, Andreas / Illustriert von Kehr, Karoline, Mörfi - Das Fehlerteufelchen, mit freundlicher Genehmigung von Baumhaus Verlag ein Imprint der Bastei Lübbe AG – S. 151 · Maria Sebald, Bamberg – S. 167 · ullstein-bild – S. 98; - / Berlin-Bild – S. 207; - / Granger, NYC // © VG Bild-Kunst, Bonn 2020 – S. 208 · © Tim Wehrle, Konstanz – S. 220 · wikimedia.org / Thiemo Schuff / CC BY-SA 3.0 – S. 90; - / Briain – S. 176